[The Outsiders]

현금의 재발견

하버드 경영대학원이 찾아낸 단 하나의 비즈니스 원칙

윌리엄 손다이크 지음 | 이혜경 옮김

[The Outsiders]

마인드빌딩

추천사

"손다이크는 다방면에 걸쳐 장기적으로 탁월한 성과를 거둔 매혹적인 경영자들을 해부하듯 철저히 분석했다. 그는 최고자본배분가라는 독특한 측면에서 CEO들을 평가했다. 그들은 경험적 합리성에 따라 행동한 진정한 이단자들이다. 손다이크의 접근은 신선하고 영리하며 혁신적이며 대단히 배울 만한 가치가 있다."

— **짐 콜린스,** 『좋은 기업을 넘어 위대한 기업으로』 저자

"손다이크가 제공하는 경영원칙들은 찾아보기 힘들지만 매우 견고하다. 그는 그 원칙들에 따라 행동한 여덟 명의 CEO의 매력적인 이야기들을 들려준다. 이 책의 아이디어들은 경영자와 투자자 모두에게 북극성처럼 가치 있는 길잡이를 제공한다. 이를 따라 번영하라."

— **마이클 모부신,** 레그메이슨 캐피탈매니지먼트 최고투자전략가. 컬럼비아 경영대학원 교수

"이 책은 탁월한 CEO가 되고자 하는 리더들 또는 리더가 되기를 열망하는 사람들과 기업 자본의 훌륭한 관리자와 파트너가 되고자 하는 투자자들이 반드시 읽어야 하는 필독서이다."

— **메이슨 호킨스,** 사이스이스턴 에센 CEO

"주주들에게 가치를 창조하는 것이 CEO들이 통과해야 할 궁극적인 시험이라면 이 책에서 챔피언들을 만나보라. 이 탁월한 CEO들의 이름을 듣고는 의외의 인물들이라 놀라겠지만, 그들의 파격적인 경영방식들로부터 가치 있는 경영수업을 받게 될 것이다."

— **월터 키켈,** 『전략의 제왕들』 저자

"이 책의 CEO들은 장기간 휴지기를 가지면서도 자신들의 회사가 전략에 지속적으로 집중하도록 했고, 경영자들이 보상을 받을 수 있게 해주었으며, 회사가 문젯거리들에 손대지 않게 함으로 인해 막상 멋진 기회가 다가왔을 때 재빨리 행동할 수 있게 만들었다. 탁월함을 갖추기 위한 매우 유용한 행동지침서다."

— **토마스 루소,** 가드너 루소 앤 가드너 대표, 버크셔 해서웨이 주주

"자본배분 실력이 뛰어났던 CEO들을 다룬 훌륭한 책"

— **워런 버핏 버크셔 해서웨이 회장,** 2012년 주주 서한에 기재한 추천 도서 목록에서

"탁월한 성공을 이룬 CEO들의 세부적인 비결을 담은 책이다. 그들은 철저하게 남다른 방식으로 기업을 경영했다."

— **찰리 멍거,** 버크셔 해서웨이 부회장 《비즈니스 인사이더》에서 추천한 필독서 中

"손다이크는 성공적인 CEO 8명의 이야기를 통해 생각하는 자본배분의 중요성을 탐구한다. 특히 자기만의 길을 찾고자 하는 기업의 리더들에게 훌륭한 독서가 될 것이다."

— **마이클 델,** 델 컴퓨터의 CEO 겸 이사회 의장

"손다이크는 남다르게 일하는 경영인이나 기업주에게 확신을 주고자 한다…… 그들이 보유한 가장 좋은 카드를 써서 그들의 주주를 기쁘게 할 수 있을 것이다."

— **파이낸셜 타임스**

차례

Chapter 3

기업회생 경영비법
빌 앤더스와 제너럴 다이내믹스

Chapter 4

격변하는 산업에서 가치 창출
존 말론과 케이블 사업자 TCI

Chapter 5

파괴적 혁신과 전략의 수립
캐서린 그레이엄과 워싱턴 포스트 컴퍼니

Chapter 9

철저한 합리성
역발상 CEO들의 사고방식

일러두기

1. 본문의 주석 대부분 옮긴이 주이다. 각 챕터마다 표시한 번호는 이 책을 만들 때 참고한 각종 자료와 인터뷰 등으로 마지막 장에 '주'로 정리했다.
2. 이 책에 나오는 각 기업의 이야기는 현재(2019년 2월) 상황에 맞게 번역하였다.
3. 저작물의 제목은 다음 기준에 따라 약물을 적용하였다. 단행본은 『 』, 연극·영화·방송 프로그램은 〈 〉, 신문·주간지·월간지 및 신문사·잡지사에 《 》를 사용했다.

서문

탁월한 경영자는 무엇이 다른가

실로 출중한 CEO들에게는 아무리 많은 연봉을 준다 해도 아까울 게 없다.
하지만 그런 사람들은 드물다.

—워런 버핏

당신이 어떤 사람인지는 당신의 기록을 보면 알 수 있다.

—빌 파셀스

성공은 흔적을 남긴다.

—존 템플턴

지난 50년 사이에 최고의 CEO는 누구일까?

대다수 사람들과 비슷한 성향이라면 당신은 '잭 웰치'라고 대답할 가능성이 대단히 높다. 그럴 만하다. 1981년부터 2001년까지 20년 동안 잭 웰치는 미국을 대표하는 기업 중 하나인 제너럴 일렉트릭을 경영했다. 잭 웰치 재임기간에 GE 주주들의 연평균 수익률은 20.9%을 기록했다. 잭 웰치가 CEO에 올랐을 때 당신이 GE 주식에 1달러를 투자했다면, 잭 웰치가 후임인 제프리 이멜트에게 경영권을 넘겼을 무렵 그 돈은 48달러로 불어났을 것이다.

잭 웰치는 활기 넘치는 경영자이자 회사 구석구석을 누비는 외교관 같은 인물이었다. 그는 잠시도 가만히 앉아 있지 않고 먼 곳에 있는 GE 사업장들을 꾸준히 방문했으며, 지치지도 않고 관리자들을 평가해서 다양한 직무를 순환 배치했다. 생소한 용어인 '식스 시그마[●]' 'TQM[●●]' 같은 혁신안을 들고 나와 회사 전반에 전파했다.

잭 웰치는 활력이 넘치는 데다 공격적인 성향이었고, 월스트리트와 비즈니스 매체들과의 교류도 즐겼다. 그는 사람들의 이목을 불편해하지 않았고, GE를 경영하는 동안 《포천》지 표지에도 자주 등장했다. 은퇴한 뒤에도 여전히 신문 헤드라인에 빈번히 이름을 올리고 있다. 후임자의 성과를 비롯한 다양한 비즈니스 사안에 논란이 될 만한 발언을 계속하고 있어서다. 그는 또한 『솔직한 고백Straight from the Gut』, 국내 번역된 책 제목은 『잭 웰치:끝없는 도전과 용기』이라는 다소 전투적인 제목을 붙인 자서전 등 경영서적도 두 권 집필했다.

잭 웰치 개인의 명성과 GE에서 재직 당시의 뛰어난 성과 덕분에 잭 웰치는 사실상 CEO를 평가하는 기준이 됐다. 그가 강조한 적극적인 관리, 월스트리트와 정기적인 교류, 주가관리에 초점을 두는 경영방식이 경영의 모범으로 여겨졌다. 그런데 잭 웰치가 진짜로 지난 50년 사이 최고의 CEO인가?

단언컨대, 대답은 '아니오'다.

그 이유를 이해할 수 있도록 CEO 능력을 측정하는 더욱 정확한 방법을 새롭게 제시하려 한다. CEO들은 프로 운동선수들처럼 수치로 측정할 수 있는 분야에서 경쟁한다. 하지만 CEO 성과를 측정할 만한 통용되는 단일지표가 아직은 존재하지 않는다. 야구 투수의 방어율이나 외과의사의 합병증 발생률, 하키 골키퍼의 게임당 실점 같

• 6 sigma: 100만분의 3.4를 의미하는 통계척도 '6시그마(σ, sigma)'를 사용해 품질혁신과 고객만족을 달성하기 위한 업무 프로세스 혁신 전략. 결함 발생률을 6시그마 수준으로 줄이는 것이 궁극적인 목표다.

•• Total Quality Management 전사적 품질 경영. 제품 및 서비스의 품질을 향상시켜 장기적인 경쟁우위를 확보하기 위해 기존 조직문화와 경영관행을 재구축하는 것이다.

은 게 없다는 얘기다. 경제 매체들은 최고의 경영자를 선정할 때 엄밀한 기준을 근거로 삼으려 하지 않는다.

경제 매체들이 주목하는 기업은 대체로 《포천》 100대 기업 같이 규모가 크고 유명한 곳이다. 그래서 이런 대기업 경영자들이 유명 경제 잡지 표지에 실린다. 이 매체들은 대개 매출액이나 이익이 얼마나 증가하는지에만 주목한다. 이는 《스포츠 일러스트레이티드》가 키 큰 투수와 덩치 큰 골키퍼만 표지에 올리는 셈이다. 하지만 CEO가 얼마나 뛰어난지를 드러내는 최종 지표는 매출액, 이익, 직원 숫자 성장률이 아니라, 기업의 주당 가치 성장률이 되어야 한다.

CEO 성과를 평가할 때 핵심은 절대 수익률이 아니라, 동종 업계 및 시장 전체와 비교한 상대 수익률이다. CEO 능력을 볼 때는 딱 세 가지만 알면 된다. 첫째는 경영자 재임기간에 주주들이 올린 연평균 주가수익률, 둘째는 같은 기간 동종 업계 기업들의 주가수익률, 셋째는 대개 S&P 500•으로 측정되는 주식시장 전체 수익률이다.

CEO 성과를 측정할 때는 맥락도 잘 봐야 한다. 취임과 퇴임시점이 성과에 엄청난 영향을 미칠 수 있어서다. 잭 웰치의 재임기간은 1982년 후반부터 2000년 초반까지 장기간 이어졌던 증시 강세장 시기와 정확히 들어맞는다. 이 시기 S&P 지수는 연평균 14% 상승했는데, 이는 S&P 장기 평균 수익률의 약 2배다. 이런 호황기에 올린 수익률 20%와 몇 차례 약세장을 거치며 낸 수익률 20%는 본질적으로

• Standard and Poor's 500 미국에서 공개적으로 거래되는 대표적인 기업 500개의 주가를 추적한 주식시장 지수.

차이가 있다.

야구와 비교해서 보면 이런 점을 잘 알 수 있다. 스테로이드가 통용되던 1990년대 중후반에 홈런을 29개 친 타자는 그럭저럭 치는 선수에 불과했다. 선두권 선수들은 매년 60개 이상 홈런을 쳤기 때문이다. 하지만 1919년에 베이브 루스가 기록했던 홈런 29개는 그때까지 절대 깨뜨릴 수 없을 것 같던 1884년에 수립된 홈런 기록을 깬 것이었다. 아울러 베이브 루스의 기록은 힘을 강조하는 현대야구의 새로운 장을 열어젖히기도 했다. 거듭 얘기하지만, 맥락이 중요하다.

CEO 성과를 평가할 때 봐야할 또 다른 중요한 요소는 경쟁자들과 비교한 상대적 성과다. 이를 측정하는 가장 좋은 방법은 같은 업종의 다른 CEO들과 비교하는 것이다. 같은 산업 내 경쟁사들은 비슷한 제약여건을 안고 있다. 따라서 외부 요소보다는 경영능력이 동종업종 내 기업별 장기성과에 더 큰 영향을 미친다.

채굴 업종을 예로 들자. 금값이 온스당 최고 1,900달러까지 치솟았던 2011년의 금광회사 CEO와 온스당 400달러로 추락했던 2000년의 CEO를 비교하는 것은 의미 없는 일이다. 금광회사 CEO들은 원자재 가격을 통제할 수 없다. 그들은 그저 주어진 여건에서 주주를 위해 최선을 다할 뿐이다. 그러니 CEO 성과를 제대로 평가하려면 같은 조건의 경영자들과 비교하는 게 가장 유용하다.

어떤 CEO가 시장이나 경쟁자들보다 상당히 좋은 이익을 냈다면, 그는 '탁월하다'고 평가될 만하다. 그런 점에서 GE 재임 기간 동안 S&P 500 지수보다 3.3배 넘는 주가상승률을 기록한 잭 웰치는 확실히 탁월한 CEO였다.

그러나 잭 웰치는 헨리 싱글턴과는 번지수부터가 전혀 다르다.

잭 웰치보다 뛰어난 싱글턴

오늘날 일부 투자자와 전문가한테만 알려진 인물로, 헨리 싱글턴은 대단한 사람이지만 CEO치고는 경력이 독특하다. 그는 세계적인 수준의 수학자로, 눈 가린 채 두는 체스게임을 즐겼고, 전자공학 박사과정 중에 MIT 최초의 컴퓨터를 프로그래밍했다. 그는 2차 세계대전 시기에 적군의 레이더망에 연합군 선박이 포착되지 않게 하는 기술을 개발했다. 그가 1950년대에 만든 관성유도 시스템은 군용 및 상업용 항공기에서 아직도 이용된다. 싱글턴은 1960년대 초에 텔레다인이라는 대기업을 설립해 역사상 가장 탁월한 경영자 중 한 명이 되기 전에 이 모든 과업을 이뤄냈다.

1960년대 대기업들은 적극적으로 주식시장에 상장했는데, 지금의 인터넷 기업들과 비슷하다. 그러나 싱글턴은 텔레다인을 꽤 독특하게 경영했다. 그는 자사주를 공격적으로 사들여 마침내 자사주를 90% 이상 보유했다. 자사주 매입이 일반화되기 한참 전의 일이었다. 그는 배당을 꺼렸고, 재무제표상 이익보다 현금흐름을 중요시했다. 조직은 부서장들에게 전권을 맡기는 방식으로 운영했다. 또 1970년대와 1980년대에 텔레다인 주식이 뉴욕증시NYSE에서 가장 비싼 종목이었지만 싱글턴은 주식분할도 하지 않았다. 그는 '스핑크스'라는 별명으로 불렸는데, 애널리스트나 기자와 접촉하기를 꺼렸기 때문이었다.《포천》지 표지에 한 번도 얼굴을 내민 적이 없었다.

싱글턴은 낡은 관행을 거부하는 사람이었다. 그의 색다른 경영방식에 당황한 월스트리트와 경제 매체는 이러쿵저러쿵 떠들어댔다. 하지만 결국 그가 회의론자들의 반응을 무시한 것은 옳은 일로 나타났다. 싱글턴에 비해 외부에 잘 알려진 동종업계 CEO들의 장기 주가수익률은 그럭저럭 평범한 편이었다. 연평균 수익률 11%로, S&P 500보다 약간 높았다.

이와 대조적으로, 싱글턴이 텔레다인을 경영한 약 30년 간 투자자들의 연평균 수익률은 20.4%에 이르렀다. 만약 당신이 1963년에 텔레다인에 1달러를 투자했다면, 싱글턴이 텔레다인 회장 자리에서 물러났던 1990년에는 180달러가 됐을 것이다. 1990년은 약세장이 최저점을 찍던 시기였다. 그 시기에 1달러를 다른 대기업에 투자했다면 27달러가 됐을 것이고, S&P 500에 속한 기업에 투자했다면 15달러에 그쳤을 것이다. 싱글턴은 시장 평균수익률에 비해 12배 이상이나 되는 뛰어난 성적을 올렸다.

우리가 정의한 '성공' 기준에서는 싱글턴이 잭 웰치보다 탁월한 CEO였다. 간단히 말해 싱글턴이 보여준 수치가 더 훌륭했다. 주당 순이익이 시장과 경쟁사들보다 더 높았을 뿐 아니라, 이를 더 오랜 재임기간 동안잭 웰치 20년 vs 싱글턴 28년 유지했다. 여러 번의 약세장을 겪으면서도 말이다.

텔레다인이 독특하고도 급성장하는 사업을 해서 싱글턴이 성공한 게 아니었다. 싱글턴은 다른 CEO들과 달리, 매우 중요하나 사람들이 잘 모르는 자본배분이라는 분야를 자유자재로 다룰 줄 알았다. 자본배분이란 주주들이 수익을 최대한 얻을 수 있도록 기업 자원을 어떻게 배치할지를 결정하는 것이다. 그럼 자본배분이 무엇이고, 왜 그리 중요한지, 자본배분을 잘 하는 CEO는 왜 드문지 얘기해보자.

싱글턴이 집중한 것

CEO로 성공하려면 두 가지를 잘해야 한다. 하나는 효율적으로 운영하기, 다른 하나는 그 결과 들어오는 현금을 적재적소에 배치하는 것이다. 대다수 CEO들은 그리고 그들이 집필하거나 읽곤 하는 경영서에서는 운영에 초점을 두며, 이는 분명히 매우 중요하다. 이와 대조적으로 싱글턴은 현금을 잘 쓰는 문제에 가장 신경을 많이 썼다.

CEO가 주로 자본을 사용하는 용처에는 기본적으로 기존 사업 투자, 다른 사업 인수, 배당금 지급, 부채 상환, 자사주 매입 등 다섯 군데가 있다. 자본을 조달할 때는 내부 현금 이용, 채권 발행, 주식 발행 등 세 가지 방안이 있다. 이런 방법들이 어떤 도구세트상자에 들어 있다고 생각해보자. 장기적으로 주주 이익은 이런 다양한 도구 중에서 CEO가 무엇을 선택하느냐에 따라 달라진다. 쉽게 말해, 동일한 사업성과를 올린 두 기업이 자본배분을 할 때 다른 방법을 택하면 주주의 장기 성과도 크게 갈릴 수 있다는 얘기다.

본질적으로 자본배분은 투자와 같다. 따라서 모든 CEO는 자본배분자이면서 투자자다. 사실 이 역할이야말로 어떤 CEO든 가장 중요한 책무다. 하지만 안타깝게도 이런 중요성에도 불구하고 일류 비즈니스스쿨에는 자본배분을 가르치는 교육과정이 없다. 워런 버핏이 지적했듯이 이런 중요한 일을 해낼 준비가 된 CEO는 매우 드물다.

> 대다수 기업 경영자들은 자본배분을 제대로 하지 못한다. 그들의 미숙함은 놀라운 일이 아니다. CEO들은 대체로 마케팅, 제조, 엔지니어링, 관리, 때로는 사내 정치를 잘한 결과 CEO가 된다. 그런 이들이 CEO 자리에 오르면 자본을 어떻게 배분할지 결정해야 한다. 그들이 한 번도 씨름해본 적 없는 중요한 업무인 데다 금방 익숙해지지도 않는다. 이는 재능 있는 음악가가 커리어의 최종 단계에 이르렀을 때 카네기홀에서 연주하는 게 아니라 연방준비제도이사회 의장에 지명되는 것과 마찬가지다.[1]

이런 미숙함은 투자자 수익에 직접적이고 중대한 영향을 끼친다. 버핏은 "10년 동안 경영한 뒤, 당기순이익의 10%를 잉여자금으로 확보하는 회사의 CEO라면 사업할 때 전체 자본의 60퍼센트 이상을 적재적소에 배치할 책임이 있다[2]"며 자본배분 역량의 중요성을 강조했다.

싱글턴은 자본배분의 대가였다. 자본배분이라는 다양한 갈림길 가운데서 그가 고른 길은 경쟁사 CEO들의 결정과는 확실히 달랐다. 그로 인해 주주들의 장기 수익률에 매우 긍정적인 효과를 미쳤다. 싱글턴은 특히 선별된 인수와 일련의 대규모 자사주 매입에 텔레다인 자본을 집중했다. 그는 주식 발행을 피하고, 대출을 자주 이용했다. 1980년대 후반까지는 배당금도 지급하지 않았다. 하지만 다른 대기업들은 텔레다인을 거울에 비춘 것처럼 정반대 전략을 썼다. 즉 기업을 인수할 때는 적극적으로 주식을 발행했으며, 배당금을 지급하고, 자사주 매입은 주저했다. 부채도 거의 활용하지 않았다. 한마디로, 그들은 도구세트상자에서 다른 도구를 꺼내 썼고 결과는 아주 다른 성과로 이어졌다.

만일 자본배분 범위를 자원배분이나 인적자원 배분으로까지 더욱 폭넓게 잡는다면, 싱글턴이 상당히 차별화된 접근방식을 취했음을 다시금 깨달을 수 있다. 구체적으로 살펴보면, 그는 최대한 조직을 분권화해 운영했다. 본사조직은 최소한의 인원만 두고, 각 사업부 부서장에게 운영상 책임과 권한을 줬다. 이는 본사조직에 부사장과 MBA경영학석사들이 득실대는 경쟁사들의 접근방식과 전혀 달랐다.

지난 50년 동안 가장 뛰어난, 진짜 탁월한 CEO들은 자원배분이라는 비결을 이용한 것으로 나타났다. 사실 그들의 기법은 싱글턴의 방식과 묘하게도 비슷했다.

그레이엄과 도드 마을 vs 싱글턴 마을

1988년 워런 버핏은 전설적인 컬럼비아 비즈니스스쿨 교수 벤저민 그레이엄과 데이비드 도드의 가치투자 원리를 바탕으로 뛰어난 성과를 올린 투자자들을 다룬 글을 썼다. 그레이엄과 도드의 이례적인 투자전략이란, 순자산가치가 보수적인 측정치 이상으로 과도하게 저평가돼 거래되는 기업 주식을 매수하는 것이었다.

탁월한 투자수익과 그레이엄·도드 방식의 상관관계를 설명할 때 버핏은 전국동전던지기대회라는 비유를 종종 썼다. 이 대회에서는 미국인 2억 2,500만 명이 하루에 한 번 동전 던지기에 1달러를 건다. 매일 게임에서 진 사람은 탈락하고, 이긴 사람들은 전날 얻은 수익금을 모두 다음 날 열리는 게임에 건다. 판돈은 점점 커진다. 20일 후, 살아남은 215명은 각자 100만 달러 이상을 따게 된다. 이 결과는 순전히 우연의 결과이며 오랑우탄 2억 2,500만 마리가 참가했더라도 결과는 같았을 거라고 버핏은 지적했다. 그는 이어 흥미로운 아이디어를 하나 더 제시했다.

> 하지만 오랑우탄 가운데 40마리가 오마하에 있는 특정 동물원 출신이라는 점을 알게 된다면, 당신은 뭔가 알아냈다는 확신이 강하게 들 것이다…… 과학 탐구는 원래 이런 패턴을 따른다. 만일 어떤 희귀암의 발병 원인을 분석한 결과 400건이 몬태나의 어느 작은 광산촌에서 발생했음을 발견한다면, 당신은 그곳 수질이나, 환자의 직업 또

는 다른 변수들에 흥미가 생길 것이다. 당신은 투자세계의 동전던지기 게임 승자들 가운데 대다수가 아주 작은 마을이지만, 지식인을 많이 배출한 그레이엄과 도드 마을 출신임을 발견할 거라고 생각한다.[3]

역사학자 로렐 얼리치가 썼듯이, 착한 여자가 역사를 만들 수 없는 것처럼 평범한 CEO는 시장이나 동종업계에서 경쟁자를 제압하기 어렵다. 투자세계에서도 그렇다. 동전던지기를 특히 더 잘하는 사람들은 극소수인데, 만일 이들의 명단을 뽑아보면 모두 관행을 따르지 않는 인물들일 것이다. 이는 그다지 놀라운 일이 아니다.

이 책에서 소개할 탁월한 CEO들은 상승장과 하락장을 모두 겪었다. 업종은 제조업, 미디어, 방위 산업, 소비재 산업, 금융서비스 등으로 다양하다. 기업 규모나 성장단계도 두루 망라한다. 쉽게 사업할 수 있는 소매유통업 방식도 아니고 경쟁우위에 서게 하는 지식재산도 없었다. 그런데도 이들의 기업은 경쟁사들을 크게 앞서나갔다.

이들은 싱글턴처럼 특이하고 차별화된 방식으로 사업을 발전시켰는데, 이로 인해 경쟁사들과 경제 매체에서 많은 의구심과 비판을 받았다. 그런데 더욱 흥미롭게도 이들은 자신만의 원칙을 독자적으로 개발했지만 실제로는 비슷한 방식으로 업계 관행을 거부했다. 다시 말해, 이들의 관행 타파형 경영에는 어떤 패턴이 있었고, 이는 매우 높은 수익으로 환원되는 성공의 설계도였던 것 같다.

투자계에 그레이엄과 도드 마을이 있듯이, 경영계에도 가치관이 유사한 작고 지혜로운 마을이 있다. 싱글턴 마을이라는 이 마을은 선별된 극소수 인물로 이뤄져 있다. 이들은 무엇보다 다음과 같은 내용을 잘 이해했다.

- 자본배분은 CEO의 가장 중요한 업무다.
- 장기적으로 중요한 것은 주당가치를 높이는 것이지, 기업 전체 성장이나 규모가 아니다.
- 장기적인 기업가치는 연차보고서상 이익이 아니라 현금흐름이 결정한다.
- 분권화된 조직은 기업가다운 에너지를 일으키고 비용과 반목을 낮춘다.
- 독자적인 사고는 장기적인 성공에 필수요소다. 월스트리트나 언론 등 외부 조언자들과 하는 교류는 주의를 산만하게 하고 시간도 낭비시킨다.
- 때때로 최고 투자대상은 자사주다.
- 기업을 인수할 때는 인내가 미덕이다. 가끔은 과감함이 미덕일 때도 있다.

흥미롭게도, 이들의 관행 타파주의는 지리상 여건으로 인해 강화되는 경우가 많았다. 이들의 기업은 금융중심지인 보스턴과 뉴욕에서 한참 떨어진 덴버, 오마하, 로스앤젤레스, 알렉산드리아, 워싱턴, 세인트루이스 같은 도시에 있었다. 멀리 떨어진 덕분에 이들은 월스트리트 통념에서 비롯된 소음으로부터 독립성을 유지할 수 있었다.

이들 중 두 명은 북동부 지방에 사무실이 있었지만 별로 눈에 띄지 않는 지역을 좋아했다. 딕 스미스의 사무실은 교외 쇼핑몰 뒤편, 톰 머피의 사무실은 월스트리트에서 60블록 떨어진 예전 맨해튼 중간지대였다.

싱글턴 마을 주민인 우리의 탁월한 CEO들은 다들 성격도 흥미롭다. 이들은 대부분 검소하고종종 믿을 수 없을 정도로 그렇다, 겸손하고, 분석적이며, 절제력이 강했다. 그들은 가족에게 헌신적이었고 자녀의 학교행사에 참석하려고 사무실을 일찍 나서곤 했다. 다른 CEO들처럼 대외활동을 즐기지도 않았다. 상공회의소에서 연설하거나 다보스 포럼에 참석하지도 않았다. 경제 잡지 표지에 나온 일도 거의 없었고, 경영서를 집필하지도 않았다. 그들은 치어리더나 마케터가 아니었으며, 친밀감을 표현하지 않았고 카리스마 넘치지도 않았다.

그들은 애플의 스티브 잡스, 월마트의 샘 월턴, 사우스웨스트 에어라인의 허브 켈러허, 페이스북 창업자 마크 저커버그처럼 화려한 CEO들과는 많이 달랐다. 이 천재들은 비즈니스 분야의 아이작 뉴턴이다. 뉴턴이 '나무에서 떨어진 사과'를 보고 중력이라는 엄청난 아이디어로 발전시킨 것처럼, 그들은 열렬한 집중력과 결단력으로 참신한 아이디어를 떠올리고 실행했다. 그들의 성공에서 도출된 교훈을 일반화하기에는 다소 어려움이 있다.

탁월한 CEO들은 샘 월턴이나 허브 켈러허 같은 카리스마도 없었고, 스티브 잡스나 마크 저커버그 같은 마케팅 또는 기술 분야 천재도 아니었다. 사실 그들의 상황은 보통 미국 경영자들과 비슷했다. 그러나 그들의 성과는 결코 평범하지 않았다. 다음 그래프들에서 볼 수 있듯이, 평균적으로 S&P 500보다 20배 이상 높았고 경쟁사들에 비해서는 7배 이상 앞섰다.

그들은 일반적인 리더들과 많이 달랐다. 역발상 아이디어로 기업을 키웠다. 앞으로 우리는 그들이 어떻게 이와 같은 성과를 낼 수 있었는지 중점적으로 알아볼 계획이다. 워터게이트 사건 정보원이던 내부고발자가 말했듯, 우리는 '현금흐름을 따라가면서' 역발상 CEO들의 중요한 결정을 주의 깊게 들여다보고, 그런 결정이 오늘날 경영자와 기업가에게 전하는 교훈을 살펴보려 한다.

S&P 500 vs CEO들의 기업 : 총수익 비교

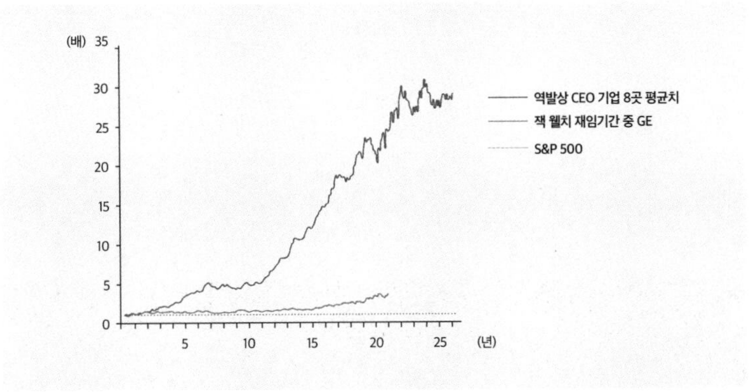

경쟁사 vs CEO들의 기업 : 총수익 비교

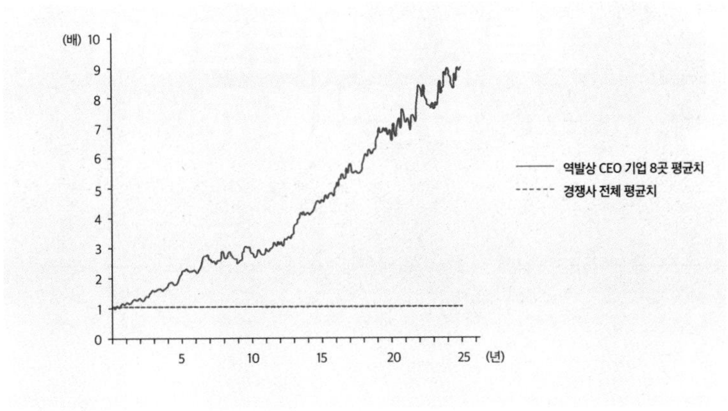

chapter 0

[그들은 왜 현금흐름에 집중했을까]

무엇이 성공한 CEO를 만드는가? 유명 CEO들을 보면서 카리스마, 소통의 기술, 그리고 확신에 찬 경영 스타일을 생각하기도 한다. 하지만 만약 당신이 조직을 운영한다면 정말로 중요한 것은 무엇일까? 실제 뛰어난 성과를 내는 경영자의 특징은 무엇일까? 앞으로 살펴보는 8명의 리더를 통해 무엇에 주목해야 할지 한번 생각해보자.

남들과 다른 것을 하지 않으면, 탁월한 성과를 이룰 수 없다.

—**존 템플턴**

아툴 가완디Atul Gawande는 《뉴요커》에 기고한 글에서 의료계에서 뛰어난 성과를 낸 이들을 기술할 때 '긍정적 괴짜Positive Deviant'라고 했다. 이런 비범한 이들을 연구하고 배워서 성과를 개선하는 것이 가완디에게는 너무나 당연한 일이었다.[1]

하지만 놀랍게도 의료계, 법조계, 정계, 체육계와 달리 비즈니스업계에선 의외로 최고수들을 깊이 있게 연구하지 않는다. 헨리 싱글턴 사례를 연구한 후, 나는 하버드 MBA경영학 석사 학생들의 도움을 받아 주식시장 상대 성과 측면에서 경쟁사들과 잭 웰치를 가볍게 누르는 사례를 찾기 시작했다. 서문에 인용한 워런 버핏의 얘기처럼, 그런 기업들, 그런 CEO들은 새 발의 피 수준으로 드물었다. 하버드 비즈니스스쿨 베이커 도서관 자료를 구석구석 찾아본 결과, 경쟁사와 잭 웰치를 모두 압도하는 사례는 불과 일곱 개뿐이었다.

흥미롭게도 텔레다인처럼 이 기업들은 그리 유명하지도 않았다.

그 회사의 CEO들도 오늘날 수많은 이름난 경영자들보다 뛰어난 성적표를 올렸지만 별로 알려지지 않았다.

고슴도치 CEO vs 여우 CEO

언론에서 말하는 성공한 CEO란 잭 웰치처럼 카리스마 있으면서 실행력을 갖춘 리더다. 그들은 멋진 빌딩에 사무실이 있고, 일에 파묻힌 MBA 출신들이 주변에는 널려 있다.

사업장을 돌아보기 위해 회사 제트기를 타고 이동하고, 월스트리트 애널리스트들을 만나며, 온갖 협회 회의에 참석하는 데 업무시간을 주로 쓴다. 유명 연예인 같기도 한 이런 CEO들은 한 회사에 오래 재직하는 법이 없다. 그들은 보통 공모 과정을 거쳐 선임되는데, 대체로 유명 기업 최고경영진 출신이다.

2008년 9월 리먼 브라더스가 파산한 후, 이런 유명 CEO들에게 비난이 쏟아진 건 이해할 만하다. 그들은 탐욕스러운종종 사기꾼 냄새도 풍기는 냉혈한으로 여겨진다. 전용기를 타고 다니면서 노동자를 해고하고, 주주가치를 파괴하는 대규모 계약도 해치운다. 한마디로, 리얼리티쇼 〈어프렌티스〉 제작자이자 심사위원 도널드 트럼프현 미국 대통령—역자 같다는 얘기다. 이 프로그램에서 트럼프는 거리낌 없이 탐욕을 드러내고 거만하며 자기 자랑을 늘어놓는다. 벤저민 프랭클린이 얘기했던 미덕 목록에서는 전혀 찾아볼 수 없는 것들이다.

그러나 싱글턴 마을 주민들은 이런 전형적인 CEO 모습과는 매우 다르다. 모두 CEO를 처음 맡았고, 경영이라곤 거의 해본 적이 없었다. 이들 중 누구도 원래 임원급이었다가 승진한 게 아니었고, 한 사람을 제외하고는 자신들의 업계와 회사를 처음 접해 보는 사람들이었다. MBA 출신은 딱 두 명밖에 없었다. 매력적이지도 않았고 주목받는 인물들도 아니었다. 그들은 대개 무명인사였고, 그들을 아는 사람이라곤 극소수 전문투자자 정도였다.

그들은 모두 검소, 겸손, 독립성 같은 케케묵고 전근대적인 가치를 지녔고 보수적이면서도 상황에 따라 대담하게 움직이기도 했다. 그들은 인테리어를 거의 하지 않은 사무실에서 일했고, 대개 회사 전용기 같은 특전을 멀리했다. 생각만 있었다면 받았을 언론의 집중조명도 피했다. 월스트리트나 비즈니스 매체와 교류도 거의 하지 않았다. 은행 사람들과 경영에 조언하는 사람들을 적극적으로 피하는 대신, 엄선한 일부 사람과 상의했다.

행복한 결혼생활을 꾸린 중년 남성들그리고 예외인 여성 한 명인 이들은 얼핏 보면 심심하고 안정적으로, 그러면서도 조용히 자선을 베풀며 살았다. 그러나 사업에 임할 때 그들은 통념을 따르지 않았고 현실에 안주하지 않았다. 그들은 긍정적 괴짜이자 관행을 상당히 역행하는 사람들이었다.

싱글턴처럼 이 CEO들은 경쟁자들과 매우 다른 의사결정을 꾸준히 이어갔다. 하지만 맹목적인 청개구리는 아니었다. 그들의 의사결정은 치밀한 분석을 바탕으로 한 현명한 관행 거부였다. 그 분석은 해당 산업이나 월스트리트에서 흔히 쓰는 기법과는 매우 다른 재무지표를 기초로 종종 이뤄졌다.

그들의 관행 거부주의는 마이클 루이스의 『머니볼[2]』에서 묘사한 빌리 빈의 방식과 비슷하다. 오클랜드 애슬래틱스 야구단 단장 빌리 빈은 늘 예산부족에 시달렸다. 예산이 더 넉넉한 다른 구단들을 이기려고 통계를 분석했다. 빌리 빈은 새로운 지표인 출루율과 장타율에 중점을 뒀다. 이 지표는 전통적으로 쓰이던 통계 삼총사 홈런, 타율, 타점보다 팀 승리 확률과 연관성이 훨씬 높았다.

빌리 빈의 분석적 통찰은 구단 운영에 필요한 모든 부분에 영향을 미쳤다. 선수 선발부터 트레이드, 경기 중 도루를 할지 말지, 희생번트를 댈지 말지까지도 포함했다. 이 모든 분야에 적용된 그의 방식은 매우 독특했지만 대단히 성공적이었다. 오클랜드 애슬래틱스는 아메리칸리그에서 연봉이 두 번째로 낮은 팀이었다. 하지만 그가 단장으로 재임했던 6년의 기간 중에 플레이오프에 네 번이나 진출했다.

빌리 빈처럼 싱글턴과 다른 CEO 일곱 명은 사업할 때 독특하면서 인습타파적인 방식을 사용했다. 그로 인해 경쟁자들과 비즈니스 매체들이 이러쿵저러쿵 해대곤 했다. 하지만 빌리 빈과 마찬가지로 그들의 성과는 이례적으로 뛰어났고 전설적인 CEO 잭 웰치와 업계 경쟁자들의 성과도 가볍게 제압했다.

그들의 배경은 아주 다양했다. 달 궤도를 돈 우주비행사, 사업 경험이 전혀 없던 남편을 잃은 여인, 가업을 물려받은 2세 경영자, 이공계 박사 2명, 회사를 처음 경영해보는 투자자였다. 그들 모두 CEO

역할에선 초짜였지만, 매사 합리적으로 일을 처리하고 시각도 신선했다.

영국 역사가이자 철학자인 이사야 벌린은 톨스토이를 다룬 유명한 에세이에서 두루두루 박식한 여우와 한 가지를 깊이 아는 고슴도치를 비교했다. CEO들은 대개 고슴도치 같다. 그들은 특정 산업에서 경력을 쌓고 시간이 흘러 최고위직에 오른다. 그 과정에서 해당 산업에 대해 속속들이 알게 된다. 고슴도치에게는 전문지식, 전문성, 집중화 같은 여러 긍정적인 속성이 있다.

하지만 여우에게도 역시 매력적인 자질이 상당하다. 여우는 여러 분야를 이리저리 연결해 혁신으로 이끌어내는 능력이 뛰어나다. 이 책에 나오는 CEO들은 여우라고 할 수 있다. 그들은 다른 분야 기업과 산업을 잘 알았다. 이런 폭넓은 지식과 경험을 바탕으로 그들은 새로운 방식을 고안했으며, 그 결과 예상을 뛰어넘는 성과를 낼 수 있었다.

뛰어난 CEO들의 공통점

1986년 투자회사 버크셔 해서웨이의 연차보고서에서, 워런 버핏은 CEO로 보낸 첫 25년을 되돌아보며 자신이 배운 가장 중요하고도 놀라운 교훈에 대해 언급했다. 그것은 십대 또래집단의 압력 같은 것으로, 업계에서도 CEO들이 다른 경쟁자들을 모방해야 한다는 압박감을 주는 이상한 기운이 있다는 것이었다. 버핏은 곳곳에서 출몰하는 이 강력한 기운을 '제도가 가하는 압박'이라고 이름붙이고, 유능한 CEO가 되기 위해서는 여기서 벗어나야 한다고 지적했다.

이 책에 나오는 CEO들은 모두 이 강력한 압박 영향에서 벗어나 있다. 어떻게 그럴 수 있었을까? 그들은 경영철학에서 해결책을 찾았다. 이는 조직과 문화에 스며있는 가치관으로, 기업을 경영하고 자본을 배분하는 의사결정을 이끈다. 그들은 각자 독자적으로 경영철학을 세웠다. 그런데 매우 희한한 부분은, 각자 업종과 환경이 아주 다양했음에도 불구하고 그들의 경영철학이 놀라울 만큼 비슷하다는 것이다.

그들은 매우 분권화된 조직을 운영했으며, 한 번 이상 대규모 기업 인수에 나섰다. 또 현금흐름에 기초한 특별한 지표를 개발했다. 자사주도 꽤 많이 매입했다. 주주에게 의미 있는 수준의 배당을 준 CEO도 없었고, 월스트리트에 실적 예상치를 제공하지도 않았다. 그들은 모두 경쟁자들과 비즈니스 매체들에게 비웃음, 놀라움, 회의가 뒤섞인 눈초리를 받았다. 하지만 그들 모두 평균 20년 이상 장기간 재임하면서 눈이 휘둥그레질 만큼 믿기 어려운 성과를 냈다.

비즈니스 세계는 전통적으로 두 진영으로 나눌 수 있다. 한 쪽은 기업을 경영하고, 다른 한 쪽은 기업에 투자하는 것이다. 우리가 이 관행을 거부하는 역발상 CEO들에게 배울 수 있는 CEO 역할의 새로운 교훈은 카리스마적인 리더십보다 기업 자원을 주의 깊게 배분하는 데 더 중점을 둬야 한다는 것이다.

실제로 이 CEO들은 자신을 경영자보다는 투자자라고 생각했다.

본질적으로 그들은 자신의 분석능력을 자신했고, 어쩌다 가치와 가격이 크게 어긋난 경우를 인지하면 대담하게 행동에 나설 준비가 돼 있었다. 자사주 가격이 내재가치에 비해 쌀 때는 종종 대규모로 자사주를 사들였고, 자사주 가격이 오르면 쌀 때 사놨던 주식을 다른 기업을 인수하거나 미래 성장용 투자자금을 저렴하게 조달하는 데 이용했다. 마음에 드는 프로젝트가 눈에 띄지 않을 때는 편안히 기다렸다. 가끔 그 기간이 오랫동안 이어지곤 했다. 제너럴 시네마의 딕 스미스는 재임기간 내내 그랬다. 그들은 오랜 기간에 걸쳐 쌀 때 사서 비싸지면 매도하는 이런 전략을 체계적으로 구사해 주주들에게 놀라운

불확실한 시대 : 1974~1982

역발상 CEO들 사례가 현 시점에서도 참고할 부분이 있는지를 가늠해보려면 그들이 제2차 세계대전 이후 어떻게 헤쳐 왔는지 들여다볼 필요가 있다. 특히 혹독한 기간이었던 광범위한 경기침체기와 닮은 구석이 많은 1974~1982년 때문이다.

이 시기는 해외에서 비롯된 오일쇼크, 재난 수준이던 재정 및 통화정책, 사상 최악의 정치 스캔들이 뒤섞였던 아주 지독한 시기였다. 부정적인 뉴스가 칵테일마냥 섞여 있던 8년 동안, 심각한 인플레이션, 두 번의 경기불황과 약세장, 18%에 이르는 금리, 3배 치솟은 기름값, 100년 만의 첫 미국 대통령 사임이 있었다. 이런 암흑기 한복판이던 1979년 8월, 《비즈니스위크》는 "자본시장은 죽었나?"라는 유명한 표지 기사를 내보냈다.

요새도 그렇지만 그 당시 모든 것은 불확실했고, 경영자들은 두려움에 다들 팔짱만 끼고 있었다. 그러나 역발상 CEO들은 모두 이 시기에 가장 활발히 움직였다. 모두가 대규모 자사주 매입 프로그램을 가동하거나, 대규모 기업 인수전에 나섰다. 톰 머피의 경우 이 두 가지를 모두 했다. 워런 버핏의 표현을 빌리자면, "경쟁자들이 두려움에 떨고 있을 때, 그들은 탐욕스러웠다."

(2006년 7월 24일 저자의 워런 버핏 인터뷰 인용)

성과를 창출해줬다.

이와 같은 CEO 역할 재정의는 그들의 공통적이고도 특이한 배경이 근간으로 작용했다. 그들은 모두 아웃사이더였다. 그들은 모두 CEO를 생전 처음 맡았는데, 그들 중 절반은 처음 CEO가 됐을 때 마흔 살도 안 된 나이였다. 한 명 빼고는 해당업종에서 경험을 해본 사람도 없었다. 그들은 이전 경험이나 업계 관행에 얽매이지 않았다. 그들의 성과는 그러한 참신한 관점에서 나오는 엄청난 힘을 드러냈다. 참신한 관점은 오랫동안 많은 분야에서 혁신을 일으키는 촉매였다. '패러다임 전환' 개념을 주창한 토머스 쿤은 위대한 발견이 거의 예외없이 신참자나 젊은이들 손에서 일어난다는 것을 발견했다. 중년의 전직 인쇄업자 벤저민 프랭클린이 피뢰침을 발명해서 번개를 길들이고, 특허청 사무직원으로 스물일곱 살이던 아인슈타인이 $E=mc^2$ 공식을 이끌어냈음을 생각해보라.

역발상 CEO들은 '여우' 관점을 지닌 덕분에 차별화된 경영기법을 개발해냈다. 그 기법은 그들의 모든 경영철학을 좌우했다. 그들은 매우 독립적이었고, 대개 월스트리트와 교류를 피했으며 자문가들에게 의존할 필요가 없다고 생각했다. 아울러 독립적으로 사고하는 사람들에게 적합한 분권화된 조직체계를 선호했다.

누구나 따라할 수 없는 경영기법

맬컴 글래드웰은 베스트셀러 『아웃라이어』에서 경험적으로 알아낸 법칙을 제시했다. 어떤 분야든 전문가가 되려면 1만 시간의 훈련이 필요하다는 것이다[3]. 그럼 이 초보 CEO들의 놀라운 성과는 글래드웰이 발견한 법칙과 어긋나는 게 아닐까? 이들은 아무도 최고 위치에 오르기 전에 1만 시간 가까이 경영을 해 본 일이 없다. 이들의 성공은 전문지식과 혁신 사이의 중요한 차이점을 나타내는 것 같다.

글래드웰의 법칙은 전문가가 되려면 명심할 지침이긴 하나, 전문성이 반드시 혁신을 의미하지는 않는다. 서두에서 인용한 존 템플턴의 말과 같이, 뛰어난 성과를 내려면 전혀 새로운 사고방식이 필요하다. 이 CEO들의 가치관 가운데에는 합리성, 데이터 분석, 스스로 생각하는 능력에 대한 강한 확신이 있었다.

이 여덟 명의 CEO는 카리스마적인 선지자도 아니었고 거창한 전략을 내놓지도 않았다. 그들은 현실적이었고, 한 가지 주장만 고집하는 성격도 아니었다. 그저 단순함에 집중하면서, 또 내부 문화와 소통의 장애물을 살피면서 체계적으로 관행을 바꿔나갔다. 과학자와 수학자는 흔히 복잡성의 '다른 측면'으로 명료성이라는 용어를 쓰곤 한다. 이 CEO들은 수량을 헤아리는 계량적 사고에 익숙한데, MBA보다 공학박사 학위를 받은 사람이 더 많은 것도 사실이다. 이들은 복잡하지 않고 단순화하는 것에 천재적이었다. 이들은 경쟁자들과 언론이 떠들어대건 말건 자기 사업의 핵심적인 경제성에 주목했다.

이와 같은 특성 덕분에 역발상 CEO들은 매사 현금흐름에 집중하고, 월스트리트가 신주단지처럼 여기는 순이익을 맹목적으로 따르지 않았다. 상장기업 CEO들은 대부분 분기마다 발표하는 순이익 극대화에 몰두하게 마련인데, 왜 그런지 몰라도 순이익은 월스트리트가 선호하는 지표이기 때문이다. 하지만 순이익은 다소 무딘 도구다. 부채 수준, 세금, 자본지출, 과거 인수기록 등의 차이 때문에 심각하게 왜곡될 수 있어서다.

역발상 CEO들은 흔히 복잡한 대차대조표와 적극적인 기업인수 프로그램, 높은 수준의 부채를 유지했는데, 순이익의 약점을 생각할 때 장기적으로 가치를 창출하는 핵심요인은 잉여현금흐름• 최적화라고 판단했기 때문이었다. 이러한 현금 중심 방침은 역발상 CEO들이 모든 면에서 회사를 어떻게 경영할지 결정하는 지침이 됐다. 기업인수시 대금 지불, 대차대조표 관리, 회계정책, 급여체계까지 말이다.

이와 같은 우직한 현금 집중은 관행에서 벗어난 경영의 근간이 됐고, 기업별 전략을 이루는 선별된 몇몇 변수에 계속 집중할 수 있는 배경이 됐다. 이는 같은 업종 경쟁자들과는 완전히 달랐다. 이것은 1970년대 및 1980년대 헨리 싱글턴에게는 자사주 매입이었고, 존 말론에게는 케이블 가입자를 끈질기게 늘리는 것이었다. 빌 앤더스에게는 비핵심 사업 처분이었고, 워런 버핏에게는 보험사에 조성된 책임준비금보험회사가 가입자에게 받는 보험료 중 아직 보험금으로 지급되지 않고 있

• 기업이 사업활동을 하며 벌어들인 현금흐름 중에 세금, 영업비용, 설비투자액 등 제반비용을 빼고 남은 현금흐름.

는 금액을 투자재원으로 활용하는 것이었다.

CEO란 장기적으로 주당가치 최적화를 최우선 목표로 삼아야 한다는 게 그들의 핵심 가치관이었다. 조직 성장시키기가 아니었던 것이다. 더 큰 기업일수록 언론의 관심을 더 많이 받게 마련이다. 큰 기업 경영자들일수록 대체로 연봉이 더 높은 경향이 있고 명망 있는 위원회나 클럽에 참여해달라는 요청을 받게 된다. 이런 이유 때문에 선제적으로 규모를 줄이려는 기업은 매우 드물다. 그러나 이 책에 나오는 거의 모든 CEO들은 자사주를 매입해 주식기반을 현저하게 축소했다. 아울러 자산을 매각하거나 기업을 분할해 규모를 줄여나갔고, 성과가 시원찮은 사업부를 매각하거나 접는 것을 부끄러워하지 않았다. 결국 성장은 주주가치 극대화와 무관한 것으로 파악됐다.

헨리 싱글턴이 1979년 《포브스》와 진행했던 이례적인 인터뷰를 보면, 현금에 중점을 두는 실용적인 태도와 관행을 따르지 않는 경영방식의 자부심을 확인할 수 있다. "우리는 사업체를 몇 곳 인수한 뒤 어떻게 경영할지 곰곰이 생각했어요. 결론적으로 핵심은 현금흐름이지요. 현금창출과 자산관리를 둘러싼 우리의 사고방식은 내부에서 고민한 끝에 나온 결과였죠. 하지만 그건 누구나 따라 할 수 있는 게 아니랍니다."[4]

chapter 1

[돈을 벌어들이는 영구기관 톰 머피와 캐피털 시티스 방송사]

캐피털 시티스는 1946년 4월 5일 허드슨밸리 브로드캐스팅 컴퍼니로 사업을 시작했다. 1957년 캐피털 시티스 텔레비전 코퍼레이션, 1959년 12월에는 캐피털 시티스 브로드캐스팅으로 이름을 변경했다. 1968년 출판과 신문 사업에 진출했고, 이후 미국 전역으로 방송망을 확장했으며 1973년 캐피털 시티스 커뮤니케이션으로 다시 사명을 바꿨다. 인수 및 합병을 계속하면서 시세를 늘리던 중, 1985년에는 회사 규모가 4배나 큰 ABC 방송국을 인수하여 업계를 놀라게 했다. 1996년 월트 디즈니에 인수되었으며, 인수 후에는 사명을 ABC로 바꿨다.

톰 머피와 댄 버크는 지금까지 세상에 없었고 앞으로도 보기 어려울 경영 분야 최고의 2인조였다.

—워런 버핏

워런 버핏은 비즈니스스쿨에서 강연할 때면, 종종 톰 머피의 캐피털 시티스 방송사와 CBS 간의 경쟁을 놓고 나룻배와 초호화유람선 퀸엘리자베스2호 간의 대서양 횡단 경주에 비유했다. CEO들의 경영능력이 장기간 수익에 미치는 어마어마한 영향력을 설명하기 위한 것이었다.

1966년 머피가 캐피털 시티스 사장이 됐을 때, 유명 CEO 빌 페일리가 경영하던 CBS는 미국 최대 미디어 기업이었다. 미국 최대 시장에서 TV와 라디오 방송국, 최고 수준의 방송 네트워크와 몸값이 꽤 나가는 출판사와 음반사를 운영했다. 반면에 같은 시기에 캐피털 시티스는 TV 방송국 다섯 군데와 라디오 방송국 네 곳을 운영했다. 모두 소규모 시장을 차지하고 있었다. 당시 CBS 시가총액은 캐피털 시티스 시가총액의 16배에 이르렀다. 그러나 30년 후 머피는 디즈니에 캐피털 시티스를 CBS보다 3배 비싼 값에 팔았다. 다시 말해, 나룻배의 승리였다. 아주 확실하게 말이다.

얼핏 극복할 수 없을 것 같던 두 기업 간 격차는 어떻게 좁혀졌을까? 정답은, CBS는 대기업 경영의 통념을 따랐고, 캐피털 시티스는 그렇지 않았다는 것이다. CBS는 1960년대와 1970년대에 방송 네트워크와 방송사업으로 벌어들인 거액의 현금을 기존 사업과 무관한 곳을 공격적으로 인수하는 데 투입했다. 완구업체, 뉴욕 양키스 구단 등이 그 대상이었다. CBS는 인수자금을 조달하려고 주식을 발행했고, 맨해튼 중심부에 랜드마크 건물을 짓는 데에도 엄청난 돈을 쏟아부었다. 또 기업 조직에 사장과 부사장은 마흔두 명이나 됐다. 이는 버핏의 파트너인 찰리 멍거식 표현으로는 "호황에 눈이 멀어 불필요한 비용에 둔감해진 상태"[1]였다.

CBS에서 페일리가 구사했던 전략은 대기업 시대 통념과 일치한다. 페일리는 '다각화'와 '시너지'처럼 파악하기 어려운 이익이 있을 거라고 생각했다. 일단 인수된 기업이 모회사와 결합하면 마법처럼 두 기업 모두 수익성이 개선되고 경기 순환 영향도 덜 받을 것으로 여기며 무관한 분야 사업체 인수를 정당화했다. 그 핵심에는 CBS 규모 확대에 집중한 페일리의 전략이 있었다.

반면에, 머피의 목표는 기업을 한층 가치 있게 만드는 것이었다. 그는 내게 이렇게 말했다. "목표는 가장 긴 열차를 만드는 게 아니고, 최소한의 연료만으로 목적지에 가장 먼저 도달하는 것이죠."[2] 머피와 그의 오른팔 댄 버크 아래에서 캐피털 시티스는 다각화를 따라가지 않았다. 그 대신 잘 아는 미디어 사업에 초점을 둔 날렵한 대기업이 됐다. 머피는 라디오와 TV 방송국을 더 많이 인수했고, 사들인 방송사들을 기막히게 운영했다. 머피는 정기적으로 자사주를 매입했고, 결국 CBS의 경쟁사인 ABC를 인수했다. 두 기업의 상대적 성과는 더 말할 필요도 없다.

머피가 페일리의 퀸엘리자베스2호를 따라잡고자 사용한 기법은 믿을 수 없을 만큼 간단하다. 매력적인 경제성을 지닌 업종에 집중하고, 가끔 부채를 써서 대형 사업체를 인수하고, 경영을 개선한 다음 부채를 갚는다. 그리고 이를 반복한다. 머피는《포브스》와 진행한 인터뷰에서 이를 간결하게 설명했다. "기회가 오면 사업체를 매입했고, 그 업체를 담보로 대출을 받은 다음, 경영 효율을 호전시킨 후…… 뭔가를 약간 남겼지요."[3] 그런데 흥미로운 부분은 미디어 업계 경쟁자들은 이런 방식을 따르지 않았다는 것이다. 그들은 오히려 CBS처럼 유행에 따라 비관련 분야로 사업을 다각화했고, 관리조직 규모를 키웠다. 또 이름난 미디어업체를 인수하는 데 큰돈을 썼다.

머피의 캐피털 시티스는 현재 '롤업'이라고 부르는 기법이 극히 성공적으로 적용된 사례다. 전형적인 롤업 방식이란, 기업이 일련의 사업체들을 인수해서 경영 효율을 높이고, 다른 사업체를 계속 인수하면서 시간이 지나면 규모의 경제와 최적의 경영에서 비롯되는 이득을 얻는 것을 말한다. 이 개념은 1990년대 중후반까지 유행했다 2000년대 초반 롤업을 주도하던 기업들이 엄청난 부채에 깔려 허우적대다가 도산하면서 기세가 확 꺾였다. 이 기업들의 실패는 사업체 인수를 너무 빠르게 진행하고, 인수한 뒤 통합과 운영 효율 개선의 중요성과 어려움을 과소평가했기 때문이었다.

롤업에 접근하는 머피의 방식은 이와 달랐다. 머피는 천천히 움직였고, 운영 전문성을 개선했고, 승산이 높다고 본 소수의 대규모 인수에 중점을 뒀다. 머피 아래에서 캐피털 시티스가 보여준 운영과 자본배분 능력은 보통 수준이 아니었다. 머피는 나에게 "사업이란 대형 의사결정이 몇 개 섞인 수없이 많은 자그마한 의사결정을 매일매일 처리하는 것"이라고 말했다.

톰 머피의 경영철학

톰 머피는 1925년 뉴욕 브루클린에서 태어났다. 그는 2차 세계대전 때 해군으로 복무했고, 제대군인 장학금을 받아 코넬 대학교에서 학부를 마친 후 하버드 비즈니스스쿨에 진학했다. 그가 다녔던 1949년 클래스는 미국증권거래위원회SEC 위원장, 성공한 기업인, 《포천》 500대 기업 CEO를 다수 배출한 것으로 유명했다. 머피는 여기 졸업생 중에서도 특히 이목을 끄는 동문이었다. 하버드 비즈니스스쿨을 졸업한 후 세계적인 소비재 기업 레버 브라더스에서 상품 관리자로 일했다. 1954년 여름, 머피는 술을 입에도 대지 않는 사람이었는데, 공교롭게도 뉴욕 주 스케넥터디에 있는 부모님 집에서 열린 칵테일 파티에 갔다가 실로 엄청난 변화를 맞이하게 됐다. 그의 아버지는 유명한 지방판사로, 그 파티에 오랜 친구 프랭크 스미스를 초대했다. 프랭크 스미스는 유명한 방송 기자 로웰 토머스와 연쇄창업가새로운 기업을 계속해서 설립하는 기업가를 뜻하는 신조어들의 사업체를 경영했다.

스미스는 머피를 구석진 곳으로 데려가서 최근에 시작한 벤처사업 얘기를 꺼냈다. 그는 올버니에 있는 WTEN이라는 TV 방송사를 운영했는데, 파산 직전에 인수해 고전하고 있었다. WTEN은 폐수녀원 건물을 사옥으로 쓰고 있을 정도로 힘들었다. 그런데 그날 저녁이 저물기도 전에 젊은 머피는 뉴욕의 일류 직장을 그만두고 방송사를 경영하러 올버니에 가겠다고 스미스와 약속했다. 머피는 방송 산업 경험이 전혀 없었고, 어떤 분야든 유의미한 경영 경험을 해본 적도 없었다.

합류 초반, 스미스는 맨해튼 시내에 있는 사무실에서 일하면서 전반적인 일상 운영업무를 머피에게 맡겼다. 몇 년 동안은 손실이 났지만, 머피는 프로그램을 개선하고 적극적으로 비용을 관리해 방송국이 꾸준히 현금을 창출하도록 변화시켰다. 머피는 이 공식을 이후로도 반복적으로 적용했다. 1957년, 스미스와 머피는 노스캐롤라이나주 롤리에 있는 두 번째 방송사를 인수했다. 이번 방송사 건물은 그전에는 요양원으로 사용되었다. 그들은 로드아일랜드 주 프로비던스에 있는 세 번째 방송국을 인수한 다음부터 캐피털 시티스라는 기업명을 쓰기 시작했다.

1961년 머피는 30세 하버드 MBA 출신 댄 버크를 채용했다. 머피는 버크에게 방송계 경험이 전혀 없었지만 올버니 방송국에서 자신이 하던 일을 맡길 생각이었다. 버크는 원래 1950년대 후반 그의 형

짐 버크를 통해 머피를 만났다. 짐은 머피의 하버드 비즈니스스쿨 동창생으로 존슨 앤 존슨에서 영향력 있는 젊은 임원이었다. 그는 나중에 CEO가 됐으며 1980년대 타이레놀 위기•를 잘 관리해 표창도 받았다. 댄 버크는 한국전쟁 때 참전했으며 이후 하버드 비즈니스스쿨에 들어가 1955년에 졸업했다. 졸업 후 제너럴 푸즈에 입사해 젤리 제품인 젤로 사업부에서 제품 관리자로 근무했고 1961년 캐피털 시티스에 합류했다. 머피는 버크에게 캐피털 시티스의 날렵하면서도 분권화된 경영철학을 전수했다. 다행히도 버크는 이를 제대로 실행했다.

머피는 뉴욕으로 건너가 스미스와 함께 인수를 진행하며 회사를 키웠다. 스미스와 머피의 주도 하에서 캐피털 시티스는 라디오와 TV 방송국을 엄선해 인수하면서 성장했다. 스미스가 사망한 1966년까지 그랬다.

스미스가 세상을 떠난 후 40세였던 머피는 CEO 자리에 올랐다. 캐피털 시티스의 전년도 매출액은 2,800만 달러였다. CEO가 된 머피는 우선 버크를 사장 겸 최고운영책임자COO로 승진시켰다. 그들은 업무를 명확하게 분담하는 훌륭한 짝이었다. 버크는 일상적인 운영관리업무를 맡았고, 머피는 기업인수, 자본배분, 가끔 월스트리트를 상대하는 역할을 담당했다. 버크는 나에게 이렇게 말했다. "우리 관계는 서로 존중하는 마음으로 이뤄져 있었다. 나는 머피가 그다지

• 1982년 독극물이 주입된 타이레놀을 먹고 7명의 사망자가 발생한 사건에서 제임스 버크는 유통 중인 타이레놀을 전량 회수하고 복용 위험성을 알리는 등 신속한 조치를 취함으로써 오히려 회사의 신뢰도를 높였다.

관심 없어하는 일을 좋아해서, 기꺼이 그런 일을 책임졌다." 버크는 "내 일은 돈 버는 것이고, 머피의 일은 그 돈을 쓰는 것"[4]이라고 생각했다. 버크는 이 책에서 얘기하는 COO의 역할을 정확하게 보여주는 사례다. 뛰어난 COO는 운영 부문을 꼼꼼히 살펴서 파트너인 CEO가 장기 전략과 자본 배분 사안에 집중할 수 있도록 지원해야 한다.

일단 CEO 자리에 오른 머피가 실력을 보여주는 데는 그리 오랜 시간이 걸리지 않았다. 1967년 머피는 ABC 방송의 휴스턴 지역 계열사인 KTRK를 2,200만 달러에 매입했다. 그때까지 방송계 사상 최대 규모의 기업 인수 건이었다. 1968년 머피는 무역 전문지 분야 선도 출판사 페어차일드 커뮤니케이션스를 4,200만 달러에 인수했다. 1970년에는 월터 애넌버그에게서 트라이앵글 커뮤니케이션스 방송을 1억 2,000만 달러에 사들였다. 이 건은 여태껏 머피가 했던 가장 큰 규모의 기업 인수였다. 트라이앵글을 인수하면서 캐피털 시티스는 방송사를 다섯 개 보유하게 됐다. 그 당시 연방통신위원회가 허용한 최대치였다.

머피는 이어 신문 발행 분야로 눈길을 돌렸다. 신문 산업에는 강력한 진입장벽이 있지만 이익률이 높았고, 방송처럼 광고에 좌우되는 산업이라는 유사점이 있었다. 머피는 1970년대 초반에 작은 일간지 몇 개를 매입한 뒤, 1974년에 《포트워스 텔레그램》을 7,500만 달러에, 1977년에는 《캔자스시티 스타》를 9,500만 달러에 인수했다. 1980년대가 되자, 머피는 다른 성장 동력을 찾다가, 케이블컴을 1억 3,900만 달러에 매수해 막 형성되고 있던 케이블TV 산업에 진입했다.

한편 1970년대 중반부터 1980년대 초반까지 이어졌던 장기 약세장 시절, 머피는 공격적으로 자사주를 사들였다. 결국 지분율 50퍼센트에 가까이 자사주를 확보했다. 이 자사주 대부분은 주가수익배수PER가 한 자릿수에 불과했다. 1984년 연방통신위원회가 방송사 소유 제한 규정을 완화했다. 1986년 1월 머피는 뛰어난 수완을 발휘해 ABC와 뉴욕, 시카고, 로스앤젤레스 등 주요 시장 TV 방송국을 포함한 관련 방송사를 친구 워런 버핏의 자금 지원에 힘입어 약 35억 달러에 인수했다.

ABC 건은 석유업체를 빼면 그때까지 비즈니스 역사상 가장 큰 규모의 기업인수 사례였다. 머피에게도 회사의 명운이 달린 엄청난 거래였다. 캐피털 시티스 전체 가치의 100퍼센트가 넘는 인수였기 때문이다. 이 인수는 언론에도 상당한 충격을 안겼다. 《월스트리트 저널》은 "피라미가 고래를 삼켰다"는 제목으로 이 뉴스를 신문 1면에 크게 실었다. 기사 말미에서 버크는 미디어 전문 투자자 고든 크로포드에게 "이번 인수는 그동안 살면서 훈련해온 것"[5]이라고 말했다.

이 거래에 대한 핵심적인 경제성의 근거는 머피의 확신이었다. 머피는 30퍼센트에 그쳤던 ABC TV 방송국의 낮은 이익률을 50퍼센트 이상으로 업계 최고인 캐피털 시티스 수준까지 끌어올릴 수 있다고 판단했다. 버크의 관리 하에서, ABC TV 관리직원은 60명에서 8명으로 감소했다. 뉴욕의 대표적인 방송국 WABC의 직원은 600명에서 400명으로 줄어들었다. 단 2년 만에 캐피털 시티스와 ABC TV의 이익률은 거의 비슷해졌다.

버크와 머피는 즉시 캐피털 시티스의 날렵하고 분권화된 경영기법을 ABC에 도입했다. 곧바로 임원 전용 엘리베이터와 식당 같은 불필요한 혜택을 없앴다. 남아도는 자리를 없애버렸고, 7개월 만에 1,500명의 직원을 내보냈다. 아울러 사무실을 통합하고 맨해튼 중심부에 있던 본사 건물을 1억 7,500만 달러에 매각하는 등 불필요한 부동산도 처분했다. ABC 뉴스의 밥 젤닉은 "1980년대 중반 이후 우리는 비행기 일등석을 타본 적이 없다"[6]고 당시 상황을 전했다.

이제부터 하는 이야기는 인수된 방송국 임원들과 날렵하고 기업가정신이 강한 인수자 사이의 문화 충돌을 보여준다. ABC, 아니 사실상 전체 방송 업계에는 '리무진' 문화가 있었다. 방송사 임원들은 겨우 몇 블록 떨어진 곳에 점심 먹으러 갈 때도 리무진을 타는 혜택을 누릴 수 있었다. 하지만 머피는 택시를 타고 다녔다. 처음부터 ABC에서 열린 모든 회의에 참석할 때면 택시를 타고 갔다. 머지않아 이런 행동은 ABC 임원들에게 퍼져나갔고, 캐피털 시티스 분위기가 ABC 문화에 점차 스며들기 시작했다. 이것이 솔선수범해서 조직을 이끄는 방식인지 질문하자, "다른 방법이 있나요?" 하고 머피는 대답했다.

인수 후 9년이 지나자, TV 방송국, 출판, ESPN을 포함한 ABC의 모든 주요 사업에 매출액과 현금흐름이 크게 개선됐다. 인수 당시 가장 실적이 부진했던 계열 방송국도 주요시간대 시청률 순위 1위에 올랐고 CBS나 NBC보다 더 높은 수익을 기록했다.

캐피털 시티스는 ABC 인수 후에는 다른 대규모 인수를 전혀 하지 않았다. 그 대신 내부 통합과 소규모 인수에 집중했고, 자사주도 꾸준히 사들였다. 버크는 1993년 예순다섯 번째 생일 직후 캐피털 시티스에서 갑자기 사임했다. 머피마저 깜짝 놀랐다. 버크는 이후 포틀랜드의 시 도그 야구단을 인수해서 이 야구단을 완전히 새롭게 바꿔 놨다. 포틀랜드 시 도그Portland Sea Dogs•는 현재 마이너리그에서 가장 존경받는 구단으로 거듭났다.

1995년 여름, 워런 버핏은 머피와 디즈니의 CEO 마이클 아이스너가 만나는 자리를 마련했다. 아이다호 선밸리에서 앨런 앤 컴퍼니가 매년 개최하는 미디어 경영인 모임 때였다. 머피는 그 당시 70세였는데 뚜렷한 후임 CEO 후보가 없던 상황이었다. 그래서 캐피털 시티스 인수에 관심을 나타낸 아이스너를 만나기로 한 것이었다. 며칠 후 머피는 190억 달러라는 엄청난 가격으로 협상을 마쳤다. 이는 캐피털 시티스 현금흐름의 13.5배, 순이익의 28배에 이른다. 머피는 디즈니 이사회에 자리 하나를 받았으며, 이후 경영일선에서 은퇴했다.

그는 열광하는 주주들을 뒤로하고 떠났다. 만약 당신이 1966년 톰 머피가 CEO가 됐을 때 1달러를 투자했다면, 그가 디즈니에 회사를 매각했을 때는 204달러가 됐을 것이다. 29년 동안 연평균 수익률 19.9퍼센트라는 놀라운 수치는 같은 기간 S&P 500의 10.1퍼센트, 미디어 선두업체들의 13.2퍼센트를 크게 압도하는 성과다. 이 투자

• 미국 메인 주 포틀랜드시에 연고를 둔 프로야구 마이너리그(동부 리그 소속) 더블A 구단으로서 메이저리그 보스턴 레드 삭스의 제휴구단이다. 2006년에 더블A 리그에서 통합 우승했으며, 1995~1997년, 2005년, 2014년에 더블A 동부 리그에서 우승했고 2006~2008년에는 플레이오프에 진출하는 등 꾸준히 활약하는 구단이다. 구단주였던 댄 버크는 2011년 사망했으며 그의 아들 빌 버크가 이어서 구단주를 맡고 있다.—옮긴이

는 워런 버핏에게도 상당한 수익을 안겨줬다. 캐피털 시티스 주식을 10년 이상 보유했던 버크셔 해서웨이는 연평균 수익률 20퍼센트 이상을 취했다. 캐피털 시티스를 29년 동안 경영하면서 머피는 S&P를 16.7배 능가했고, 경쟁사들에 비해 약 4배의 수익성을 자랑했다.

캐피털 시티스의 주가수익

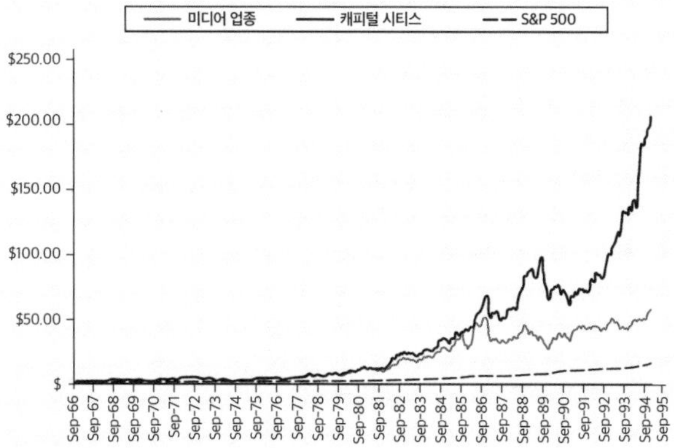

- 미디어 업종에는 태프트 커뮤니케이션스(1966년 9월~1986년 4월), 메트로미디어(1966년 9월~1980년 8월), 타임스 미러(1966년 8월~1995년 1월), 콕스 커뮤니케이션스(1966년 9월~1985년 8월), 개닛(1969년 3월~1996년 1월), 나이트 리더(1969년 8월~1996년 1월), 하트 행크스(1973년 2월~1984년 9월), 다우 존스(1972년 12월~1996년 1월)가 포함됨.

톰 머피의 경영노트

이 책에서 다루는 주요 주제 중 하나는 '기업 자원배분'이다.

어떤 CEO든 기본적으로 배분할 자원은 두 가지다. 바로 돈과 사람이다. 돈 문제는 이미 살펴봤다. 사람 즉, 인적자원 배치 문제도 그 못지않게 중요한데, 역발상 CEO들은 이 문제도 참신하게 접근했다. 조직을 수평적으로 만들고 직원 규모에서도 거품을 빼는 식이었다.

분권화의 근간에는 겸손함이 있다. 본사에 모든 답이 있지 않다는 점과 현장 관리자들이 실제 가치의 많은 부분을 창출한다는 것을 인정해야 한다. 어떤 기업도 캐피털 시티스보다 사풍 핵심에 분권화를 강하게 배치한 곳은 없었다.

부서장에게 강력한 의사결정권을 주는 캐피털 시티스 조직문화의 특징은 연차보고서 표지 안쪽에도 한 단락으로 명확히 기술돼 있다.

"분권화는 우리 경영철학의 주춧돌이다. 우리의 목표는 가능한 한 최고 인재를 채용해 그들에게 책임과 권한을 부여하는 것이다. 모든 의사결정은 현장에서 이뤄진다…… 우리는 부서장들이…… 늘 비용을 감안해 세일즈 포텐셜전체 시장의 잠재수요 중 기업이 얻을 수 있는 점유율을 인식하고 확장하기를 기대한다."

본사조직은 최소 수준으로만 운영했다. 본사의 최우선 목표는 각 부서장을 지원하는 것이다. 마케팅, 전략기획, 인사 관리 같은 기능부문을 맡은 팀에는 부사장은 없었다. 경영자문과 홍보부서도 없었다. 머피의 비서가 매체에서 걸려오는 모든 전화를 응대했다. 캐피털 시티스 문화에서 출판사와 방송국 부서장들에게는 모든 권한이 있었고, 사업목표치만 달성한다면 뉴욕 본사에서 간섭하는 일은 거의 없었다. 이런 분위기는 독립적이면서 기업가정신으로 무장한 부서장을 뽑아 육성하는 데 그만이었다. 머피가 끝없이 반복했듯이, 캐피털 시티스의 인적자원 철학은 "가능한 한 최고 인재를 뽑아 그들을 내버려두라"는 것이었다. 버크는 내게 극단적인 분권화가 "비용과 회사에 대한 불만을 모두 낮췄다"고 말했다.

이러한 철학을 발전시킬 때 실험용 쥐는 바로 댄 자신이었다. 1961년 WTEN 담당 본부장을 맡았던 버크는 제너럴 푸즈 재직 시절처럼 머피에게 주간보고를 하곤 했다. 몇 달이 지났지만 별 반응이 없었다. 버크는 더 이상 본사에 보고할 게 아니라 그 시간에 현장을 챙기는 게 낫다는 걸 깨달았다. 버크는 초창기 올버니 근무 시절을 설명하면서 "머피는 본사 권한을 무정부 수준이나 마찬가지로 전부 현장에 넘겼다"[7]고 말했다.

검소함 또한 주요 사풍이었다. 머피와 버크는 TV 방송국 매출액은 통제할 수 없지만 비용은 통제할 수 있음을 일찍이 깨달았다. 광고에 의존하는 산업 특성상 매출액은 들쭉날쭉할 수밖에 없었다. 그들은 이에 대한 최선의 대응책은 꾸준한 짠돌이 비용정책뿐이라고 결론지었다. 이는 캐피털 시티스 문화에 깊숙이 자리잡았다.

사실 캐피털 시티스 초창기부터 전해진 가장 유명한 일화는, 머피가 건물 페인트칠 비용까지 세세하게 따졌다는 것이다. 머피가 올버니에 온 지 얼마 지나지 않았을 때, 스미스는 광고주들에게 보다 전문적인 인상을 남길 수 있도록 사옥으로 쓰던 낡은 폐수녀원 건물에 페인트칠을 하자고 했다. 뒤이은 머피의 대답은 길 쪽으로 난 두 면에만 페인트칠을 하고 다른 면은 그냥 두자는 것이었다. "페인트칠 비용이 계속 들 것"이라는 이유였다. 그때 찍은 WTEN 건물 사진은 아직 머피의 뉴욕 사무실에 걸려 있다.

머피와 버크는 아주 미미한 운영상 의사결정을 할 때조차 예상 못한 장기비용이 생길 수 있으니 계속 지켜봐야 한다고 생각했다. 특히 본사 직원 수 관련 건에는 더욱 엄격했다. 출판사업 본부장이었던 필 미크는 이 말을 마음에 새겼다. 그는 일간지 여섯 개, 잡지 몇 개, 주간 쇼핑광고를 맡고 있던 출판사업부 전체를 사무비서까지 포함해 본사 직원 단 세 명만으로 운영했다.

버크는 경제적 효율성을 하도 입에 달고 다녀서 '추기경'이라는 별명이 생겼다. 분산된 부문을 운영하느라 버크는 믿기 어려울 정도로 세밀한 연간예산 책정지침을 고안해 냈다. 매년 모든 사업 본부장들은 뉴욕에서 대규모 예산회의에 참석했다. 이 회의에서 부문장들이 이듬해 운영과 자본 예산을 발표하면, 버크와 최고재무책임자CFO 론 도어플러가 세부내용을 한 줄 한 줄 검토했다. 흥미롭게도 버크는 초과비용을 그냥 넘기지 않았듯이 소수민족 고용 미달 건도 그냥 넘기지 않았다.

예산회의는 형식적으로 대강 하는 법이 없었고, 언제나 대규모 수정사안이 있었다. 특히 주목하는 관심사항은 자본지출과 비용 문제였다. 본부장들은 경쟁사들보다 더 나은 실적을 내야 했으며, 버크가

'성적표'라고 보는 이익률에 더욱 신경 썼다. 이런 회의가 아니라면 본부장들은 간섭받지 않았다. 가끔씩 본사에서 몇 달이나 연락이 없을 때도 있었다.

하지만 캐피털 시티스가 그저 높은 이익률만 따진 것은 아니었다. 장기 성장을 염두에 둔 사업에는 기꺼이 투자했다. 머피와 버크는 캐피털 시티스의 사업 대부분에서 수익성을 좌우하는 핵심요인은 매출액 증가와 광고시장 점유율임을 알고 있었다. 그래서 그들은 지역 시장 선두자리를 단단히 다지고자 투자에 나설 준비가 돼 있었다.

예를 들어, 머피와 버크는 지역 뉴스 TV 방송 시장에서는 1위 방송사가 광고매출에서 압도적인 점유율을 가져간다는 사실을 일찌감치 알아차렸다. 이에 캐피털 시티스 계열 방송국들은 뉴스 분야 인재와 기술력에 넉넉히 투자했고, 실제로 해당 지역 방송 시장에서 선두를 차지했다. 또 다른 예를 보면, 버크는 포트워스에 있는 인쇄공장을 개선할 때 필 미크가 요청한 금액보다 훨씬 많은 규모를 투입했다. 이는《포트워스 텔레그램》의 장기 경쟁력을 유지하려면 컬러 인쇄가 중요하다는 점을 이해하고 있어서였다. 초창기 직원이었던 필 부스는 "캐피털 시티스는 인색한 게 아니라 신중한 것이었다"[8]고 말했다.

캐피털 시티스는 채용방식도 관행을 따르지 않았다. 방송 업계 경험 없이 캐피털 시티스에 합류했던 머피와 버크는 모두 방송계 경력보다 사고력, 재능, 추진력에 더 점수를 줬다. 그들은 신선한 관점을 지닌 새능 있고 젊은 친구들을 찾았다. 두 사람은 기업을 인수하거나 생소한 업종에 진입할 때, 캐피털 시티스 고위임원을 새로 인수한 기업담당자로 선임했는데, 이들은 대개 그 분야와 무관한 곳에서 일하고 있었다. 이런 맥락에서, 빌 제임스는 디트로이트 라디오 분야 대표주자였던 WJR을 운영하다가 케이블 부문을 맡게 됐다. 존 시아스는 출판 부문을 담당하다가 ABC 네트워크를 책임지게 됐다. 두 사람 다 해당 분야 경험이 없었지만 모두 훌륭한 성과를 올렸다.

머피와 버크는 장래가 기대되는 젊은 본부장들에게 과감하게 책임을 부여했다. 머피는 "운 좋게도 그런 방식을 썼고, 잘 될 줄 알았다"고 말했다. 빌 제임스가 WJR을 맡게 됐을 때, 그는 35세에 불과했고 라디오 분야 경험은 하나도 없었다. 필 미크는 포드 자동차에 다니다가 합류했는데 출판계 경험이 전혀 없었지만 폰티악 출판사를 담당했다. 밥 이거는 37세였는데 스포츠방송국에서 경력을 쌓다가 뉴욕에서 할리우드로 옮겨가 ABC엔터테인먼트를 책임졌다.

캐피털 시티스는 이직률 또한 아주 낮았다. 경쟁방송사에서 일했던 로버트 프라이스는 "우리는 언제나 많은 이력서를 받았는데, 캐피털 시티스 출신은 한 번도 본 적이 없다"[9]고 말했다. 댄 버크는 프랭크 스미스와 나눴던 대화를 내게 들려주며 이런 철학이 얼마나 효과적이었는지 전해줬다. "이런 시스템에서 가능한 자율과 권한에 길들여지면 퇴사할 생각이 전혀 들지 않는다."

머피가 경쟁자들보다 앞섰던 이유

자본배분에서도 머피의 접근법은 경쟁자들과는 매우 달랐다. 그는 다각화를 삼갔으며, 배당금은 최소한으로만 지급했다. 신주는 거의 발행하지 않았고, 부채를 적극적으로 사용했다. 정기적으로 자사주를 매입하면서, 장기간 꼼짝하지 않다가 가끔 대규모 기업인수에 나섰다.

캐피털 시티스의 두 가지 주요 재원은 영업현금흐름과 부채였다. 앞에서 살펴봤듯이 캐피털 시티스는 업계 최고 수준의 현금흐름을 꾸준히 창출해 냈다. 이것이 머피가 기업인수, 자사주 매입, 부채 상환, 그 외 투자에 나설 수 있는 믿을 만한 자금 창출원이 됐다.

머피는 기업을 인수용 자금원으로 부채를 자주 활용했는데, 그 방식을 이렇게 요약했다. "항상 우리는…… 자산을 매입하고 나면 일단 부채를 다 상환했다. 그러고 나서 다시 그 자산을 활용해 자금을 차입해서 다른 자산을 인수했다."[10] 인수작업이 끝나면 머피는 잉여현금흐름을 적극적으로 써서 부채 수준을 줄였다. 대부분 차입금은 만기 이전에 모두 상환했다. ABC 인수로 생긴 부채도 인수 후 3년 안에 모두 갚아버렸다. 흥미롭게도 머피는 자사주를 매입할 때는 절대 자금을 빌리지 않았는데, 사업체를 매입할 때는 부채 활용을 선호했다.

머피와 버크는 신규 주식을 발행해 지분률이 희석되는 것도 적극적으로 피했다. ABC 인수 전 당시 자금을 조달하려고 버크셔 해서웨이에 주식을 매각한 것 외에는 디즈니에 회사를 넘길 때까지 20년 동안 신주를 발행하지 않았다. 이 기간 동안 전체 유통 주식은 자사주 매입으로 인해 47퍼센트까지 줄어들었다.

머피 재임기간 동안, 기업인수는 캐피털 시티스 자본이 들어가는 가장 큰 배출구였다. 최근 연구결과에 의하면 통상적으로 전체 기업 인수 가운데 3분의 2는 오히려 주주가치를 까먹은 것으로 분석됐다. 그럼 캐피털 시티스의 기업인수는 어떻게 해서 그런 엄청난 가치를 창출했을까? 기업인수는 머피의 전문분야였으며, 그는 자기 시간의 대부분을 여기에 투입했다. 그는 인수관련 의사결정을 남에게 맡기지 않았고, 투자은행을 활용하지도 않았다. 시간이 흐르면서 머피는 경쟁자들과는 다른 길을 가는 중요한 포인트로, 효과적이면서도 차별화된 색다른 방식을 개발했다.

자본배분을 책임진 당사자로서, 캐피털 시티스의 극단적인 분권화 전략은 머피에게 중대한 이점을 안겨줬다. 회사는 분권화에 힘입어 경쟁사들보다 더 나은 수익을 냈다. 캐피털 시티스는 각 사업 부문마다 업계 최고의 수익률을 자랑했다. 그 덕분에 머피는 기업인수를 할 때 이점이 있었다. 머피가 인수한 기업은 버크의 관리 하에 빠르게 수익성이 호전됐는데, 이는 실제 지불하는 인수 금액을 낮추는 효과로 이어졌다. 달리 말해서 기업 운영과 통합의 전문성 덕분에 머피는 사업에서 가장 드문 자원을 얻었다. 바로 '확신'이었다.

그리고 확신이 있을 때, 그는 공격적으로 행동할 태세를 갖추고 있었다. 그의 리더십 하에서 캐피털 시티스는 적극적으로 인수에 임했다. 세 차례 인수는 방송 산업 사상 최대 규모 거래였는데, ABC사를 인수할 때 그 정점에 있었다. 또한 캐피털 시티스는 이 기간 중에 미국 최대 규모 신문사를 몇 개 인수했고, 라디오, 케이블 TV, 잡지출판 기업도 사들였다.

머피는 매력적인 인수 대상을 찾으면서 오랜 시간 기다리곤 했다. 그는 "나는 평범한 기업을 인수하는 데 돈을 들이지 않아요. '좋은' 기업을 인수할 때만 그렇게 합니다"[11] 하고 말한 일도 있다. 하지만 마음에 쏙 드는 걸 찾아내면 큰돈을 걸었다. 약 30년쯤 CEO로 재임하는 동안 창출해낸 가치의 대부분은 대규모 인수 결정 몇 건에서 비롯된 뛰어난 장기수익이었다. 이 인수 건들은 저마다 그 당시 캐피탈 시티스 시가총액의 25퍼센트 또는 그 이상 규모였다.

머피는 거래 향방을 내다보는 데는 도사 수준이었다. 그는 유머감각이 출중한 데다 정직한 사람으로 다른 미디어 기업 CEO들과 달리, 사람들의 시야에서 벗어나 있고 싶어 했다. ABC를 인수한 뒤로는 그렇게 하기가 더욱 어려워졌지만 말이다. 인수 가능성을 전망할 때면 그의 이런 성격은 도움이 됐다. 머피는 사고 싶은 매물을 찾아내면, 그 매물을 보유한 사람과 인연이 닿도록 몇 년씩 공을 들였다. 그는 적대적 인수에는 절대 나서지 않았다. 그가 인수에 성공했던 거래에서 머피는 늘 해당 기업 책임자와 직접 연락해서 거래 상대방을 알아냈다. 트라이앵글의 월터 애넌버그와 ABC의 레너드 골든슨 같은 경우가 그랬다.

그는 피인수 기업에서 선호하는 인수자가 되려고 최선을 다했다. 직원을 공정하게 대우하면서, 피인수 기업을 업계 선두기업으로 올려놓았다. 1984년 ABC를 인수하려고 골든슨을 만났을 때, 머피는 이런 평판에 힘입어 수월하게 진행할 수 있다. 머피는 숙이고 들어가는 전형적인 자세로 대화를 시작했다. "레너드, 부디 저를 창밖으로 던지지는 말아요. 하지만 저는 정말 ABC를 인수하고 싶답니다."

그렇지만 이런 친근하고 사교적인 모습 아래에는 면도날 같이 날카로운 비즈니스 감각이 내재돼 있었다. 머피는 숙련된 인수자답게 수익 조건을 엄격하게 따졌다. 굳이 부담을 지면서까지 인수에 나서는 법이 없었다. 한번은 텍사스에 사업장 세 군데를 거느린 대형 신문사를 단 500만 달러 때문에 놓친 적도 있다. 이 책에 나오는 다른 CEO들처럼, 머피에게는 인수 여부를 평가할 때 단순하지만 명확한 규칙이 있었다. 인수 후 10년 동안 차입금 없이 두 자리 세후 수익이 나올 수 있느냐가 기준이었다. 이런 엄정한 가격기준 덕분에, 머피는 경쟁입찰에 여러 번 참여했어도 최종 낙찰을 받은 일이 없었다. 머피는 자신이 쓴 입찰가격은 항상 낙찰가격의 60~70퍼센트 수준이었다고 내게 말했다.

머피는 협상방식은 다소 독특했다. 그는 매도자 몫으로 "테이블에 뭔가 남겨야 한다"고 생각했다. 그래야 모두가 행복하게 자리를 떠날 수 있다는 것이었다. 그는 종종 매도자에게 그들이 생각하는 해당 기업 가치가 얼마나 되느냐고 물어보고는, 가격이 공정하다 싶으면 받아들였다. 애넌버그가 트라이앵글 방송국이 세전 이익 10배 가치가 있다고 했을 때 이를 수용했듯이 말이다. 만일 상대가 제시한 가격이 비싼 듯하면, 머피는 자기가 제시할 수 있는 최선의 가격을 상대방에게 다시 내밀었다. 매도자가 머피의 제안을 거절하면 협상 테이블에서 바로 일어났다. 그는 이런 직선적인 방식이 시간을 절약하고 불필요한 감정 소모를 피할 수 있게 해줄 거라고 봤다.

자사주 매입은 머피에게 또 다른 주요 자금 사용처였는데, 자본배분을 할 때 중요한 가늠자가 됐다. 머피는 수년 간 자사주 매입을 빈번하게 활용했다. 캐피탈 시티스 주가배수가 비공개시장 거래가와 비교해 싸다 싶을 때 머피는 자사주를 사들였다. 수년에 걸쳐 머피는 자사주 매입에 18억 달러를 투입했는데, 매입가격은 대부분 현금흐름 대비 한 자릿수 배수였다. 전체적으로 볼 때 이러한 자사주 매입은 캐피털 시티스에 대단히 큰 도박이었다. ABC 인수 규모의 바로 뒤를 잇는 대규모였기 때문이다. 하지만 이 도박이 19년 동안 연평균 22.4퍼센트의 수익률을 내며 주주들에게 놀라운 수익을 제공했다. 요즘 머피는 말한다. "자사주를 더 사들였으면 좋았을 걸 그랬어."

캐피털 시티스의 경이로운 장기 성과에는 미국 내 일류 미디어 투자자들마저도 찬사를 보냈다. 워런 버핏과 마리오 가벨리는 머피와 버크의 경영성과를 그 당시 뉴욕 양키스의 전설적 강타자 듀오와 견주었다. 버핏은 베이브 루스와 루 게릭을 들었고, 가벨리는 미키 맨틀과 로저 매리스에 비유했다. 고든 크로포드는 머피와 버크의 자본배분과 운영 능력을 독특하게 뒤섞은 경영방식이 "끝없이 돈을 벌어들이는 기관"[12]을 만들어냈다고 생각했다. 크로포드는 미국에서 가장 영향력 있는 미디어 투자자 중 하나로, 1972년부터 디즈니에 매각되기 전까지 캐피털 시티스 주주이기도 했다. 캐피털 시티스를 아끼는 투자자 가운데는 버핏의 친구이자 유명한 가치투자자인 루안의 빌 루안, 커니프, 스테이트 스트리트 리서치의 데이비드 와고도 있었다.

여기서는 숫자를 중심으로 한 사업성과에 초점을 두고 있긴 하나, 머피가 캐피털 시티스를 강한 조직문화와 애사심을 갖춘, 누구나 감탄하는 기업으로 키운 것은 주목할 가치가 있다. 최소한 두 개 그룹 임원들은 여전히 정기적으로 모임을 열 정도다. 캐피털 시티스는 직원, 광고주, 지역사회 유력인사들, 그리고 월스트리트 애널리스트들에게까지 두루 존경을 받았다. 필 미크는 내게 재미있는 얘기를 해줬

출판 부문

1970년 트라이앵글 인수 이후, 연방통신위원회는 TV 방송국을 더 보유할 수 없도록 캐피털 시티스에 규제를 가했다. 그로 인해 머피는 신문으로 시선을 돌렸다. 1974년과 1978년 사이에 그 때까지 신문 산업 사상 최대 규모의 거래 두 건, 즉 《포트워스 텔레그램》과 《캔자스시티 스타》 인수 작업에 착수했다. 아울러 미국 전역에서 이보다 규모가 작은 일간지와 주간지 몇 곳을 인수했다.

일간지 출판 부문에서 캐피탈 시티스가 올린 성과는 이 회사의 운영능력을 살펴보는 시험대 역할을 했다. 짐 헤일과 필 미크의 지휘 아래 캐피털 시티스는 신문사 경영 방식을 발전시켰다. 당시 경험은 TV 방송국 경영 능력을 키우는 데도 도움이 되었다. 꼼꼼한 비용 관리와 광고시장 점유율 극대화 방식 말이다.

주목할 부분은 캐피털 시티스의 주요 신문사 네 곳에서 매출액과 영업현금흐름이 매년 꾸준히 성장했다는 사실이다. 이 신문사들은 1997년 나이트 리더에게 매각될 때까지 평균 20년 동안 캐피털 시티스의 자회사였는데, 놀랍게도 연평균 수익률이 25퍼센트에 달했다. 《캔자스시티 스타》 편집국장을 지내고 이후 퓰리처 사 CEO에 오른 밥 우드워스에 의하면, 캐피털 시티스가 보유한 최대 규모 신문사 《캔자스시티 스타》의 영업이익률은 1970년대 중반에는 한 자릿수였지만 1996년에는 35퍼센트로 뛰어올랐다. 현금흐름은 1,250만 달러에서 6,800만 달러로 확대됐다.

다. 1970년대 초반 캐피털 시티스 경영진 행사장에서 일했던 바텐더 하나가 캐피털 시티스 주식을 사서 괜찮은 수익을 냈다는 얘기였다. 나중에 어느 임원이 이 사연을 듣고는 그에게 왜 캐피털 시티스에 투자를 했는지 물어봤다. 그 바텐더 대답은 이랬다고 한다. "제가 몇 년 동안 수많은 기업 행사장에서 일해봤는데요, 캐피털 시티스는 누가 상사고 누가 부하직원인지 구별할 수 없는 유일한 회사였거든요."[13]

트랜스다임: 캐피털 시티스의 자본배분 기법을 잇다

요즘에도 캐피털 시티스 같은 회사가 있다. 트랜스다임이다. 꽤나 낯선 명칭으로, 항공우주부품을 제조하는 상장기업이다. 이 경이로운 기업은 1993년부터 연평균 25퍼센트 이상 현금흐름 성장을 거듭하고 있다. 내부 성장과 특히 효과적인 기업인수가 조화를 이룬 결과다. 캐피탈 시티스처럼 트랜스다임도 특출한 경제적 특징을 갖춘 대단히 특수한 사업에 집중하고 있다.

트랜스다임의 전문분야는 항공부속 및 부품이다. 이 부품들은 군사용 혹은 상업용 항공기에 일단 탑재되면, 쉽게 교체할 수 없으며 정기적 유지보수와 교환이 이뤄져야 한다. 이 부품들은 항공기 성능을 좌우하고, 대체품도 없다. 그런데 이 부품에 드는 비용은 전체 항공기 가격과 비교해 그리 중요하지는 않다. 결과적으로 그들의 고객인 군용 및 상업용 항공기 제조사들은 가격보다 성능에 더 주목하게 됐으며, 트랜스다임은 가격결정권을 쥔 동시에 놀라운 이익률을 올리고 있다. EBITDA현금흐름 지표 중의 하나. 이자, 세금, 감가상각 전 이익률 기준으로 40퍼센트를 웃돈다. CEO인 닉 하울리가 이끄는 트랜스다임의 경영진은 1990년대 초반 이런 기막힌 특성을 꿰뚫어봤다. 이어 이 특수부품 사업의 수익성을 최적화할 수 있도록 분권화된 기업조직과 운영시스템을 개선했다. 캐피털 시티스에서 머피가 그랬듯이, 하울리는 그의 팀이 인수된 기업의 수익성을 빠른 시일 내에 호전시킬 거라고 봤다. 그러면 실질 인수가격이 떨어지게 되고, 이는 다음에도 기업인수를 하게 되는 논리로 작용할 것이라고 생각했다.

주식시장에 상장한 후 트랜스다임은 흔치 않은 공격적 자본배분 전략을 추구했다. 월스트리트에서는 이런 전략을 둘러싸고 마구 떠들어대면서도 혼란스러워했다. 트랜스다임의 전략은 보통 부채 수준을 높게 유지하면서, 자사주를 매입하고, 최근 경제위기가 심화되는 와중에도 오히려 차입금을 더 조달해서 대규모 특별배당금을 지급하는 것이었다. 놀라운 일도 아니지만, 주주들의 수익률도 아주 높았다. 트랜스다임이 상장된 2006년부터 주가는 4배 이상 치솟았다.

크로니클 퍼블리싱 : 성공적인 이식

1990년대 중후반, 존 시아스는 캐피탈 시티스의 운영과 인적자원 관리 기법을 서부 지역 미디어기업 크로니클 퍼블리싱에 성공리에 이식했다. 그는 캐피털 시티스 출판 부문장과 ABC 네트워크 수장을 맡았던 인물이다. 존 시아스는 1993년 샌프란시스코에 본사를 둔 가족 소유 기업으로 다각화된 미디어회사 크로니클의 CEO가 되었다.

크로니클은 《샌프란시스코 크로니클》 신문과 NBC의 샌프란시스코 자회사 KRON, 출판사를 거느렸고, 케이블 가입자도 30만 명이었다. 그러나 시아스가 부임하기 전까지, 크로니클은 가족 간 사이가 나빠져 분열되면서 고전하고 있었다. 시아스와 젊은 CFO 앨런 니컬스는 캐피털 시티스의 운영방식을 크로니클에 곧바로 들여왔다. 회사의 운영방식에 근본적으로 손을 댔다는 얘기다. 그들은 본사 임원진의 계층차이를 전부 폐지해버렸다. 엄격한 예산 책정 과정을 도입했으며, 본부장들에게는 주요 권한과 자율성을 부여했다. 본부장 중 다수는 이 낯설고 요구사항 많은 문화를 불편해하며 시아스 부임 첫해에 회사를 떠났다.

결과는 어마어마했다. KRON의 이익률은 30퍼센트에서 50퍼센트로 껑충 뛰었다. KRON은 2000년 6월 7억 3,000만 달러에 매각됐다. 《샌프란시스코 이그재미너》와 특수 운영 협약을 맺고 운영되던 《샌프란시스코 크로니클》 신문의 영업이익률은 4퍼센트에서 10퍼센트로 2배 이상 개선됐다. 이 신문사는 1999년에 허스트에서 6억 6,000만 달러라는 천문학적인 가격에 인수했다. 시아스와 니컬스는 케이블 가입자들을 비과세교환 방식으로 TCI에 넘겼으며, 출판 부문은 크로니클 소유자 일가 중 하나에게 매력적인 가격으로 매각했다. 시아스는 1999년 크로니클에서 은퇴할 때까지 주주들에게 수억 달러의 가치를 창출해줬다.

캐피털 시티스 방식의 전도사들

캐피털 시티스 출신들은 미디어 업계에 흩어졌다. 빌 월시 감독과 일했던 성공한 내셔널풋볼리그 코치들이나, 1950년대와 1960년대 프랜시스 무어와 피터 벤트 브리검 병원에서 근무했던 외과 의사들처럼 말이다. 많은 사람들은 캐피털 시티스 문화와 운영방식에 찬사를 보냈는데, 크로니클의 시아스를 비롯한 캐피털 시티스 전직 임원들은 디즈니(현 CEO는 밥 이거) 등 이름난 미디어회사들의 고위임원 자리를 차지하고 있다. 캐피털 시티스 출신들은 LIN 브로드캐스팅과 퓰리처에는 CEO, 허스트에서는 CFO, E.W. 스크립스에서는 신문 운영부문장으로 각각 재직하고 있다. 댄 버크의 아들인 스티브는 컴캐스트의 COO를 거쳐 지금은 NBC 유니버설의 CEO로 일한다.

chapter 2

[상식을 뒤엎는 경영자 헨리 싱글턴과 텔레다인]

1960년 리튼 인더스트리스의 임원이었던 헨리 싱글턴과 조지 코즈메츠키가 캘리포니아의 비벌리힐스에서 텔레다인을 설립했다. 마이크로 전자부품 및 계측장비를 중심으로 사업을 시작했으며, 냉전 시기 미 국방부와 정부를 대상으로 군수물자를 납품하면서 크게 성장했다. 현재는 보험, 치과용 기계장비, 특수강 및 우주항공장비까지 사업영역이 크게 확장되었다.

헨리 싱글턴이 운영 및 자본배분 분야에서 이뤄낸 성과는
미국 비즈니스 사상 최고기록이다…… 만일 누가 비즈니스스쿨 졸업생
상위 100명을 데려와서 이들이 거둔 성과를 합해도,
헨리 싱글턴의 성과만큼 좋지는 않을 것이다.

—**워런 버핏(1980년)**

나는 사실이 바뀌어야 마음을 바꾼다. 당신은 어떤가?

—**존 메이너드 케인스**

1987년 초반, 특이한 경영방식으로 유명했던 텔레다인이 배당금을 지급한다고 발표했다. 별일 아니었지만, 비즈니스 매체들은 과하다 싶을 만큼 여기에 주목했다. 《월스트리트 저널》은 1면에 대서특필했을 정도였다. 언론은 왜 이 일을 그렇게 큰 뉴스로 본 것일까?

20세기 내내 상장기업들은 연간이익 일부를 배당으로 지급했다. 많은 투자자들, 특히 배당금을 수입원으로 하는 노년층은 배당 수준과 정책을 상세히 살피고 나서 투자 여부를 정했다. 하지만 텔레다인은 다른 상장사들과 달리 1960년대 내내 배당을 지급하지 않았다. 배당 지급에는 세금 혜택이 적다는 것 때문이었다. 배당금에는 두 번 과세된다. 일단 기업 차원에서 세금이 부과되고, 다시 배당을 받은 개인 차원으로도 과세가 이뤄진다.

폐쇄적인 창업자이자 CEO인 헨리 싱글턴 아래에서, 사실 이런 배당 정책은 남들과 다른 텔레다인의 특이한 경영방식 중 하나일 뿐이었다. 싱글턴은 배당을 피했고, 조직을 대단히 분권화해 운영했으며, 월스트리트 애널리스트들과 교류하지도 않았다. 주식 분할은 하지 않으면서 자사주는 매입했는데, 전에는 아무도 그런 사람이 없었다.

이 모두가 아주 특이하고 희한했다. 하지만 싱글턴을 진짜로 차별화하면서도 결국 그를 은둔한 스타 그레타 가르보처럼 전설적인 인물로 만든 것은 바로 그가 올린 수익이었다. 시장과 경쟁사들의 성과가 왜소해 보일 정도였기 때문이다. 싱글턴은 거의 30년 동안 기업 가치를 경이로울 정도로 키워 놨다. 그 기간은 거시경제가 변덕스럽게 움직이는 바람에 1960년대에 하늘 높은 줄 모르던 강세장으로 시작해 1990년 초반 지독한 약세장으로 마무리됐던 시기였다.

그는 변화하는 시장상황에 꾸준히 적응하면서 자본배분에 끈기 있게 초점을 두며 이와 같은 성과를 냈다. 싱글턴의 방식은 경쟁자들과는 꽤나 결을 달리했는데, 관행을 따르지 않는 경영 방식의 씨앗은 그의 배경에서 찾아볼 수 있다. 이는 《포천》 500대 기업 CEO치고는 몹시 이례적이었다.

경영천재 싱글턴의 행보

싱글턴은 1916년 텍사스 작은 마을 해슬릿에서 태어났으며, MBA가 아니라 성공한 수학자이자 과학자였다. 그는 MIT에서 전기공학으로 학사, 석사를 거쳐 박사 학위를 받았다. 박사 학위논문을 준비하던 시절 MIT 최초 학생용 컴퓨터 프로그램을 짰고, 1939년에는 미국에서 가장 수학을 잘하는 학생에게 수여하는 퍼트넘 메달을 받았다. 이후 퍼트넘 메달 수상자 중에는 노벨상을 받은 물리학자 리처드 파인만도 있다. 싱글턴은 또한 체스광이기도 해서 초고수 수준인 그랜드마스터급까지 100포인트 정도만 남은 실력을 자랑했다.

1950년 MIT를 졸업하고 싱글턴은 노스아메리카 애비에이션과 휴스 에어크래프트에서 연구원으로 근무했다. 그 후 저명한 사업가 텍스 손턴의 눈에 띄어 리튼 인더스트리에서 일하게 됐다. 거기서 그는 1950년대 후반 관성유도시스템을 고안했다. 이 시스템은 상업용 및 군사용 항공기에서 지금도 쓰인다. 싱글턴은 리튼 사의 전기 시스템 그룹 본부장까지 승진했고, 1950년대 후반 이 부문은 그의 지휘 아래 리튼에서 가장 큰 사업부가 되었다. 그 무렵 전기 시스템 그룹 매출액은 8,000만 달러에 이르렀다.

하지만 싱글턴은 리튼에서 손턴을 이은 CEO가 되기 어렵다는 것을 확인하자, 1960년 리튼에서 나왔다. 그가 43세였을 때다. 리튼에서 전기 복합기 그룹을 담당했던 동료 조지 코즈메츠키가 싱글턴과 함께 사표를 냈는데, 두 사람은 1960년 7월 텔레다인을 설립했다. 그들은 작은 전기회사를 세 곳 인수해 사업을 시작했다. 이를 바탕으로 그들은 대규모 해군계약을 성공리에 따냈다. 텔레다인은 대기업 시대 여명이 움트던 1961년에 증시에 상장했다.

그 당시 대기업, 즉 수많은 비관련 분야 사업부문을 거느린 기업들은 요즘으로 치면 증시 인터넷 종목과 비슷했다. 하늘 높은 줄 모르고 치솟는 주가를 이용해, 대기업들은 탐욕스러우면서도 마구잡이식으로 여러 분야 사업체를 두루 인수하면서 덩치를 키웠다. 이런 인수는 더 큰 이익으로 이어졌고, 주가를 더욱 높이는 촉매제로 작용했다. 그리고 이렇게 오른 주가를 활용해 더 많은 기업을 매입하곤 했다. 대기업들은 대부분 본사조직을 대규모로 만들었다. 이는 이질적인 기업들 사이에 시너지가 날 거라고 믿었기 때문이었다. 그들은 또한 주가를 띄우느라 월스트리트와 언론에 환심을 사려고 애썼다. 하지만 1960년대 후반, 평화로운 시절은 갑자기 끝나고 말았다. ITT, 리튼 인더스트리스 등 초대형 대기업들이 수익 전망치를 충족시키지 못하면서 주가가 급격히 추락하기 시작한 것이다.

요즘에도 통념상 대기업은 '한 우물형' 기업이 갖춘 민첩함과 집중력이 부족하고 효율도 떨어지는 조직으로 인식된다. 하지만 항상 그렇지는 않다. 1960년대 내내 대기업들은 높이 치솟은 주가수익배수PER를 즐겼고, 비싼 자사주를 현금처럼 이용해 미친 듯이 계속 기업을 사들였다. 이 흥분되는 시절에는 인수 경쟁이 지금처럼 심하지 않았다. 사모펀드도 아직 없던 시기였다. 인수대상 기업 경영권을 확보하는 데 필요한 가격은 주가수익배수로 산정하는데, 대개 인수를 추진하는 기업의 주가수익배수보다는 실질적으로 낮았다. 이는 기업인수에 설득력 있는 논리를 제공했다.

싱글턴은 이런 광범위한 차익거래 기회를 충분히 활용해 다각화된 사업 포트폴리오를 구성했다. 1961년부터 1969년까지 싱글턴은 무려 130개 기업을 인수했다. 항공전자에서 특수강, 보험까지 다양한 산업에 걸쳐 있었다. 이 가운데 두 곳 외에는 모두 비싼 텔레다인 주식을 이용해 사들였다.

그런데 싱글턴의 인수방식은 다른 대기업 경영자들과 결이 달랐다. 그는 마구잡이로 기업을 인수하지 않았다. 실적이 바닥을 찍은 기업을 피했고, 해당 시장을 지배하는 사업자로 수익성이 좋으면서 성장하는 기업들에 중점을 뒀다. 틈새시장 기업들에도 종종 관심을 보였다. 텔레다인의 특수강 부문을 맡았던 잭 해밀턴이 사업 내용을 내게 간단히 설명했다. "우리는 톤1,000kg 단위가 아니라 온스약 28g 단위로 팔리는 이익률 높은 상품이 전문이에요."[1] 싱글턴은 매우 유능한 기업인수 전문가였다. 이익의 12배 이상은 절대 지불하지 않았고, 대부분 기업 주가수익배수가 아주 낮을 때만 사들였다. 이 기간에 텔레다인 주가수익배수가 최저 20배에서 최고 50배 수준으로 높았다는 것과 비교되는 부분이다.

1967년 싱글턴은 바스코 메탈을 4,300만 달러에 인수했다. 여태껏 했던 인수 중 최대 규모였다. 그는 바스코 메탈 사장 조지 로버츠를 텔레다인 사장으로 선임하고, 자신은 CEO 겸 회장이 됐다. 로버츠는 해군사관학교 시절에 싱글턴과 같은 방을 썼는데, 열여섯 살에 입학해 개교 이래 가장 어린 신입생이기도 했다. 이후 경제공황 때문에 장학금이 삭감되자 로버츠와 싱글턴은 학교를 옮겼다. 로버츠 또한 과학 분야 전공자로, 카네기멜론 대학에서 금속공학 박사 학위를 받은 후, 다양한 특수강 업체에서 임원을 지냈다. 1960년대 초반에는 바스코 메탈 사장이 됐다.

일단 로버츠가 텔레다인에 합류하자, 싱글턴은 일상 운영업무에서 손을 떼고 전략과 자원배분 문제에 주로 집중하기 시작했다.

얼마 후, 싱글턴은 기업인수를 중단한 첫 번째 대기업 경영자가 됐다. 1969년 중반 텔레다인 주가배수가 떨어지고 인수 가격이 올라가자 그는 느닷없이 인수팀을 해체했다. 싱글턴은 기업인수 경험을 제대로 익힌지라 주가수익배수가 낮아진 자사주가 더 이상 인수용으로 활용할 만한 매력이 없어졌음을 알아챘다. 이 시점부터 텔레다인은 더 이상 실제적인 인수를 추진하지 않았고, 신규 주식도 발행하지 않았다.

1961~1971년 텔레다인이 기록한 재무성과($=100만 달러)

	1961	1971	변동폭
매출액	$4.5	$1,101.9	244.4배
순이익	$0.1	$32.3	555.8배
주당순이익•	$0.13	$8.55	64.8배
발행 주식수•	0.4	6.6	13.7배
부채	$5.1	$151.0	28.9배

• 주식 분할 및 주식 배당 후 조정된 수치임. [자료:톰 스미스(장기간 텔레다인을 지켜본 투자자)]

이러한 인수 전략의 효과는 위에서 확인할 수 있다. 텔레다인은 상장 후 10년 사이에 주당순이익EPS이 64배나 급증했고, 주식 수는 14배가 조금 못 미치는 정도로 늘었다. 이는 주주들에게 엄청난 가치를 창출해줬다.

싱글턴은 수치화되는 지식이 강한 신뢰를 받던 시기에 성장했다. 1940년대와 1950년대는 '달인'의 시대였다. 뛰어난 재능을 지닌 젊은 수학자들과 공학자들이 고급 통계분석법으로 미국의 상징적인 기관들을 바꿔 놨다. 대표적인 사례가 바로 로버트 맥나마라 전 미국 국방장관이다. 그는 2차 세계대전 때 미국육군에 복무한 후 1950년대에 포드 자동차 대표를 거쳐 1961년에는 미국 국방장관에 올랐다.

다수 기업의 본사조직은 젊고 똑똑한 엘리트 임원진이 주도했는데, 다들 숫자도 잘 다뤘다. 이들은 기업에 일상적인 운영 대신에 수학적 방법론에 기반을 둔 새로운 시스템을 적용했다. 이들의 분석력은 주먹구구식으로 돌아가던 경영에 질서를 부여했다. 폭격이든 제조 공장이든 효율을 높이는 결과로 이어졌다.

많은 대기업 경영자들이 본사주도형 경영방식을 채택했다. 그들은 본사 직원을 잔뜩 뽑았고 부사장들과 기획부서로 기업을 가득 채웠다. 하지만 흥미롭게도 싱글턴은 원조 경영의 달인 중 하나인 텍스 손턴 가까이에서 일했음에도 불구하고, 손턴과는 전혀 다른 경영기법을 고안했다.

손턴과 ITT의 헤럴드 제닌 같은 경쟁자들과 달리, 싱글턴과 로버츠는 당시 유행하던 '통합'과 '시너지'는 멀리하고, 그 대신 극단적인 분권화를 강조했다. 이들은 기업을 가장 작은 부품 단위로 쪼개서, 가능한 한 최하 말단 조직에까지 성과 및 운영상 권한을 넘겨줬다.

텔레다인은 전체 직원 수가 4만 명이 넘었지만 본사 직원 수는 50명도 안 됐다. 인사 부서, 투자자 대상 홍보IR 부서 혹은 사업개발 부서도 없었다. 역설적이었지만 그 당시 가장 성공적인 대기업이 운영면에서는 가장 대기업 같지가 않았다.

분권화 덕분에 텔레다인에서는 사내 정치가 없었고 조직문화는 객관적으로 조성됐다. 텔레다인에서 사장을 지낸 여러 명이 사내 정치가 없는 텔레다인의 신선한 기업문화를 언급했다. 이들은 다들 재직 시절 목표치를 달성한 지휘관이었다. 하지만 목표치를 달성하지 못한 이들은 다른 회사로 이직했다. 텔레다인의 전직 사장 한 명은 내게 이렇게 말했다. "아무도 싱글턴이 누구와 점심을 먹는지 신경 쓰지 않았지요."

텔레다인만의 이익 지표

1969년 들어 기업인수 엔진이 속도를 늦추자, 로버츠와 싱글턴은 텔레다인의 기존 사업부문에 시선을 돌렸다. 통념에서 또 다시 벗어나, 싱글턴은 당시 월스트리트에서 사랑받던 핵심지표인 순이익을 무시하고, 대신 잉여현금흐름을 최적화하는 쪽으로 회사를 운영했다. 싱글턴과 CFO 제리 제롬은 '텔레다인 이익'이라고 명명한 특이한 지표를 고안했다. 텔레다인 이익은 각 사업 부문별 현금흐름과 순이익의 평균을 내서 구했다. 현금 창출을 강조하면서, 모든 사업부문 본부장들의 보너스도 텔레다인 이익에 맞춰 지급했다. 싱글턴은 《파이낸셜월드》와 진행한 인터뷰에서 이렇게 말했다. "만일 누가 텔레다인을 따라하고 싶으면, 분기 순이익이 들쭉날쭉할 수 있다는 사실에 익숙해져야 해요. 우리는 회계처리에서 연차보고서상 순이익이 아닌, 현금흐름 최대화에 중점을 두고 있지요."[2] 이는 월스트리트에 잘 보이고 싶어 하는 전형적인 《포천》 500대 기업 CEO한테서 들을 법한 얘기는 아니다.

싱글턴의 드문 실패 사례 : 패커드벨

싱글턴의 엄격한 기준을 맞추지 못한 사업부문이 하나 있었다. 패커드벨 TV 수상기 제조 부문이었다. 싱글턴과 로버츠가 성과가 부진한 사업부문을 어떻게 다뤘는지 들여다보는 것도 흥미로울 것이다. 패커드벨이 저비용을 내세운 일본 경쟁사보다 영구적인 경쟁열위 상태이며, 더 이상 기준치 이상의 이익을 낼 수 없음을 깨닫자, 두 사람은 즉시 패커드벨 사업을 접었다. 미국 TV 제조업체 가운데 첫 번째 TV 사업 철수였다. 다른 TV 업체들은 10년이 더 지난 뒤에야 TV 사업을 포기했다.

싱글턴과 로버츠는 텔레다인 이익률을 빠르게 개선하면서, 운영비용은 확 줄였다. 이 과정에서 대규모 현금이 창출됐다. 그 결과 운영 부문에서 높은 자산수익이 꾸준히 발생했다. 1970년대와 1980년대에 걸쳐 평균 20퍼센트 이상이었다. 워런 버핏의 파트너인 찰리 멍거는 이 놀라운 성과를 "남들보다 엄청나게 높은…… 진짜로 말도 안 되는 성과"[3]라고 묘사했다.

1970년부터 시작한 이와 같은 독창적인 활동으로 인해 텔레다인은 꾸준하게 높은 이익을 낼 수 있었다. 시장상황이 대단히 정신없이 돌아가는 상황에서 이룬 성과였다. 이렇게 유입된 현금이 본사로 들어오면 싱글턴이 배분을 책임졌다. 이젠 별로 놀랍지도 않지만 싱글턴이 이 자본을 제대로 쓰고자 내린 의사결정들은 꽤나 범상치 않았다. 물론 효과적이기도 했다.

현금은 증가하고 기업인수에 근간이 되는 주가배수는 여전히 높았던 1972년 초반, 싱글턴은 맨해튼 중심가 전화 부스에서 이사회 멤버이자 저명한 벤처투자자인 아서 록나중에 애플과 인텔에도 투자한 인물에게 전화를 걸었다. 싱글턴은 입을 열었다. "아서, 생각해보니 우리 주식은 너무 저렴하군요. 우리가 다른 일을 벌일 게 아니라 텔레다인 주식을 지금 수준에서 사면 훨씬 높은 이익을 낼 것 같아요. 공개적으로 자사주를 매입했으면 합니다. 어떻게 생각해요?" 록은 잠시 생각한 후 대답했다. "좋은 생각입니다."[4]

자본배분 역사에서 중대한 순간 중 하나가 이 대화로 인해 태동했다. 1972년에 시작한 자사주 공개매입은 12년 동안 이어졌다. 싱글턴은 전례 없는 자사주 사재기를 지속했다. 이는 텔레다인 주가에 엄청난 전기충격 같은 효과를 일으켰다. 아울러 월스트리트의 오래된 믿음도 단번에 뒤집어 버렸다.

싱글턴을 자사주 매입 분야의 개척자라고 정의하는 것은 그 의미를 지나치게 축소하는 셈이다. 아마도 자사주 매입의 베이브 루스, 또는 기업재무 분야 초기 역사에서 빼어났던 신神 같은 존재라고 묘사하는 게 훨씬 정확할 것 같다. 1970년대 초반 이전에는 자사주 매입이 흔한 일이 아니었고 논란도 많았다. 통념상 자사주 매입은 그 기업이 더는 투자할 데가 없다는 신호로 인식됐다. 그래서 월스트리트는 자사주 매입을 해당 기업이 허약하다는 증거로 간주했다. 싱글턴은 이 통설을 무시했다. 1972년과 1984년 사이에 싱글턴은 여덟 차례 공개매수로 텔레다인이 발행한 주식을 무려 90퍼센트나 사들였다. 찰리 멍거의 말마따나 "아무도 자사주를 그렇게 공격적으로 사들인 적은 없었다."[5]

주주들에게 자본수익을 돌려주는 수단으로 배당보다는 자사주 매입이 더욱 절세 효과가 크다는 게 싱글턴의 판단이었다. 그의 재임기간 대부분 배당금에 붙는 세율이 매우 높았기 때문이었다. 싱글턴은 매력적인 가격에 매입한 자사주가 텔레다인 자체적인 호재에 힘입어 기업가치를 주가에 완전히 반영하며 급등할 거라고 생각했다. 마치 꽉 눌린 용수철이 미래 어떤 순간에 펄쩍 튀어 오르듯이 말이다. 싱글턴은 이런 과정에서 엄청난 수익이 날 거라고 예상했다. 자사주 매입은 자본배분을 할 때면 유용한 잣대가 됐다. 싱글턴은 자사주 매입에서 예상되는 수익이 다른 투자 기회와 비교해 매력적으로 보일 때마다 자사주를 취득했다.

자사주 매입은 1990년대가 되자 일반화됐다. 요즘에는 CEO들이 하락하는 주가를 떠받치려고 자사주 매입에 종종 나서곤 한다. 하지만 주주들에게 가치를 더해주는 자사주 매입은 매력적인 가격에 샀을 때나 그렇다. 물론 싱글턴은 끝내주는 솜씨로 자사주를 매입했고, 자사주 공개매수로 연평균 수익률 42퍼센트라는 믿기 어려운 수익을 텔레다인 주주들에게 안겨줬다.

시장에 자사주 공개매수 방침을 알리면 거의 매번 모집규모 이상으로 신청이 들어왔다. 싱글턴은 치밀하게 분석을 해보고 자사주 매입이 꼭 필요하다고 생각했다. 이런 강한 확신을 바탕으로 그는 매입 신청이 들어온 모든 자사주를 항상 샀다. 이와 같은 자사주 매입은 텔레다인에 엄청난 도박이었다. 그 당시 자사주 매입에 들어간 자금은 텔레다인 장부가치의 4퍼센트 수준으로 시작해 66퍼센트라는 믿기 힘든 수준까지 확대됐다. 결국 싱글턴은 25억 달러라는 거액을 자사주 매입에 투입했다.

아래 표에는 장기 성과가 나타나 있다. 1971년부터 1984년까지 매출액과 순이익이 꾸준히 성장세를 탄 시기에 싱글턴은 상당한 규모의 텔레다인 주식을 낮은 주가수익배수에 사들였다. 그 결과 주당순이익은 놀랍게도 40배나 폭증했다.

중요한 점은 집착처럼 보인 자사주 매입이 싱글턴 생각의 진화를 보여준다는 사실이다. 싱글턴은 텔레다인을 설립했던 무렵에는 신규

텔레다인의 자사주 매입 프로그램 성과($=100만 달러)

	1971	1984	변화
매출액	$1,101.9	$3,494.3	2.2배
순이익	$32.3	$260.7	7.1배
주당순이익*	$8.55	$353.34	40.3배
발행 주식수*	6.6	0.9	-0.9배
부채	$151.0	$1,072.7	6.1배

* 주식 분할과 주식 배당으로 조정됨.

[자료:톰 스미스]

주식 발행에 적극 나서면서 이를 효과적으로도 잘 활용했었다. 훌륭한 투자자라면, 그리고 자본배분 책임자라면 싸게 사고 비싸게 팔 수 있어야 한다. 싱글턴은 텔레다인 주식을 발행할 때는 평균 주가수익배수 25배 이상에서 했지만, 자사주를 매입할 때는 평균 8배 이하에서만 실시했다.

싱글턴은 십대 시절부터 주식시장에 마음을 빼앗겼다. 조지 로버츠는 내게 이런 이야기를 해줬다. 2차 세계대전 때 싱글턴이 휴가를 받아 뉴욕에 왔을 때였는데, 싱글턴은 몇 시간 동안이나 증권사 창문 옆에서, 종이테이프에 주가가 찍혀 나오는 모습을 바라보며 서있었다고 한다.

1970년대 중반 싱글턴은 여태껏 마음에 품었던 일을 실제로 해볼 기회가 생겼다. 텔레다인 계열 보험사에서 주식 투자 업무를 직접 책임지게 된 것이다. 이 시기는 대공황 이후 주가수익배수가 최저를 찍었던 지독한 약세장 시절이었다. 하지만 싱글턴은 기업인수, 운영, 자사주 매입을 했을 때처럼 주식 포트폴리오 분야에서도 뛰어난 성적을 내는 독특한 기법을 개발했다.

역발상투자 방식으로, 싱글턴은 보험사의 포트폴리오 자산을 공격적으로 재분배했다. 전체 포트폴리오에서 1975년에는 10퍼센트에 불과했던 주식 비중을 싱글턴은 1981년에는 77퍼센트까지 크게 늘려 놨다. 싱글턴은 대단히 독특한 방식으로 포트폴리오 구성을 극적으로 바꿨다. 그는 전체 주식 포트폴리오의 70퍼센트 이상을 딱 다섯 개 기업으로만 구성했고, 그 중에 무려 25퍼센트는 한 기업, 즉 그의 전 직장 리튼 인더스트리스에 배정했다. 전형적인 뮤추얼펀드가 100개 이상 종목을 편입하는 점을 생각할 때, 이런 특이한 집중형 포트폴리오는 월스트리트를 경악하게 만들었다. 수많은 월스트리트의 구경꾼들은 싱글턴이 새로운 기업인수 준비에 나서는 모양이라고 생각했다.

싱글턴에게는 그럴 의도가 전혀 없었다. 하지만 당시 그가 구성한 포트폴리오를 면밀히 들여다보면 배울 부분이 있을 것이다. 싱글턴의 최선호주는 늘 그가 잘 아는 기업이었다. 커티스 라이트 같은 소규모 복합기업이나 대형 정유업체 텍사코, 보험업체 애트나 같은 곳이었다. 그가 투자한 시기 이들 업체들의 주가수익배수는 사상 최저 수준이었다. 싱글턴의 투자방식에 대해 찰리 멍거는 이렇게 말했다. "워런이나 나와 마찬가지로, 그는 집중 투자를 편안해했고, 그가 잘 이해하는 기업 몇 곳만 매입했지요."[6]

자사주 매입을 했을 때처럼 싱글턴은 보험사 포트폴리오에서도 탁월한 수익을 냈다. 1975년부터 1985년 싱글턴이 회사 분할에 들어갈 때까지, 텔레다인 보험 계열사들의 장부가치는 약 8배나 성장했다.

1984년부터 1996년까지 싱글턴은 포트폴리오 관리에서 경영승계로 눈을 돌렸다. 1986년 로버츠를 CEO 자리에 앉혀 자신의 뒤를 잇게 하고 싱글턴은 회장 직함을 유지했다. 아울러 싱글턴은 운영부문 성과가 신통치 않자 주주가치 최적화에도 관심을 쏟았다. 이러한 목표를 달성하고자 싱글턴은 새로운 전략을 들고 나왔다. 이것은 또다시 월스트리트를 당황시켰다.

텔레다인의 자사주 매입 프로그램 성과($=100만 달러)

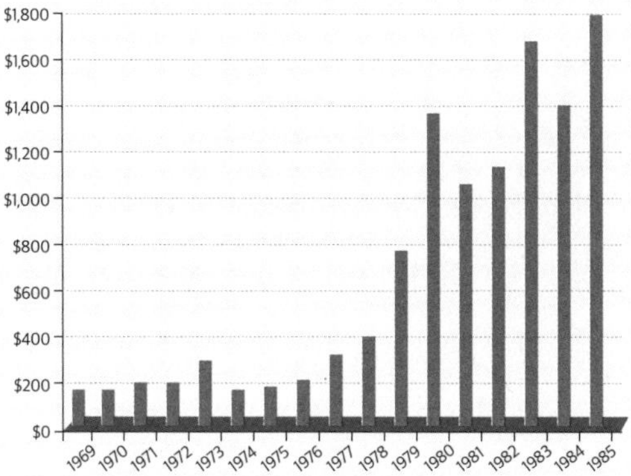

• 자회사인 유니트린과 아르고노트 가치를 합산한 수치.

싱글턴은 기업분할 분야의 개척자였다. 그는 기업을 분할해 기업별 전문성을 강화하면 텔레다인 승계 문제도 단순해지고, 대형 보험 사업 가치도 주가에 제대로 반영될 거라고 믿었다. 오랫동안 이사회 회원으로 있었던 파예즈 사로핌에 의하면 싱글턴은 "문어발 확장이 적합한 때가 있듯이, 분할이 필요한 시기도 있지요"[7]라고 말했다. 마침내 1986년 산업재해 보상 전문 보험사 아르고노트의 분사를 신호로 기업 분할이 시작됐다.

1990년 싱글턴은 최대 보험 사업부문인 유니트린을 떼어내 제리 제롬을 CEO로 선임했다. 당시 유니트린이 텔레다인 기업가치를 대부분 차지하고 있었기 때문에 이는 상당히 의미 있는 움직임이었다. 이후 상장한 유니트린은 제롬과 그의 후계자 딕 바이의 지휘 아래 뛰어난 성과를 기록했다.

1980년대 중후반기에 텔레다인의 비보험 사업은 둔화국면으로 넘어갔다. 에너지와 특수강 시장에는 불경기가 밀려왔고, 방위 사업에서는 사기혐의로 피소되기까지 했다. 1987년이 되자 기업인수가 활발해지고 주가도 연일 사상 최고치를 갈아치웠다싱글턴이 보유한 주식 가격도 상승했다. 싱글턴은 회사의 현금흐름을 활용하는 것보다 더 좋은 수익을 낼 수 있는 방법은 없다고 봤다. 그러고는 배당금 지급을 선언했다. 상장한 지 26년 만에 처음이었다. 이는 텔레다인을 오랫동안 지켜봤던 사람들에게는 지진이라도 난 듯한 엄청난 사건이었다. 동시에 회사 역사상 새로운 국면이 도래했다는 신호탄이기도 했다.

성공적으로 기업분할 작업을 마치고 로버츠를 CEO로 선임한 후, 1991년 싱글턴은 회장 자리에서 은퇴하고 대규모 소牛 목장 운영에 나섰다. 싱글턴 세대 텍사스 출신 여느 기업가들처럼 그에게 목장은 꼭 해보고 싶은 일이었다. 그는 뉴멕시코, 애리조나, 캘리포니아에 걸쳐 100만 에이커에 달하는 목장부지를 인수했다. 하지만 그는 1996년 복귀했다. 그러고는 텔레다인에 남아 있던 제조업 분야를 앨러게니 인더스트리스에 합병시키는 협상을 진행했다. 기업사냥꾼 베넷 르보의 적대적 매수 시도도 방어했다. 당시 텔레다인 사장이었던 빌 러틀리지에 의하면, 싱글턴은 가능한 가장 좋은 가격을 받는 데만 몰두했으며, 합병 후 자신의 직함이나, 이사회 구성 등 부수적인 사안은 신경 쓰지 않았다.[8] 이번에도 텔레다인 주주들이 좋아할 만한 결과가 나왔다. 텔레다인 현재 주가에 프리미엄을 30퍼센트 붙인 가격으로

싱글턴 재임 기간 텔레다인 주가 대비 S&P 500과 경쟁사들 비교

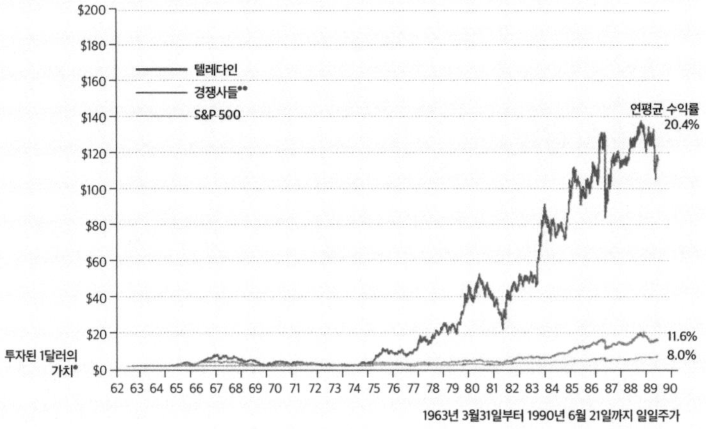

- 주식 분할, 주식 배당, 현금 배당(다시 투자되고 40% 과세 반영해 가정)으로 조정됨.

•• 리튼 인더스트리스, ITT, 걸프 앤 웨스턴, 텍스트론 등 비교 가능한 대기업들.

협상이 마무리된 것이다.

싱글턴은 경쟁자들과 주식시장이 왜소해 보일 정도로 특출한 기록을 남기고 떠났다. 신뢰할 만한 주식거래 자료가 쌓이기 시작된 첫해인 1963년부터 회장에서 물러난 1990년까지, 싱글턴은 주주들에게 연평균 20.4퍼센트라는 뛰어난 수익률분할된 자회사 수익률 포함을 안겨줬다. 이는 같은 기간에 S&P 500이 8.0퍼센트, 다른 주요 대기업들이 11.6퍼센트 상승한 것과 비교된다.

만일 1963년에 헨리 싱글턴에게 1달러를 투자했다면 1990년에는 그 돈이 180.94달러가 돼 있었을 것이다. 그의 성과는 경쟁자들을

9배, S&P 500을 12배나 압도했다. 그의 성과와 비교해 잭 웰치는 자동차백미러 저 멀리 보이는 점일 뿐이었다.

싱글턴의 경영노트

CEO의 중요한 의사결정은 자신의 시간을 어디에 쓰느냐다. 구체적으로 얘기하면, 운영관리, 자본배분, 투자홍보라는 세 가지 필수 분야에 시간을 얼마나 많이 쓰느냐가 된다. 싱글턴의 시간관리 방식은 텍스 손턴과 헤럴드 제닌 같은 경쟁자들과는 매우 달랐으나, 역발상 CEO들과는 상당히 비슷했다.

그는 1978년《파이낸셜월드》와 진행한 인터뷰에서 이렇게 말했다. "나는 일상 업무를 담당하지 않기 때문에, 틀에 박힌 일은 전혀 하지 않아요. 나는 내 업무를 특정 용어로 제한하지 않으며, 회사에 가장 이익이 될 만한 일이라면 뭐든지 아무 때나 합니다."[9] 싱글턴은 치밀한 전략계획을 멀리했고, 그 대신 융통성 있는 태도를 유지하면서 여러 가능성을 열어두는 편이었다. 그는 언젠가 텔레다인 정기 주주총회에서 이를 설명한 적 있다. "나는 아주 강력하고 확고한 계획을 세운 사람들을 많이 알아요. 그들은 온갖 일을 다한다고 말하지요. 그러나 우리는 외부영향을 엄청나게 받을 수 있고 그중 대부분은 예상치 못한 것들이에요. 그러니 경영자는 유연해야 한다고 생각한답니다."[10]《비즈니스위크》와 했던 몇 안 되는 인터뷰에서 싱글턴은 자신을 더욱 간단히 설명했다. "나의 유일한 계획은 계속 출근하는 것이지요…… 나는 먼 미래 항로를 짜는 것보다 날마다 배를 모는 게 좋답니다."[11]

손턴이나 제닌, 또는 걸프 앤 웨스턴의 찰스 블루돈 같은 경영자들과 달리, 싱글턴은 월스트리트 애널리스트나 경제 매체에 잘 보이려고 애쓰지 않았다. 실제로 그는 투자자 대상 홍보가 시간활용 면에서 비효율적이라고 봤다. 분기별 이익전망을 발표하지도 않았고 소속 산업협회 회의에도 참석하지 않았다. 이는 상당히 이례적인 행동이었다. 그 당시 그의 경쟁자들은 경제 잡지 표지에 오르기를 꽤나 즐기던 시절이었기 때문이다.

텔레다인 vs 사베인스-옥슬리 회계 기준

텔레다인의 관행 타파형 경영기법은 오늘날 뜨거운 쟁점인 기업지배 문제와 관련이 있다. 텔레다인 이사회는 현재 사베인스-옥슬리법● 기준으로는 법규에 어긋날 수 있다. 이 책에 나오는 많은 CEO들처럼 싱글턴은 작은 이사회를 좋아했다. 텔레다인 이사회 멤버는 단 여섯 명이었는데 싱글턴을 포함해 그중 절반은 내부 인사였다. 하지만 이 이사회 멤버들은 매우 뛰어난 인재들인 데다가, 그들 모두 텔레다인의 경제적 이익이 곧 그들의 이익이기도 했다. 이사회 멤버는 싱글턴, 로버츠, 코즈메츠키(1966년 텔레다인에서 은퇴 후 텍사스 대학 비즈니스스쿨 운영)를 비롯해, 싱글턴의 MIT 동기이자 정보 이론의 아버지 클로드 섀넌, 전설적인 벤처 투자자 아서 록, 억만장자인 휴스턴의 펀드매니저 파예즈 사로핌으로 이뤄져 있었다. 임기를 마칠 때까지 이들이 보유한 텔레다인 주식을 합하면 지분률이 40퍼센트에 이르렀다.

● 2002년 7월 제정된 미국 상장기업 회계 개혁 및 투자자를 보호하기 위한 법. 미국 에너지 기업 엔론의 대규모 회계조작 사건 이후 기업의 내부 통제를 강화하기 위해 제정됐다. 폴 사베인스 상원 은행위원장과 마리클 옥슬리 하원 금융서비스위원장이 주도해 이런 명칭이 붙었다. 기업경영진이 기업회계장부의 정확성을 보증하고 잘못이 있으면 처벌을 받도록 규정하고 있다. 또한 분식회계를 한 기업은 정부에서 3년 주기로 직접 감리한다.—역자

이 책에 공격적으로 자사주를 매입했던 CEO들이 가득 하긴 하나, 싱글턴은 노는 물이 달랐다. 그는 텔레다인 주식에 지친 기색도 없이, 역발상 CEO들 중에서도 높은 수준으로 자사주를 매입했다. 요즘 CEO들과는 전혀 다른 싱글턴의 자사주 매입 방식은 좀 더 상세히 들여다 볼만하다. 근본적으로 자사주 매입에는 두 가지 기본 방식이 있다. 가장 일반적인 것은 기업이 자사주 매입용 자금대개 대차대조표상 잉여현금보다 상대적으로 적은 금액을 승인하고, 여러 분기 또는 여러 해에 걸쳐 점진적으로 공개 시장에서 주식을 사는 방법이다. 이런 방식은 신중하고, 보수적이며, 장기 주식가치에 의미 있는 영향력을 미칠 가능성이 낮다. 조심스럽다는 뜻에서 이를 '빨대 방식'이라고 부르기로 하자.

다른 방식은 이 책에 나오는 CEO들이 좋아하기도 하고, 싱글턴이 개척해 놓은 아주 대담한 방식이다. 이 방식은 자주 쓰이진 않으나, 주가가 저렴할 때 대규모로, 대체로 단기간에 실시하며, 종종 공개매수로 이뤄진다. 가끔 자사주 매입 자금을 차입금으로 조달하기도 한다. 싱글턴은 이 방식을 여덟 번이나 썼다. 빨대가 아니라 아예 '호스'를 꽂아 잔뜩 빨아들이는 쪽을 선호했다.

1980년에 실시한 자사주 매입은 싱글턴의 자본배분 감각을 보여주는 멋진 사례다. 그 해 5월 텔레다인 주가수익배수가 거의 최저수준이었을 때, 싱글턴은 회사 설립 이래 가장 큰 규모로 공개매수에 들어갔다. 모집금액보다 매입신청 규모가 3배나 됐다. 싱글턴은 신청이 들어온 모든 자사주전체 발행주식의 20퍼센트 이상를 매입하기로 했다. 텔레다인의 넉넉한 잉여현금흐름과 그 당시 뚝 떨어져 있던 금리를 감안한 고정금리 대출로 전체 매입자금을 조달했다.

이 자사주 매입 이후 금리가 급등했고 신규발행 채권 가격은 하락했다. 싱글턴은 금리가 계속 오를 것 같지는 않다는 판단 하에 채권 매입에 들어갔다. 그는 자사 연금 펀드에 조성된 현금으로 채권 매입자금을 마련했다. 연금 펀드 자금은 투자수익에 세금이 붙지 않았다.

이 복잡한 일련의 거래로, 텔레다인은 저렴한 대출로 대규모 자사주 매입자금을 성공적으로 조달했다. 또한 나중에 금리가 떨어지자 연금 펀드로 싸게 매입했던 채권 값이 올라 상당한 비과세 수익이 났다. 그리고 자사주 가치는 어마어마하게 치솟았다. 10년간 연평균 수익률은 40퍼센트를 웃돌았다. 싱글턴의 강력한 청개구리 정신은 인생 마지막 순간까지도 빛을 잃지 않았다. 뇌종양으로 사망하기 2년 전이던 1997년, 그는 텔레다인의 장기 투자자인 리언 쿠퍼먼과 함께 앉아 있었다. 그 무렵 대다수《포천》500대 기업들은 너도나도 대규모 자사주 매입을 선언하고 있었다. 쿠퍼먼이 이걸 어떻게 생각하느냐고 묻자 싱글턴이 대답했다. "만일 모두가 그렇다면, 뭔가 잘못된 거죠."[12]

버핏과 싱글턴 : 쌍둥이 같은 경영방식

워런 버핏은 버크셔 해서웨이를 경영하면서 특이한 기법을 보여줬는데, 상당 부분이 텔레다인에서 싱글턴이 처음 도입했던 것이다. 사실상 싱글턴은 버핏의 원형이라 할 수 있을 정도다. 거장이라 할 만한 두 CEO는 묘할 정도로 비슷하다. 아래 목록을 살펴보자.

투자자 CEO

운영이 아니라 자본배분에 전념할 수 있는 조직을 설계했다. 자신이 경영자라기보다는 투자자라고 생각했다.

운영은 현장에서, 투자 결정은 본사에서

대단히 분권화된 조직을 운영했고, 직원 수는 최소한으로 유지했다. 경영진과 운영조직 사이에는 계층이 없거나 있더라도 아주 얇았다. 그러나 모든 주요 자본배분 결정은 CEO가 직접 내렸다.

투자철학

잘 아는 산업에만 투자했다. 주식 포트폴리오가 한 산업으로만 이뤄져도 불안해하지 않았다.

투자홍보 방식

애널리스트들에게 분기 실적 전망치를 제공하지 않았고, 업계 협회 회의에도 참석하지 않았다. 하지만 사업 부문별 세부 정보를 담은 유용한 연차보고서를 발표했다.

배당금

텔레다인은 26년간 배당금을 지급하지 않은 유일한 대기업이었다. 버크셔 해서웨이는 배당금을 한 번도 지급하지 않았다.

주식 분할

텔레다인은 1970년대와 1980년대 기간 내내 뉴욕증시에서 가장 비싼 종목이었다. 버핏은 버크셔 A주를 한 번도 분할하지 않았다(버크셔 A주는 현재 주당 30만 달러도 넘는다).

상당한 CEO 지분

자사 지분을 싱글턴은 13퍼센트, 버핏은 30퍼센트 이상 보유했다. 그들은 진짜로 기업주였기 때문에 기업주답게 행동했다.

보험 계열사들

주주가치를 창출해내는 보험사 책임준비금의 잠재력을 알아봤다. 두 기업 모두 보험업이 가장 크고 가장 중요한 사업이었다.

식당과 기업의 공통점

저명한 투자자 필 피셔는 기업을 식당에 비유했다.요리법, 가격, 분위기로 비유되는 정책과 의사결정이 계속 이어지면 특정 고객군이 저절로 선별된다. 이런 기준으로 보면 버핏과 싱글턴은 의도적으로 매우 특이한 식당을 운영했고, 시간이 지나자 여기에 공감하는 장기적인 성향의 고객 또는 주주들이 몰려들었다.

chapter 3

기업회생 경영비법
[빌 앤더스와 제너럴 다이내믹스]

1890년 미국 최초의 잠수함을 건조한 홀랜드 토르페도 보트 컴퍼니로 출발했으나, 1899년 자금난으로 주인이 바뀌면서 이름도 일렉트릭 보트 컴퍼니로 변경했다. 두 번의 세계대전 이후, 경영난을 겪고 있던 캐나데어를 캐나다 정부로부터 인수해서 비행기 분야까지 사업영역을 확대하고 사명을 제너럴 다이내믹스라고 바꿨다. 냉전 시기를 거치면서 해군, 전투, 정부통신, 우주항공의 네 가지 사업부를 거느리는 방위 산업 복합체로 성장했다.

어리석은 일관성은 소심한 이들의 헛된 망상이다.

—랠프 월도 에머슨

국제관계의 상징이었던 냉전의 긴장과 불안이 30여 년 이어진 후, 1989년 베를린장벽이 붕괴됐다. 이와 함께 긴 세월 지속됐던 미국 방위 산업 비즈니스모델도 무너졌다. 이 산업은 전통적으로 2차 세계대전 이후 미국 군사전략 근간을 이룬 대규모 무기 체계 미사일, 폭격기 등 판매에 좌우됐었다. 수십 년간 이어졌던 소련 억제용 정책이 하룻밤 사이에 쓸모없어지자, 업계는 혼란에 빠져들었다. 아늑한 사교클럽에 있는 듯했던 전직 장성 출신 업계 임원들은 사업을 재정립하느라 허둥지둥 움직였다. 베를린장벽이 붕괴된 지 6개월 만에, 방위 산업체들의 주가는 40퍼센트나 급락했다. 그중 한 기업은 유독 상황이 시원치 않았다.

제너럴 다이내믹스는 방위 산업의 개척자 같은 기업이었다. 19세기 후반에 설립돼 역사도 길었고 미국 국방부와 거래하는 주요 무기 공급업체였다. 2차 세계대전 때 전설적인 폭격기 B-29와 현대 공군

주력 기종 F-16 전투기 등 항공기를 제작했으며, 잠수함 제조 분야 선두주자이기도 했다. 지상 무기 쪽에서도 탱크와 전투용 차량 제조 분야의 대표적인 기업이었다. 수년에 걸쳐 제너럴 다이내믹스는 방위 산업 이외 여러 분야로 사업을 다각화해왔다. 미사일과 우주시스템, 세스나 상업 항공기와 건축자재 등을 망라했다. 그런데 1980년대 들어 고위 임원진이 회사 전용기 등 특전을 남용한 사실이 FBI미국 연방수사국에 적발됐다. 이 스캔들 때문에 제너럴 다이내믹스는 위기에 몰렸다.

1986년 제너럴 다이내믹스는 국방부에서 평판이 좋았던 스탠 페이스를 새로운 CEO로 선임했다. 페이스가 합동참모본부와 관계를 호전시켰지만 회사 운영상황은 여전히 부진했다. 1990년에는 회사 측은 추진해온 최대 규모 항공기 개발 프로그램인 A-12가 백지화될 가능성이 있음을 알게 됐다. 1991년 1월 새로운 CEO가 취임했을 무렵, 제너럴 다이내믹스는 부채가 6억 달러나 됐고 현금흐름 상태는 적자였다. 파산에 직면한 상태였다. 매출액은 100억 달러였으나 시가총액은 불과 10억 달러에 그쳤다. 골드만삭스의 방위 산업 애널리스트 주디 볼린저 말에 의하면, 이 회사는 "바닥 중에서도 가장 밑바닥" 상태였고, 쇠락하는 산업에서도 최악의 위치에 있었다.[1]

다른 말로 표현하면, 이건 회생 상황이었다. 재무위기에 빠진 기업들은 흔히 구조조정 컨설턴트들을 고용한다. 그들은 헬기를 타고 회사에 내려와 비용을 삭감하고, 채무자나 공급업체와 협상한다. 그러면서 다음 의뢰기업으로 옮겨가기 전에 가능한 한 빨리 회사를 매각하는 데 몰두한다. 이 낙하산요원들은 기업문화, 자본투자, 조직구조 같은 장기 사안을 무시하고 단기 현금수요에만 집중한다. 기업회생은 흔히 매력적인 단기수익을 창출하는 데 성공해서 대개 더 큰 기업에 회사를 매각하며 끝내는데, 담배꽁초에서 마지막 연기를 빨아들이는 것과 비슷한 과정이다.

장기간 기업회생 과정에서 CEO를 여럿 거치며 꾸준히 높은 수익을 내는 모습은 흔하지 않다. 그런데 이런 일이 바로 제너럴 다이내믹스에서 일어났다. 제너럴 다이내믹스가 회생한 모든 과정은 산업이 극심한 혼란에 빠진 상황에서도 역발상 CEO들이 쓰는 방식이 효과적일 수 있음을 보여준다.

빌 앤더스의 신선한 시각

1991년 1월 빌 앤더스가 제너럴 다이내믹스 경영을 맡으며 모든 일이 시작됐다. 이 시기는 1990년대 초반 걸프전이 끝나고 주식시장이 약세장으로 들어설 무렵이었다. 앤더스는 평범한 CEO는 분명히 아니었다. 그는 관행을 따르지 않는 유형이기도 했지만, 제너럴 다이내믹스에 합류하기 전에도 이미 대단한 인물이었다.

앤더스는 1955년 해군사관학교에서 전기공학을 전공했으며, 냉전기간 중 전투기 조종사로 복무했다. 1963년에는 원자공학 석사 과정을 졸업하고, 미국항공우주국NASA의 엘리트 우주비행단 지원자

수천 명 중에서 최종 선발대상 14명에 뽑혔다. 1968년에는 아폴로 8호 프로젝트에 참여해 달착륙선 조종사로 지구돋이지구에서 보이는 해돋이처럼 달에서 보이는 지구가 떠오르는 모습–역자 사진을 찍었다. 그 사진은 《타임》, 《라이프》, 《아메리칸 포토그래피》 표지에 실리기도 했다. 어느 방위 산업 애널리스트는 앤더스가 젊을 때 이런 업적을 이루는 과정에서, 나중에 겪게 되는 위기에 대처하는 능력을 익혔다고 본다. "달 궤도를 돌아보니, 일상적인 사업상 문제 따위에는 별로 당황하지 않게 됐던 것이죠."

그는 소장 계급을 끝으로 NASA를 떠났다. 이후 원자력규제위원회 첫 위원장에 지명됐고, 이어 노르웨이 대사로 잠깐 일하기도 했다. 이 모든 것은 그의 나이 45세 이전에 있던 일이다. 그는 유명인이었으며 미국 국방부에서도 존경받는 인물이었다. 공공부문을 떠난 후 앤더스는 GE에 입사해 GE 경영방식을 배웠다. 잭 웰치와는 입사 동기였다. 앤더스는 "GE 경영자들은 아주 훌륭한 수영강사 같았어요…… 가끔 나를 익사시키려고 하긴 했지만 말이죠"[2]라고 말했다.

앤더스는 1984년 첨단 분야 사업체인 텍스트론 코퍼레이션으로 이직했다. 하지만 만족스럽지 않았다. 그는 독립적인 데다 비주류 성격이었다. 의사소통할 때면 본론으로 바로 들어가는 식으로 무뚝뚝했다. 그는 평범한 사업과 관료적인 조직구조가 대충 섞인 텍스트론에 별 인상을 받지 못했다. 그러다 보니 텍스트론 CEO와도 갈등이 있었다.

1989년, 앤더스는 무역협회 미팅에서 제너럴 다이내믹스의 최고

임원을 만났다. 그 임원은 앤더스에게 제너럴 다이내믹스에 합류해 부사장으로 1년간 재직한 후 CEO를 맡아보겠느냐고 제안했다. 앤더스는 바로 합류를 결정했다. 그는 부사장으로 일하면서 제너럴 다이내믹스 사업과 문화를 익혔다. 아울러 거액의 방위예산이 돌연 삭감되며 방위 산업계에 휘몰아친 어마어마한 변화상을 컨설팅회사 베인앤컴퍼니 도움을 받아 열심히 파고들었다. 이렇게 열심히 공부했던 1년이라는 기간 덕분에 앤더스는 공식적으로 CEO에 오른 후 성공리에 업무를 해낼 수 있었다.

빌 앤더스는 이 책에 나오는 CEO 중에 가장 나이가 많은 데다 유일하게 50대에 CEO를 맡은 인물이다. 하지만 제너럴 다이내믹스의 제안을 받아들였을 때 앤더스는 민간 분야 경력이 불과 10년밖에 되지 않다 보니 시각은 여전히 신선했다.

방위 산업은 전통적으로 엔지니어들과 퇴역장교들이 좌지우지하는 분위기여서 사교모임 같은 면이 있었다. 앤더스는 그 또한 엔지니어이자 장군 출신이었지만 이 산업에 깔려 있는 거미줄을 싹 쓸어버릴 수 있는 특수한 입장이었다. 그는 안락한 방위 산업 공동체를 핵심부터 흔들어놔야겠다는 결론을 내렸다. 그리고 실제로 행동에 나섰다.

전략적 통찰을 바탕으로 한 회생비법

앤더스는 중요한 전략적 통찰을 바탕으로 제너럴 다이내믹스 회생 전략을 세웠다. 그는 냉전이 끝나면서 방위 산업이 과잉설비 상태가 됐다는 점을 알아차렸다. 따라서 앤더스는 방위 산업체들이 사업 규모를 축소하거나, 다른 기업을 인수해 몸집을 불려야 한다고 판단했다. 새로운 경영환경 속에서 방위 산업 기업들은 합병을 주도하지 않으면 인수대상이 될 처지였다. 기업들은 어느 쪽이 될지 신속히 결정해야 했다. 앤더스는 취임 후 첫 연차보고서와 분기보고서에 자신이 생각하는 전략의 윤곽을 제시하고 공격적으로 실행에 나섰다.

그는 세 가지 중요한 신조를 바탕으로 전략을 세웠다.

1. 시장 1위나 2위 사업만 한다. 이는 같은 시기에 나온 파월 독트린과 상당히 유사했다. 파월 독트린은 미국이 확실히 이길 수 있는 무력 충돌에만 개입한다는 방침이었다.

2. 수익이 너무 떨어지는 원자재 사업은 손을 뗀다.

3. 잘 아는 사업에 집중한다. 특히 돈벌이 위주 사업을 조심한다. 이런 사업은 방위산업체가 신규 수익원으로 삼기 어렵다. 마치 성배聖杯처럼 제대로 이해하거나 장악하기 쉽지 않기 때문이다.

제너럴 다이내믹스는 이런 전략적 기준에 미흡한 사업에서 철수해야 했다. 더불어 앤더스는 제너럴 다이내믹스 문화 역시 극적으로 바뀌어야 한다고 봤다. 그는 CEO가 되기 전에 최고경영진과 꼼꼼하게 면담하면서, 그들에게 엔지니어 사고방식 틀이 단단히 자리 잡고 있음을 알게 됐다. 즉 '더 크고, 더 빠르고, 더 치명적인' 무기 개발에 집중하면서 주주들에게는 거의 관심이 없었다. 이는 GE와 대단히 달랐다. 앤더스는 이를 바로잡으려고 적극적으로 나서면서 주주 및 자기자본이익률ROE 같은 지표들을 강조했다.

그는 또한 수익성을 최적화하려면 운영에서 군살을 빼야 한다고 생각했다. 이 목표를 달성하려면 새로운 팀이 필요했다. 앤더스는 즉시 행동에 돌입했다. 그가 우선 짐 멜러를 사장이자 COO로 발령했다. 멜러는 제너럴 다이내믹스의 조선 사업에서 뛰어난 성과를 낸 인물로, 앤더스가 내게 얘기한 바에 따르면 "마지막 동전 하나까지 찾아서 직원들에게 책임을 묻는 부류의 사람"이었다. 1991년 상반기에 앤더스와 멜러는 최고경영진 25명 중에서 21명을 갈아치웠다.

새로운 COO와 더불어, 앤더스는 금융계 귀재로 꼽히던 하비 캡닉을 영입해 부회장으로 선임했다. 실력 있는 변호사인 닉 차브라야에게는 기업회생과 관련된 여러 법적, 전략적 문제 해결을 맡겼다. 일단 팀이 구성되자, 앤더스는 지체 없이 구조조정에 돌입했다.

앤더스의 현금 창출 전략

앤더스가 재임한 기간은 단 3년이었지만, 기본적으로 두 시기로 나눌 수 있다. 현금을 창출한 시기와 이 자금을 사용한 시기다. 각 시기별로 제너럴 다이내믹스가 구사한 기법은 일반적인 방식과는 크게 달랐다.

현금 창출부터 시작해보자. 앤더스와 멜러가 그들의 계획을 실행하기 시작했을 때, 제너럴 다이내믹스는 과도한 부채에 시달렸고 현금흐름도 마이너스 상태였다. 하지만 그들이 운영한 지 3년이 지나자, 이 회사는 현금을 50억 달러나 창출했다. 이렇게 놀라운 현금유입에는 두 가지 요인이 있었다. 엄청난 긴축 운영, 그리고 앤더스의 전략적 관점상 비핵심 사업 매각이었다.

앤더스와 멜러는 운영 부문을 살펴본 후, 재고, 설비, 연구개발 분야에서 대규모 과잉투자를 발견했다. 그들은 시스템에서 과잉 상태인 부분을 신속히 쥐어짜기 시작했다. F-16 공장을 방문했을 때, 그들은 값비싼 F-16 캐노피조종석을 덮는 투명한 유리가 수북하게 쌓여 있는 것을 보고 그 수를 세어봤다. 이곳에선 한 주에 비행기를 딱 한 대 제작하고 있었다. 이들은 '멜러의 법칙'이라는 새로운 규칙을 세워서 캐노피 재고는 최대 두 개까지만 두게 했다. 그들은 또 근처에 있는 탱크 공장들에서도 제대로 사용되지 않는 값비싼 기계부품들이 중복 보관된 것을 발견했다. 그러자 멜러는 그 시설들을 통합해버렸다. 전반적으로 공장 관리자들은 재고를 잔뜩 두고서도 투자 대비 수익을 계산도 하지 않은 채 추가 자본을 요청하고 있었다.

이런 관행은 멜러의 감독 하에 빠르게 변해갔다. 그와 앤더스는 수익 중시 문화가 자리 잡을 수 있도록 단호하게 행동했다. 오랫동안 경영진으로 있었던 레이 루이스는 이렇게 말했다. "현금 자본이익률은 회사 내에서 핵심적인 지표가 됐고, 우리는 이를 항상 염두에 뒀다."[3] 매출액 확대와 신제품 개발이라는 근시안적인 관점에 머물렀던 방위 산업계에서는 처음 있는 일이었다.

이런 새로운 문화는 정부계약 입찰 참여 방식에도 영향을 미쳤다. 앤더스가 부임하기 전까지 제너럴 다이내믹스는 다른 경쟁사들처럼 다양한 계약에 공격적으로 입찰하곤 했다. 하지만 앤더스와 멜러는 수익성과 승산이 높은 프로젝트에만 입찰하도록 했다. 그 결과 입찰 횟수가 줄어들면서도 성공률은 올라갔다. 오랫동안 방위 산업 담당 애널리스트였던 피터 아세리티스는 이렇게 말했다. "앤더스와 멜러는 주주 중심 경영방식을 새로 도입했다…… 이는 방위 산업계에서 처음 있는 일이었다."[4]

첫 2년 동안 앤더스와 멜러는 전체 직원 수를 60퍼센트 감축했고(본사 직원은 80퍼센트), 본사 위치를 세인트루이스에서 북부 버지니아로 옮겼다. 또 공식적인 자본승인 절차를 정립하고, 운영자본에서 투자 규모를 대폭 줄였다. 멜러는 말했다. "첫 2년 동안 우리는 어디에도 돈을 쓸 필요가 없었다. 그저 전년도 재고와 자본지출이 조금 흘러나오게만 하면 됐다."[5]

이런 조치 덕분에 무려 25억 달러라는 어마어마한 현금이 쓰나미처럼 창출됐다. 제너럴 다이내믹스는 이에 따라 자산수익률 면에서 경쟁사들을 따돌리고 확고한 선두자리에 올랐으며 현재까지도 선두를 지키고 있다.

앤더스가 마주한 진실

제너럴 다이내믹스에는 기대 이상 현금을 끌어낸 또 다른 수익원이 있었다. 바로 자산 매각이었다. 멜러가 운영부문에서 잉여현금을 짜내는 동안, 앤더스는 비핵심 사업을 처분하면서 다른 기업을 인수해 최대 사업부문을 더 크게 키웠다. 흥미롭게도, 앤더스는 업계 경쟁자들이 하나 같이 매각보다 매입에 더 관심이 많다는 점을 알게 됐다. 심지어 그들은 기꺼이 프리미엄까지 얹어 매입할 생각을 하고 있었다. 그래서 앤더스는 자회사들을 줄줄이 매각했고, 기업 규모는 빠르게 축소됐다.

이는 제너럴 다이내믹스나 업계에서도 처음 있는 일이었다. CEO가 되고 나서 2년 만에 앤더스는 IT 부문, 세스나 항공기, 미사일, 전자 사업 등 기존 사업을 절반 이상 매각했다.

이러한 사업 매각 중 규모가 가장 큰 것은 주력 부문이던 군용기 사업이었다. 이는 앤더스의 전략적 구상에 예기치 못했던 도전으로, 좀 더 자세히 들여다 볼만하다. 이 거래는 사실 앤더스가 록히드 마틴의 소규모 전투기 부문을 인수하려던 시도에서 비롯됐다. 그런데 록히드 CEO가 매각을 거절하면서, 오히려 제너럴 다이내믹스의 F-16 사업을 비싸게 사겠다고 역제안했다. 앤더스는 중대한 결정에 직면하게 됐다.

여기서 잠시 일반론을 살펴보도록 하자. 이 책에 나오는 CEO들은 대부분 자세한 전략 수립보다는 기회를 봐서 유연하게 행동하기를 좋아한다. 이와 달리 앤더스는 대단히 명확하고 구체적인 전략적 비전을 세웠다. 약한 사업은 처분하고 대형 사업은 강화한다는 것이었다. 매각 쪽에서 초반에 성과를 낸 뒤 앤더스는 기업 인수로 관심을 돌렸다. 자사에서 가장 큰 사업인 군용 항공기부터 시작하는 게 합리적이었다. 대형 사업을 키운다는 경제적 논리에 앞서, 전직 전투기 조종사였던 앤더스는 그 사업을 사랑했다. 그래서 록히드 CEO가 15억 달러라는 깜짝 놀랄 만큼 높은 가격을 제안했을 때, 앤더스는 진실한 순간과 마주쳤다.

그의 결정은 대단히 의미심장했다. 그는 주저 없이전혀 후회하지 않은 것은 아니지만 그 자리에서 매각에 동의했다. 앤더스의 의사결정은 합리적이었다. 주당가치를 높이는 결정이었기 때문이다. 비록 기업 규모가 반 이하로 줄어들고, 이 회사 CEO로 누릴 수 있는 특혜 중에서 그가 가장 좋아했던 '최첨단 회사 항공기 탑승' 기회가 소멸되는 것이긴 했지만 말이다. 이 결정 하나가 이 책에 나오는 CEO들이 중시하는 지점을 분명히 나타낸다. 그들 모두 의사결정 한복판에 합리성, 실용성을 두면서도, 관행에 얽매이지 않으며 관점은 명확했다. 그들은 특정 이념을 추종하지 않았다. 상대가 적당한 가격을 제시했을 때, 앤더스는 어머니까지는 안 팔더라도 가장 아끼는 사업은 매각을 주저하지 않았다.

이런 매각은 업계에 전례가 없어 미국 국방부를 포함해 방위 산업계에 엄청난 논란거리가 됐다. 하지만 앤더스가 군 시절 워낙 뛰어난 경력을 지녀 정치권이 앤더스를 전적으로 신뢰한 덕분에, 그는 이런 과격한 행동에 나설 수 있었다. 오랫동안 방위 산업 담당 애널리스트였던 아세리티스는 나에게 이렇게 말했다. "그는 닉슨과 비슷한 면이 있어요. 오랫동안 공산주의를 반대했던 닉슨이 중국과 관계를 개선하기 시작한 것과 같았죠. 아무도 그렇게 할 수 없었을 거예요."[6] 이러한 자회사 매각 작업들은 전체적으로 추가 현금 25억 달러를 창출했고, 제너럴 다이내믹스에는 시장을 주도하는 사업 두 개, 즉 탱크 부문과 잠수함 부문만 남았다.

자산을 매각하고 운영이 개선되면서 현금이 쏟아져 들어오자, 앤더스는 자본배분 쪽으로 관심사를 돌렸다. 주가가 높아지자 앤더스는 추가 인수를 멈추고, 회사 현금 대부분을 주주들에게 돌려주기로 했다. 가장 효과적인 방식으로 진행하려고 그는 하비 캡닉에게 조언을 요청했다.

캡닉은 대형 회계법인인 아서 앤더슨 회장을 역임한 인물로, 세법에 훤한 변호사이기도 했다. 다각화된 대기업 시카고 퍼시픽을 성공적으로 회생시켜 이름을 날렸다. 제너럴 다이내믹스에 현금이 쌓이자, 캡닉은 현금 대부분을 효과적으로 절세해 주주들에게 돌려줄 기발한 아이디어를 두 가지 떠올렸다.

첫째, 캡닉은 주주들에게 특별배당을 세 종류로 나눠 지급했다. 회사 시가총액의 50퍼센트를 약간 밑도는 규모였다. 앤더스가 그동안 제너럴 다이내믹스 자산을 꾸준히 처분하다 보니 이번 배당은 이 회사 전체 사업에서도 상당한 비중을 차지했다. 이에 따라 배당이 자본 환급으로 간주되며 자본 이득세나 일반 소득세 범주에서 벗어났다. 둘째, 앤더스와 캡닉은 10억 달러 규모의 어마어마한 자사주 공개매수 계획을 발표했다. 자사주 30퍼센트에 이르는 규모였다. 앞에서 살펴봤듯이 배당금 지급에는 기업과 개인 모두에 세금이 따라붙지만, 이와 달리 자사주 매입은 절세효과가 매우 크다.

이런 행동이 얼마나 이례적이었는지 아무리 강조해도 지나치지 않다. 부임 후 3년도 되지 않아서 앤더스는 운영부문 군살을 기가 막히게 날려버렸고, 회사를 절반 이상 매각했다. 또 수익 50억 달러를 창출했으며, 이렇게 들어온 현금은 연구개발이나 새로운 기업을 인수하는 데 쓰지 않고 그 대신 주주들에게 돌려줬다. 그것도 아주 창의적인 절세기법을 쓰는 식으로. 이런 행위는 방위 산업계에 전례가 없었고 주주들에게는 엄청난 가치를 창출했다.

상장된 기업이 스스로 덩치를 줄이는 일은 대단히 드물다. 앤더스가 나에게 간단히 설명해주었듯이 "CEO들은 대부분경영을 맡은 기업이 얼마만큼 크고 성장을 얼마나 했는지를 기준삼아 자신을 평가합니다. 주주들에게 돌아가는 이익에 중점을 두는 일은 거의 없죠."이 책에 나오는 CEO들을 제외하고는 기업이 특별배당이나 자사주 매입 방식으로 주주들에게 이익을 돌려주려고 체계적으로 노력하는 모습은 쉽게 볼 수 없다. 더욱이 이 두 가지를 함께 실행하는 경우는 거의 없다. 특히나 전통에 묶여 있는 방위 산업계에서는 말이다.

앤더스 이후의 제너럴 다이내믹스

이렇게 이례적이고도 극적인 일련의 행보는 월스트리트를 놀라게 했으며 제너럴 다이내믹스 주가를 단박에 고점으로 끌어올렸다. 아울러 워런 버핏 버크셔 해서웨이 회장의 시선도 끌었다. 버핏은 제너럴 다이내믹스가 앤더스의 리더십 아래 자산을 처분하고 주주 친화적으로 혁신적인 자본배분 전략을 시행한다는 점을 눈치 챘다. 이에 버핏은 1992년 제너럴 다이내믹스 지분 16퍼센트를 주당 평균 72달러에 매입했다. 놀랍게도 버핏은 앤더스를 딱 한번 만나고서 앤더스에게 버크셔 지분에 해당하는 제너럴 다이내믹스 이사회 투표권한을 위임해 버렸다. 이는 앤더스가 전략을 실행할 때 도움을 주는 요소가 되었다.

앤더스는 1993년 7월 정해진 임기를 마치고 회사를 떠나면서 후임 자리를 멜러에게 넘겼다. 버핏은 앤더스 퇴임에 맞춰 이 회사 주식을 매도해 큰 차익을 냈는데, 현재 이때의 매도 결정을 후회하고 있다. 앤더스는 임기 막바지 1년 동안 회장으로 일했으며 은퇴 후에는 노스웨스트에 있는 외딴 섬에서 지냈다. 그는 해군 승계모델을 준수했다. 후임자 권위에 해가 되지 않도록 퇴역한 함장은 배에 돌아가지 않는다는 방식이었다. 앤더스는 나에게 자랑스럽게 말하기를, 1997년 이후 멜러의 후임 CEO 닉 차브라야와 얘기한 일은 단 한 번뿐이었다고 했다.

짐 멜러 또한 공학 전공자로 휴스 에어크래프트와 리튼 인더스트리스를 거쳐 제너럴 다이내믹스에는 1981년에 합류했다. 그는 조선사업부를 운영하면서 제너럴 다이내믹스가 시장에서 주도적인 위치로 자리매김하는 데 기여했다. 그런 그를 앤더스는 마음이 통하는 우군이자 잠재적인 후계자로 여기게 됐다.

앤더스 후임 CEO로서, 멜러는 운영을 최적화하면서 우주항공시스템 사업을 포함한 마지막 남은 소규모 비핵심 사업 매각에 집중했다. 한편 1995년에 멜러는 미국 최대 해군함정 제조업체인 배스 아이언 웍스를 4억 달러라는 공격적인 가격에 매입했다. 이 인수는 직원들과 미국 국방부에 제너럴 다이내믹스가 다시 성장할 준비가 됐음을 알리는 상징적인 가치가 있었다. 멜러의 말마따나 "배스 인수는 제너럴 다이내믹스가 완전히 청산될 거라는 소문을 잠재웠다."[7] 1997년 멜러는 은퇴할 나이가 되자 닉 차브라야에게 바통을 넘겼다.

차브라야는 노스웨스턴 로스쿨 졸업 후 시카고 최상위 법률회사 제너 앤 블록에서 약 20년 간 기업 법무를 담당했다. 그는 제너럴 다이내믹스가 온갖 문제를 끌어안고 있던 1980년대에 이 회사 담당으로 일했는데, 앤더스가 부임하자 제너럴 다이내믹스의 주요 조언자가 됐다. 앤더스는 그의 잠재력을 바로 알아봤다. 앤더스는 차브라야를 "내가 본 사람 중에 가장 유능하고 비즈니스를 잘 이해하는 변호사"라고 평가했다. 1993년 차브라야는 법률자문 겸 부사장으로 제너럴 다이내믹스에 합류하면서 멜러의 후임자가 될 거라는 귀띔을 받았다.

차브라야는 CEO에 오르자 야심찬 목표를 세웠다. 구체적으로, 그는 CEO 취임 후 첫 10년 동안 회사 주가가 지금보다 4배연평균 수익률 15퍼센트 높아지기를 바랐다. 그는 S&P 기록을 살펴본 후 이런 목표는 이루기 어렵다는 것을 알았다. 《포천》 500대 기업 중에서 최근 10년 사이에 주가를 4배 올린 기업은 5퍼센트도 안됐다. 차브라야는 앞으로 10년 간 회사 전망을 냉정하게 들여다보고는 시장이 성장하고 영업이익률이 개선된다면 목표치의 약 3분의 2는 달성할 수 있을 것으로 봤다. 나머지는 인수로 해결해야 했는데, 이는 앤더스가 세운 전략틀과 꽤 거리가 있었다.

차브라야의 기업인수 방식은 독특했다. 초반에는 기존 사업과 관련된 중소기업을 주로 인수했다. 이는 제너럴 다이내믹스 자본배분에 새로운 시도였다. 그는 이렇게 말했다. "우리 전략은 핵심 사업과 직접 관련된 목표물을 공격적으로 노리는 것이지요…… 우리 제품군과 인접 분야로 확장하면서 말이에요."[8] CEO 취임 첫해에 차브라야는 중소기업 12곳을 인수했다.

레이 루이스는 이를 "잘 아는 시장에서 조금씩 덧붙이기"[9]라고 묘사했다. 차브라야의 덧붙이기식 인수는 회사를 빠르게 키웠고, 그 결과 급속히 성장하는 군사정보기술 시장에 진입했다. 2008년에는 군사정보기술 분야가 제너럴 다이내믹스 최대 사업부문으로 올라섰다.

이와 더불어 차브라야의 인수 노력에 힘입어 탱크 사업부문은 공격용 탱크 '스트라이커'를 성공적으로 출시했고, 잠수함 분야를 장기간 주도한 해양 사업부문은 더 많은 해상 함선을 건조했다.

차브라야 경영기 최대 성과는 1999년 세계 최대 상업용 제트기 제조사인 걸프스트림 인수였다. 걸프스트림 인수 금액은 50억 달러로, 제너럴 다이내믹스 전체 기업가치의 56퍼센트에 이르렀다. 그야말로 회사의 명운을 건 베팅이었다.

이 거래는 가격이 매우 높은 데에다가 '방위 사업에만 집중한다'는 앤더스의 전략과 크게 거리를 둔 것처럼 여겨져 당시에는 비판의 목소리가 높았다. 하지만 겉으로 보이는 것처럼 극단적인 일탈은 아니었다. 걸프스트림은 상업 항공 분야에서 확실한 선두주자였고, 이 시장은 엄청난 장기성장세에 있었다. 당시 걸프스트림은 사모펀드인 포츠만과 리틀이 5년 동안 운영하면서 신제품 개발용 투자가 주춤한 상태였다.

제너럴 다이내믹스는 세스나기機를 보유하고 군용기를 제조하던 시절부터 상업용과 군용 항공기 사업을 두루 경험한 기업이었다. 차브라야는 이런 경험을 바탕으로 한 전문성을 이용한다면 걸프스트림을 의미 있게 성장시킬 수 있을 거라고 생각했다. 그는 또한 상업 항공기 사업은 국방비 지출 변동에 대비할 수 있어 유용한 다각화가 될 것으로 판단했다. 이후 제너럴 다이내믹스 수익은 차브라야의 생각이 옳았음을 증명한다. 최근 몇 년간 국방비 지출이 둔화됐지만, 걸프스트림이 성장한 덕분에 제너럴 다이내믹스는 예기치 못한 국방비 변동에 별 영향을 받지 않았다.

이제 일반론을 인정하는 것이 중요하다. 그 일반론이란 상황은 달라지게 마련이고, 당신이 어떻게 움직이느냐에 따라 경영자로 성공 여부가 좌우된다는 것이다. 차브라야와 앤더스는 모두 합리적이고 주주지향적으로 생각하는 사람이었다. 하지만 처한 상황에 따라 둘의 행동은 각기 달랐다. 즉 차브라야 시절에는 인수였고, 앤더스 시절에는 자산 매각이었다. 각자 임기 중에 벌어진 다른 상황에 맞는 적절한 대응이었다. 아울러 두 사람은 모두 자사주를 열심히 매입했다.

2008년 중반 차브라야가 CEO 자리에서 물러날 무렵, 그는 놀랍게도 취임 초반에 세웠던 야심찬 수익 목표를 달성했다. 이는 이 책의 핵심 질문을 떠올리게 한다. 제너럴 다이내믹스의 CEO 3인방이 올린 수익은 전부 얼마인가? 그들은 어떻게 경쟁자들과 잭 웰치의 높은 성과를 제쳤나? 앤더스가 부임한 1991년 1월부터 차브라야가 퇴임한 2008년 7월까지 17년 반의 기간 동안, 앤더스와 그가 엄선한 두 후임 CEO가 이룬 경이로운 결과는 다음 그래프에서 살펴볼 수 있다. 그들은 제너럴 다이내믹스 주주들에게 연평균 23.3퍼센트라는 엄청난 수익을 올려줬다. 이는 S&P 500의 8.9퍼센트나 경쟁사들의 17.7퍼센트와 비교된다.

제너럴 다이내믹스의 CEO 3인방이 올린 수익 vs 경쟁사 비교

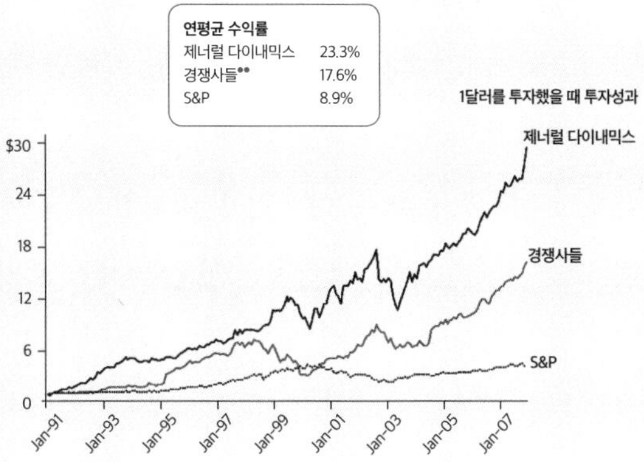

* 주식 분할과 주식 배당 포함.
** 경쟁사에는 록히드 마틴과 노스럽 그루먼 포함. 경쟁사들 성과는 1991년 1월 기준 자기자본 시장가치 가중평균으로 계산.

[자료:증권가격연구센터, 제너럴 다이내믹스 연차보고서]

앤더스가 경영을 맡았을 당시 투자된 1달러는 17년 후 30달러가 됐을 것이다. 같은 1달러를 경쟁사들에 투자했으면 17달러, S&P에 투자했으면 6달러가 됐을 것이다. 이 CEO 3인방은 S&P에 비해 6.7배, 경쟁사와 비교해서는 1.7배 높은 성과를 기록했다.

오늘날 제너럴 다이내믹스는 앤더스가 퇴임했을 때와 상당히 달라졌지만 그가 세운 원칙은 온전히 남아 있다. 제너럴 다이내믹스는 각 사업부문별로 확고한 시장 선두주자다. 해당 산업에서 이익률과 자산수익률이 가장 높으며 대차대조표도 견고하다. 2007년 후반 차브라야는 후임 CEO로 제이 존슨을 지명했다. 존슨의 이력서는 훌륭했다. 그는 해군 최연소 참모총장을 역임하고 전력 산업 분야 대기업인 도미니언 버지니아 파워 CEO를 지냈으며, 제너럴 다이내믹스 부사장을 거쳐 차브라야의 후임자로 지명됐다. 2019년 현재 제너럴 다이내믹스 CEO는 미국 중앙정보국CIA 요원과 국방장관의 최고 보좌관을 지낸 피비 노바코빅이 맡고 있다.

한편 빌 앤더스는 은퇴 후 산후안 지역 외딴 섬에서 활기차게 지내고 있다. 그는 시애틀 외곽에 항공 박물관을 세워 호평 받았고, 팔십대 나이에도 건강하며 여전히 제트기를 몬다. 제너럴 다이내믹스와는 거리를 두고 있지만 아직도 주식을 보유하고 있다.

빌 앤더스의 경영노트

경이로운 수익의 핵심은 인적자원과 자본배분을 매우 효과적으로 방위 산업 기준으로는 특이하게 구사했다는 점이었다. 운영 면에서 앤더스와 그의 후임자들은 두 가지 사항을 최우선시 했다. 바로 조직을 분권화하고 관리자 보수를 주주 이익과 연계한 것이었다.

많은 CEO들이 군 출신이다 보니 방위 산업은 전통적으로 중앙집권적이면서 관료적인 조직으로 이뤄지는 게 특징이었다. 하지만 제너럴 다이내믹스는 앤더스와 그의 후임자들 아래에서 전혀 다른 조직 전략을 추구했다. 1990년대 초반, 앤더스와 멜러는 긴축 경영을 하고 본사 직원을 대폭 감원하면서 적극적인 분권화에 나섰다. 중간 관리자 계층을 없애고 책임 권한을 조직 하부로 내려놨다. 차브라야는 이런 분권화를 이어갔고 상당 부분 확대하기도 했다.

차브라야 임기말 무렵에는, 앤더스 초기 때보다 직원들이 더 늘어났지만 본사 직원 수는 4분의 1에 그쳤다. 어떤 사업부문에서는 전에도 네 명밖에 없던 직원 수를 두 명으로 줄였다. 본사의 인사관리, 법무, 회계 담당 직원은 모두 감원하거나 실무운영부문으로 내려 보냈다. 그리고 의도적으로 관리직원이 실무운영부서에 개입하는 일을 최소화했다. 차브라야 얘기로는 본사에서 "실무자를 망치지" 않으려는 목적이었다. 실무 책임자들에게는 예산에 맞춰 운영한다는 책임이 주어졌다. 차브라야 표현으로는 "엄중한 책임"이었는데, 이 실무 책임자들은 예산 한도 내에서라면 뭐든지 허용됐다.[10]

앤더스가 도입한 것 중에는 회사 성과와 연동한 보수 체계도 있었다. 1990년대 초반 앤더스는 제너럴 다이내믹스에 참신한 관리자들을 데려오려면 보수를 상당히 올려줘야 한다고 생각했다. 그는 전통적인 스톡옵션주식매입선택권 프로그램을 만들고 싶었다. 하지만 앤더스 부임 직전 해에 회사 주가가 별로 좋지 않아서 주주들의 불만이 상당했다며 이사회에서는 스톡옵션 프로그램을 승인하지 않았다. 앤더스는 그럼에도 관리자들의 이익을 주주 이익과 연계하고 싶었다. 그래서 그는 주가를 꾸준히 높인 관리자들에게 보상하는 프로그램을 개발했다.

이 계획이 지닌 문제는 실행되자마자 월스트리트에서 앤더스만의 특이한 운영 방식의 효과를 이해하기 시작했다는 점이었다. 그 결과 주가가 급등하면서 관리자들에게 상당한 규모의 보너스가 조기에 지급되는 결과로 이어졌다. 이러한 보너스 지급은 즉시 언론의 눈길을 끌었고 상당한 논란거리가 됐다. 하지만 제너럴 다이내믹스는 성과에 연동한 보수 체계를 고수했고, 오늘날까지도 보너스 지급과 옵션 제공은 제너럴 다이내믹스 경영진 보수의 핵심요소로 남아 있다.

원칙은 같지만 전혀 다른 행동

앤더스와 그 후임자들 아래에서 제너럴 다이내믹스가 자본을 조달하고 배분한 방법은 방위 산업계 경쟁사들과는 전혀 달랐다. 앤더스 부임 초반에 자회사 매각으로 들어온 엄청난 수익금과 꾸준하고 건실한 영업현금흐름 덕분에, 제너럴 다이내믹스는 거액의 부채가 필요가 없었고, 딱 한 번 초대형 예외사항 외에는 주식을 추가 발행할 일도 없었다.

하지만 그 한 번의 예외는 자본배분 문제에서 중요한 지점을 환기시켜 준다. 차브라아 재임기간 중에 일어난 가장 중요한 일은 걸프스트림 인수였다. 그런데 그는 이 엄청난 규모의 자금을 어떻게 조달했을까? 그의 방식은 기회를 잘 살린 데다 독창적이었는데, 앤더스가 수립한 원칙과도 꽤 거리가 있었다. 바로 대규모 주식 매각이었다. 정말 엄청난 물량이었다. 이는 주가를 희석시키는(주당가치를 떨어뜨리는) 행위 같았다. 하지만 좀 더 자세히 들여다보면 고도의 기법이었음을 알 수 있다. 아울러 앤더스 원칙과도 통한다.

다음 그래프에서 볼 수 있듯이, 주식 발행은 제너럴 다이내믹스 주가배수가 가장 높은 시기에 이뤄졌다. 버핏이 대규모 제너럴 리 인수 전 당시 기록적인 가격으로 거래되던 주식을 이용했던 것과도 다르지 않은 방식이다.

차브라야는 이에 대해 나에게 다음과 같이 설명했다. "과거 기록을 살펴보니, 현재 우리 회사 주식이 상당한 프리미엄을 받은 가격에 거래되고 있다는 사실을 깨달았죠. 이전 평균이 16배였던 PER주가수익배수이 이듬해에는 23배까지 오를 것으로 예상됐어요. 당신이라면 이 비싼 주식으로 뭘 할까요? 연관 분야에서 배수가 더 낮은 우량 기업을 사들여 그 차익으로 얻는 이득을 활용해야겠죠."[11]

제너럴 다이내믹스 PER: 연간주가수익 평균 기준

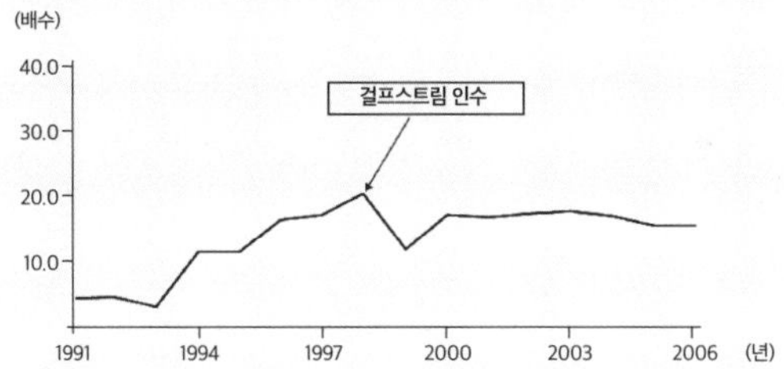

[자료:주식가격연구센터, 제너럴 다이내믹스 연차보고서]

레이 루이스가 요약한 대로, "닉이 회사의 3분의 1에 가까운 자사주를 매각해 인수한 사업은 제너럴 다이내믹스 전체 영업현금흐름의 절반을 벌어들이고 있어요."[12]

앤더스의 F-16 매각이나 차브라야의 주식 매각이 강조하는 핵심 요점은 최고의 자본배분가들은 실리적이며, 기회를 놓치지 않고, 유연하다는 것이다. 그들은 특정 이념이나 전략에 구애받지 않았다. 1999년 차브라야는 대단히 저렴한 통화를 이용해 회사가 성장하면서 다각화할 수 있는 기회를 보게 됐다. 그는 그 기회를 잡아 주주들에게 엄청난 경제적 가치를 창출해줬다.

CEO 3인방의 공통점과 차이점

그러면 저 CEO 3인방은 이 모든 현금으로 대체 뭘 한 것일까?

자본을 배분할 때 앤더스와 그의 후임자들은 최대 경쟁자들과는 꾸준히 다르게 결정하곤 했다. 이는 종종 급진적이기도 했다. 경쟁자들이 인수에 열중하던 시기에 앤더스는 적극적인 매도자였다. 그는 인수를 전혀 하지 않았고 자본지출도 거의 하지 않았다. 배당금과 자사주 매입은 요령껏 써먹었는데, 둘 다 방위 산업계에서는 새로운 기법이었다.

앤더스가 회사 군살을 덜어내는 작업에 매진한 후, 자본배분 영역에서 멜러가 가장 크게 기여한 점은 1995년 대규모 배스 아이언 웍스 인수전에 나서며 인수를 향한 문을 다시 열었다는 것이었다. 배당 지급과 자본지출에서는 앤더스의 짠돌이 방식을 지속하면서 말이다.

앤더스처럼 차브라야 역시 통념에 구애받지 않는 배분 전략을 추구했다. 자본지출에는 극히 적은 자금만 쓰고, 배당금은 경쟁사들보다 적게 지급하면서, 동시에 상당한 자원을 인수와 산발적인 자사주 매입에 투입했다.

자사주 매입으로 낸 수익은 엄청났다. 재임기간을 통틀어 평균 17퍼센트에 이르렀다. 삼인방 모두 자사주 매입에 충실했지만, 앤더스와 차브라야가 가장 활발하게 매입했다. 앞에서 살펴봤듯이, 이 부분에서 앤더스가 캡닉의 도움을 받아 기여한 점은 발행주식의 30퍼센트를 사들였던 1992년 공개매수였다.

흥미로운 것은 차브라야도 공격적으로 제너럴 다이내믹스 주식을 사들였다는 점이다. 법률가 출신이 아닌 것으로 착각할 정도로 그는 투자자처럼 생각했다. 그는 제너럴 다이내믹스 주가와 내재 가치를 꾸준히 비교했고, 둘 사이에 괴리가 눈에 띄면 공격적으로 움직였다. 레이 루이스는 차브라야 시기를 이렇게 말했다. "주가가 매겨지는 과정에서 나타난 시장의 실수를 이용할 수 있다는 생각이 들 때면, 우리는 자사주를 대량으로 사들였어요."[13]

• • • ◎ • • •

앤더스와 차브라야는 괴팍한 성격이라는 점에서 닮았다. 둘 다 관행을 타파하는 데 거리낌이 없었고, 실력이 부족한 직원을 봐주지 않았다. 이는 역발상 CEO들에게는 이례적인 일이 아니었다. 그들은 풋

볼 코치인 빌 파셀스가 리포터를 대하듯 월스트리트 애널리스트들을 다뤘다. 종종 무시하는 모습을 보였다는 얘기다. 그들은 애널리스트들에게 환심을 사는 게 그리 중요하다고 여기지 않았다. 그들의 까칠함에 월스트리트는 호의적이지 않았을지 몰라도 제너럴 다이내믹스 주주들은 확실히 호의적이었다.

후기: 가장 솔직한 형태의 칭찬

만일 모방이 칭찬의 가장 솔직한 모습이라면 제너럴 다이내믹스는 노스럽 그루먼에게 최근 엄청난 찬사를 받았다. 이 회사는 방위 산업계에서 가장 큰 회사 중 하나이자 전투기와 미사일시스템의 선도 제조업체다. 1990년대 초반 이래로 주식시장에서 노스럽 그루먼의 주가수익률은 긴 시차를 두고 제너럴 다이내믹스의 흐름을 추종하고 있다.

2009년 노스럽의 새로운 CEO가 된 웨스 부시는 취임 후 극적인 전략 변환을 발표했다. 비핵심 자산을 매각하고, 자본이익률과 자사주 매입을 새롭게 강조하면서, 직원 수는 대폭 감축한다는 것이었다. 뭔가 친숙한 얘기 같지 않은가?

어느 월스트리트 애널리스트는 이렇게 말했다. "노스럽 그루먼에서 행한 조치는 제너럴 다이내믹스에서 1990년대 초반에 일어났던 변화를 떠올리게 합니다. 이는 그동안매출 성장을 과도하게 강조하는 경향이 있던 방위 산업체들의 전형적인 행태와 다른 것이지요. 제너럴 다이내믹스는 외형 성장만 추구해온 다른 방위 산업 기업들과 비교해 극적으로 높은 성과를 냈어요. 그리고 지난 20년 동안 이어졌죠."

부시가 이러한 새 전략과 이를 실행하는 첫 신호탄을 발표한 후 노스럽 그루먼 주가는 훌쩍 뛰어올랐다. 오늘날 국제 정세는 앤더스 시대와 매우 다르지만, 앤더스 방식은 베를린장벽이 무너졌던 당시나 지금이나 여전히 효과적이고 확실하다.

chapter 4

[격변하는 산업에서 가치 창출 존 말론과 케이블 사업자 TCI]

1956년 축산업체를 경영하던 밥 매그너스가 텍사스의 멤피스에서 소규모로 사업을 시작했다. TCI라는 이름은 웨스턴 마이크로웨이브와 커뮤니티 텔레비전을 합병한 1968년 이후부터 사용되었다. TCI는 1970년 기업공개 이후 미국에서 가장 큰 케이블 공급자가 되었고, 1981년에는 미국 최대 케이블 회사로 성장했다. 1994년 벨 애틀랜틱과의 합병이 무산된 이후 1999년 AT&T에 합병되었다. 나중에 케이블 TV 부문은 카터 커뮤니케이션스와 컴캐스트 코퍼레이션에 인수되었다.

그런 방식이 계산 법칙을 없애버린 건 아니다…… 어쨌든 아직까지는.

—**존 말론**

행운은 계획의 산물이다.

—**브랜치 리키**

1970년경, 존 말론은 맥킨지 컨설팅에서 오래 근무한 덕분에 어떤 산업이든 쓱 보면 그 산업이 매력적인지 여부를 알아챌 수 있었다. 그런데 케이블TV 산업은 알면 알수록 더욱 마음이 갔다. 특히 세 가지 부분에서 관심이 쏠렸다. 케이블TV 산업은 예측하기 쉬우면서도 수도나 전기사업처럼 수익이 일정하게 일어났으며, 세금정책도 괜찮았고, 시장도 쑥쑥 크고 있었다. 맥킨지 근무 당시, 말론은 케이블TV 산업 외에는 이런 특성을 모두 지닌 산업을 본 적이 없었다. 그래서 그는 곧 케이블 산업에서 경력을 쌓아야겠다는 결론을 내렸다.

빠른 성장성과 예측 가능성은 굉장히 매력적으로 느껴졌다. 케이블TV 산업은 1960년대와 1970년대 초반에 급속도로 성장했다. 이 기간 동안 가입자 수는 20배 이상 늘어났는데, 이는 케이블TV를 설치하면 전국 어디든 시골에서도 선호 채널과 프로그램을 볼 수 있는

TV 신호가 더욱 수신이 잘됐기 때문이었다. 케이블TV 고객은 매월 수신료를 납부했으며, 일단 서비스에 가입하면 잘 해지하지 않았다. 그래서 케이블TV 사업은 숫자로 표기하기 쉬웠고, 경험 많은 경영자라면 고객 성장성과 수익성을 놀랍도록 정확하게 전망할 수 있었다. 이런 부분은 말론의 배경과 아주 잘 맞았다. 그는 경영자치고는 드물게 숫자를 중요시하는 사람이었다.

과도한 부채의 위기에서 시작

말론은 1941년 코네티컷의 밀포드에서 태어났다. 아버지는 공학 분야 연구원이었고, 어머니는 전직 교사였다. 말론은 아버지를 우상으로 여겼는데, 아버지는 GE 공장을 들여다보느라 일주일에 닷새는 출장을 다녔다. 십대 소년 시절부터 말론은 기계를 잘 다뤘다. 용돈으로 중고라디오를 사서 수리해 되팔곤 했다. 고교 시절 운동선수였던 그는 펜싱, 축구, 육상 경기에 출전했다. 그는 예일 대학교에서 경제학과 전기공학을 전공했고, 졸업하자마자 고등학교 때부터 사귄 레슬리와 결혼했다.

예일대 졸업 후 말론은 존스홉킨스 대학교에서 경영관리Operations Research:수학적 분석법을 이용한 경영관리 분야로 석사와 박사 학위를 받았다. 그가 전공한 공학과 경영관리는 둘 다 계량적인 데다 최적화, 즉 '잡음'은 최소화하고 '출력'은 최대화하는 데에 중점을 둔다는 공통점이 있다. 사실 앞으로 말론이 쌓게 되는 경력은 모두 극도로 효율을 중시하는 '가치 공학' 분야로 영역을 넓힌 것이라고 할 수 있다. 즉 주주가치 형태의 성과는 최대화하면서 세금, 간접비, 규제 등의 잡음은 최소화하는 것이었다.

박사 학위 취득 후 말론은 AT&T의 이름난 연구소인 벨 랩에 들어갔다. 그는 독점시장 최적화 전략을 주로 연구했다. 광범위한 금융 모델링을 해본 후 말론은 AT&T가 부채 수준을 늘리고 자사주를 매입해 공격적으로 자기자본 기준량을 줄여야 한다는 결론을 내렸다. AT&T 이사회는 이 특이한 조언을 친절하게 들어주긴 했지만, 그냥 무시했다.

약 2년이 지나자, 말론은 AT&T의 관료적인 문화가 자기와는 잘 안 맞는다는 생각에 맥킨지 컨설팅으로 옮겼다. 아내에게 자기 아버지처럼 출장으로 가득한 인생을 살지 않겠다고 약속했지만, 그는 머지않아 《포천》 500대 기업들을 돌아다니며 일하고 일주일에 나흘은 길에서 보내는 자신을 발견했다. 1970년, 고객사 중 하나였던 제너럴 인스트루먼트가 빠르게 성장하던 케이블TV 장비 부문인 제럴드를 운영할 기회를 말론에게 제안했다. 말론은 이를 바로 수락했다. 당시 그는 스물아홉 살이었다.

제럴드에서 말론은 주요 케이블 기업들과 열심히 교류했으며, 2년 후 업계 최대 케이블 기업 두 곳의 경영진에게서 동시에 스카우트 제안을 받았다. 워너 커뮤니케이션스의 스티브 로스와 텔레커뮤니케이션스TCI의 밥 매그너스가 그 두 사람이었다. 매그너스의 제안은 로스의 제안보다 보수가 60퍼센트나 적었지만 말론은 TCI를 선택했다. 이는 매그너스가 더 많은 지분을 소유할 수 있는 기회를 제시한 데에다가, 말론의 아내가 번잡한 맨해튼보다 상대적으로 조용한 덴버를 더 좋아해서였다.

말론이 합류하기로 한 기업은 공격적으로 성장한 유서 깊은 곳이었으나 당시에는 파산위기에 처해 있었다. 밥 매그너스는 1956년 자기 집을 담보로 돈을 빌려 텍사스의 멤피스에 TCI를 설립했다.

매그너스는 이곳저곳 떠돌며 목화씨를 판매하는 농장주였는데, 남의 차를 얻어 탔다가 케이블TV 사업 얘기를 듣게 됐다. 15년 후 말론이 그랬듯이 매그너스도 케이블TV 사업의 경제적 특성이 매우 흥미롭다는 점을 바로 알아차렸다. 특히 그 산업에 세금 혜택이 많다는 사실을 재빨리 눈치 챘다.

빈틈없는 케이블 기업 경영자들은 부채를 써서 새로운 시스템을 설치해 설치비용을 적극적으로 감가상각하면서 세금을 줄였는데, 이런 식으로 현금을 최대한 확보할 수 있었다. 상당한 감가상각비용, 그리고 부채에 따라붙는 이자비용은 과세기준 이익 규모를 줄여줬다. 그래서 잘 운영되는 케이블 기업들은 순이익이 거의 없는 것처럼 보였고, 그 결과 현금흐름이 대단히 건전함에도 불구하고 세금을 거의 내지 않았다. 만약 경영자가 부채를 이용해 케이블 시스템을 추가로 매입하거나 설치하고는 이 새로운 자산을 감가상각 해버리면, 그는 영원히 현금흐름을 세금으로부터 안전하게 지켜낼 수 있었다. 매그너스는 이런 특징을 처음 알아차린 사람들 중 하나였고, 자기 회사를 설립할 때도 적극적으로 부채를 활용했다. 매그너스는 "세금보다 이자 내는 게 낫다"는 명언도 남겼다.

TCI는 1970년에 상장했고 1973년 말론이 합류할 무렵에는 가입자가 60만 명이나 되는 미국 4위 케이블 기업이 돼 있었다. 그러나 당시 회사 부채가 매출액의 17배에 이르는 어마어마한 상태였다. 매그너스는 회사를 다음 성장 단계로 이끌어줄 경영 귀재가 필요하다고 생각했다. 그리고 집중적으로 공략한 끝에 마침내 맥킨지의 젊은 경영 귀재를 데려왔다. 말론은 뛰어난 분석력, 재무 감각, 기술 지식에 대담함까지 결합시킨 이례적인 능력을 TCI에 제공했다. 하지만 그의 임기는 험난하게 시작됐다.

1972년 후반에는 주식시장에서 케이블 종목 인기가 높았다. TCI는 증시에 주식을 더 발행해 과도한 부채비율을 낮출 계획이었다. 그러나 말론이 부임한 지 몇 달 되지도 않아서 케이블 산업에 위협적인 새로운 규제가 생겼다. 증시에서는 케이블 종목 인기가 식어버렸다. TCI는 주식 공모를 철회하게 됐고, 부채비율은 여전히 감당하기 어려운 상태였다.

1973년부터 1974년까지 아랍 국가들이 석유 수출을 중단하면서 유동성이 갑자기 증발하자 모든 산업이 위기에 몰렸다. 갓 취임한 서른두 살짜리 CEO가 맡고 있던 TCI는 어떤 경쟁사보다도 부채 부담이 과도했다. 거의 파산 직전에서 휘청거리는 상황이었다. 말론은 "고래 똥보다도 못했다"며 직설적으로 TCI 임기 초창기를 평가했다.[1]

말론은 어려운 업무를 처리해야 했다. 그와 매그너스는 수년간 채권자들의 접근을 가로막으며 회사를 파산 구렁텅이에서 구해내야 했다. 그들은 은행가들과 줄기차게 만났다. 어느 채권자와 만났던, 긴장감이 유독 팽배했던 회의에서는 말론이 탁자에 열쇠를 집어던지며 "이 회사가 그렇게 갖고 싶으면, 다 가져가라"며 회의실을 박차고 나가버린 일도 있었다. 그러자 크게 당황한 은행가들은 결국 기세가 잠잠해졌고 TCI에 내줬던 대출 조항 수정에 동의했다.

이 무렵 말론은 새로운 재무 및 운영 원칙을 도입했다. 그는 관리자들에게 만일 이익률을 유지하면서 가입자를 연간 10퍼센트 늘릴 수 있다면 자율성을 보장해주겠다고 했다. 이때부터 검소하면서도 기업가정신이 살아있는 문화가 회사에 스며들기 시작했고, 이는 본사에서 일선 현장까지 널리 확산됐다.

TCI 본사는 미국 미디어 산업을 재편한 케이블 업계 최대 기업 본사처럼 보이지 않았다. 사무실은 검소 그 자체였다. 본사에 임원은 거의 없었는데, 비서 숫자는 임원 수보다도 더 적었다. 포마이카 바닥에 있는 철제 책상에는 흠집투성이였다. 접수담당자는 한 명뿐이었고, 전화는 자동응답기가 받았다. TCI 임원들은 다들 열심히 외부로 출장을 다녔고, 잠은 대개 모텔에서 잤다. COO인 J.C. 스파크먼은 "홀리데이 인 호텔에서 숙박하는 일이 그 당시 우리에게는 이례적인 사치였다"[2]고 회상했다.

말론은 자신을 투자자 겸 자본배분 담당자로 여겼으며 일상적인 경영은 스파크먼에게 맡겼다. 그와 오래 일한 후배인 스파크먼은 예산을 엄격한 절차에 따라 집행하는 방식으로 전국 방방곡곡에 산재

된 현장을 관리했다. 현장 관리자들은 현금흐름 예산 목표치를 달성해야 했는데, 전직 공군장교였던 스파크먼은 이 목표를 거의 군사훈련 수준으로 강화했다.

대형건물 집착증

새 본사 건물을 공들여 건축하는 일과 투자자 수익 사이에는 분명한 역(易)의 상관관계가 있다. 예를 들면 지난 10년간 미디어 기업 3곳, 즉 뉴욕타임스 컴퍼니, IAC, 타임워너는 모두 거액을 들여 타지마할 같은 본사 건물을 맨해튼 한복판에 지었다. 그 기간 동안 이들 중 어느 곳도 상당한 규모의 자사주를 매입하거나 시장 평균을 뛰어넘는 수익을 내지 못했다. 이와 대조적으로 역발상 CEO들 중에서 호화로운 본사 건물을 지은 사람은 하나도 없었다.

현장 관리자들은 목표치를 달성하는 한 높은 수준의 자율권을 보장받았다. 하지만 월별 목표치를 달성하지 못한 관리자들에게는 COO가 수시로 찾아왔고, 성과가 미진한 관리자들은 머지않아 퇴출됐다.

이처럼 짠물 경영을 시행한 결과, TCI는 오랫동안 업계 최고 이익률을 기록했으며, 투자자들과 채권자들에게는 일관되게 거품이 없으며 높은 성과를 올리는 기업이라는 평판을 얻었다. TCI 초창기부터 나왔던 애널리스트 보고서의 페이지를 넘기다보면, 현금흐름과 가입자 수가 전망치보다 약간 높게 나오는 패턴이 분기마다 꾸준히 반복되는 모습을 볼 수 있다.

EBITDA의 탄생

1977년 무렵, TCI는 은행 대신 보험회사로 이뤄진 컨소시엄을 끌어들일 수 있을 정도로 성장했다. 덕분에 TCI는 더 낮은 이자로 대출을 받을 수 있게 됐다. 대차대조표가 안정되자 말론은 드디어 공격 태세로 위치를 바꾸고 전략 실행에 나섰다. 이는 대단히 이례적인 것으로, TCI에 합류한 이후로 싹이 튼 전략적 통찰에서 얻어낸 것이었다.

엔지니어이자 최적화를 추구하는 사람으로서, 말론은 케이블TV 사업에서 가치 창출의 핵심은 금융 차입금과 공급자 특히 프로그램 제작사들에 미치는 영향력이라는 것을 알아챘다. 두 가지 모두 핵심은 규모였다. 이는 단순하지만 기가 막힐 만큼 강력한 통찰이었다. 말론은 외골수처럼 집요하게 이를 밀고 나갔다. 그는 1982년에 TCI의 장기투자자인 데이비드 와고에게 이렇게 말했다. "앞으로 케이블 사업에서 수익성과 성공의 핵심은 규모를 이용해 프로그램 편성비용을 낮추는 능력이 될 것입니다."[3]

케이블TV 시스템에서 가장 큰 비용을 차지하는 것은 프로그램 제작사들HBO, MTV, ESPN에게 지불하는 수수료다. 전체 영업비의 40퍼센트에 해당한다. 케이블 운영사는 규모가 클수록 가입자 수에 따라 프로그램 편성금액을 더 저렴하게 협상할 수 있으며, 가입자가 더 늘어날수록 가입자당 편성금액은 더 내려간다. 현금흐름이 더 좋아진다는 얘기다. 이런 할인은 규모가 커질수록 더욱 확대되는데, 업계 최대 기업은 강력한 규모의 이득을 챙길 수 있다.

따라서 편성금액이 가장 저렴한 최대 규모의 기업이라면 새로 기업 인수에 나설 때 작은 업체들보다 상당히 유리해지게 된다. 즉 큰 기업들은 케이블 기업 인수에 더 많은 돈을 쓸 수 있게 되면서 지금과 동일하거나 더 나은 수익을 얻게 될 것이었다. 그렇게 되면 다음과 같은 선순환이 일어나게 된다. 만약 더 많은 케이블 시스템을 인수하면, 편성금액은 더 내려가고 현금흐름은 더 늘어난다. 이는 더욱 많은 금융 차입금을 끌어올 수 있게 하고, 이걸로 더 많은 시스템을 사들이고, 이게 또 편성금액을 낮추는 식의 패턴이 무한정 반복된다. 이러한 선순환 논리와 힘은 지금에서야 당연한 구조 같지만, 그 당시에는 말론과 TCI만큼 공격적으로 규모를 밀어붙이는 곳이 아무데도 없었다.

이러한 핵심 아이디어는 말론의 깨달음에서 비롯됐는데, 이는 당시 상장사 대부분에게서 성배聖杯처럼 여겨진 주당순이익EPS 최대화가 규모의 경제를 추구해야 하는 초창기 케이블TV 산업과는 부합하지 않는다는 것이었다. 말론에게 더 높은 순이익은 더 높은 세금을 의미했다. 그는 케이블회사에 가장 좋은 전략은 가능한 모든 수단을 써서 사업보고서에 기재되는 이익과 세금을 최소화하는 것이라고 생각했으며, 세전 현금흐름으로 내부 성장 및 인수 자금을 조달해야 한다고 봤다.

이 같은 방식이 얼마나 특출한 것인지는 아무리 강조해도 지나치지 않다. 그 당시 월스트리트는 주당순이익으로 기업을 평가했다. 그걸로 끝이었다. 오랫동안 케이블 업계에서 이런 방식을 적용한 사람은 말론밖에 없었다. 다른 대형 케이블 기업들은 처음에는 주당순이익을 기준으로 회사를 운영했는데, 나중에 가서야 현금흐름 중심으로 방향을 틀었다. 컴캐스트 같은 경우 1980년대 중반에서야 결국 전략을 바꿨다. 이는 케이블 사업을 해보니 주당순이익 내기가 어렵다는 것을 뒤늦게 깨달았기 때문이었다. 케이블 애널리스트로 오래 일한 데니스 레이보위츠는 이렇게 설명했다. "주당순이익을 무시한 덕분에 TCI는 중요한 초반 경쟁우위를 다른 상장사들보다 일찍이 갖추게 됐지요."[4]

이런 전략이 지금은 너무나 당연해 보이고, 상장된 경쟁사들도 결국에는 이 전략을 따랐지만, 그 당시 월스트리트는 이게 뭘 하려는 것인지 몰랐다. 말론은 주당순이익 대신에 채권자들과 투자자들에게 돌아가는 현금흐름을 강조했는데, 이 과정에서 오늘날 경영자들과 투자자들이 당연하게 여기는 새로운 어휘를 고안했다. EBITDA법인세·이자·감가상각비 차감 전 영업이익. 줄여서 '세전이익' 같은 용어와 개념은 말론 덕분에 처음으로 경영사전에 도입됐다. 특히 EBITDA는 철저히 새로운 개념이었다. 법인세와 이자, 감가상각비 차감에 앞서서 사업의 현금창출능력을 순수하게 정의하기 위해서, 과거에 아무도 가본 적 없는 손익계산서 위 단계에 있는 항목이었다. 오늘날 EBITDA는 사모펀드와 투자은행 등을 비롯한 모든 비즈니스 업계에서 쓰인다.

사업이 잘될 때 경영방법

1970년대와 1980년대 초반에 걸쳐 주식시장에서 케이블 종목은 변동성이 높았다. 말론과 매그너스는 적대적 인수 가능성을 우려해, 이따금 주가 하락기를 기회로 자사주를 사들였다. 이에 그들의 통합 지분도 늘었다. 1978년 그들은 회사 운영에서 강력한 의사결정권을 지닌 B클래스 주식을 도입했다. 복잡한 일련의 자사주 매입과 거래를 거쳐 1979년 무렵 이들은 TCI에 대한 '강력한 지배력'을 확보할 수 있었다. '강력한 지배력'은 TCI에서 임원으로 오랫동안 재직한 존 시의 표현이다. 그 당시 말론과 매그너스의 B주식 지분율은 56퍼센트나 됐다.

강력한 지배력과 건전해진 대차대조표를 갖추자, 말론은 냉혹과 창의성을 특이하게 결합한 방식으로 외형 키우기에 집중했다. 새로운 채권자들에게 들여온 차입금과 내부 현금흐름, 그리고 가끔 유상증자로 조달한 자금을 이용해 말론은 아주 적극적으로 인수 작업을 시작했다. 1973~1989년 동안 TCI는 기업을 482곳이나 인수했는데 이는 평균적으로 격주마다 한 건씩 사들인 것이었다. 말론에게 한 가입자는 또 한 가입자를, 이 한 가입자는 또 다른 한 가입자를 의미했다. 장기투자자인 릭 라이스의 얘기로는 "외형을 키울 수 있다면 말론은 유해물질 폐기처리장 근처에 있는 해변가 건물까지도 기꺼이 찾아갈 사람이죠." 몇 년에 걸쳐 말론은 트럭운전기사조합과 린든 B. 존슨 대통령의 영부인레이디 버드 존슨 같은 다양한 매도자로부터 케이

블 시스템을 사들였다.[5]

하지만 무분별하게 매입하지는 않았다. 1970년대 후반에서 1980년대 초반에 HBO와 MTV같은 위성 채널이 등장하면서 케이블 산업은 새로운 국면으로 들어섰다. 케이블TV 서비스는 수신 상태가 좋지 않은 시골 고객들을 주요 시장으로 삼던 서비스에서, 좋은 콘텐츠에 목말라 하던 도시 고객들에게 그들이 고대하던 신규 채널을 제공하는 서비스로 급격히 변모했다. 케이블 산업이 새로운 단계로 진입하자 수많은 대형 케이블 기업들은 대도시의 대규모 송출권 확보에 집중하기 시작했다. 이에 이런 송출권 수주전은 급속히 과열됐고 가격도 높아졌다.

하지만 말론은 경쟁자들과는 달리, 시 당국이 말 잘 듣는 케이블 운영사들을 쥐어짜는 특별 경제 논리를 내세운 가격이 불편했다. 그는 대형 케이블 기업 가운데 유일하게 이런 송출권 수주전 참여를 자제하고, 그 대신 시골과 교외에 거주하는 비용이 덜 드는 가입자들을 확보하는 데 주력했다. 1982년 무렵 TCI는 가입자가 250만 명에 이르며 케이블 업계 최대 기업이 됐다.

초창기 도시 케이블 사업자 중 다수가 과도한 부채와 경제성이 안 맞는 비용 문제로 무너질 때, 말론은 한걸음 더 나아갔다. TCI는 총액의 일부만 내고 피츠버그, 시카고, 워싱턴, 세인트루이스, 버펄로의 케이블 사업 운영권을 인수한 것이다.

1980년대 중반에 연방통신위원회FCC 규제가 꽤 우호적으로 돌아선 데 힘입어, TCI는 1980년대 내내 이따금 대규모 인수웨스팅하우스와 스토어러 커뮤니케이션스와 꾸준한 소규모 인수를 섞어가며 공격적으로 케이블 업체들을 매입했다. 아울러 TCI는 합작 투자한 벤처기업 포트폴리오를 활발히 확대해, TCI가 일부 지분 참여한 케이블 업체들도 만들어나갔다. 합작 투자한 벤처기업들은 빌 브레스넌, 밥 로젠크란츠, 레오 힌더리 같은 전설적인 케이블 사업가들과 협력해서 세웠다. 1987년 무렵 TCI는 케이블 업계 2위사인 타임의 ATC보다 덩치가 두 배나 됐다.

말론의 창의성은 1970년대 후반과 1980년대 초반 합작 투자 열풍 속에서 더욱 빛을 발했다. 당시 그는 젊고 유망한 프로그램 제작자와 케이블 창업자들과 협력했다. 협력자 명단 일부만 봐도 마치 케이블 명예의 전당 명단을 읽는 것 같다. 테드 터너, 존 시, 존 헨드릭스, 밥 존슨 같은 이름들이 적혀 있어서다. 이러한 협력관계를 구축할 때도 말론은 대단히 창의적인 벤처기업 투자자였다. 그는 젊고 유능한 기업가들을 찾아다녔으며, 그들이 TCI의 규모상 강점TCI 가입자들과 방송 편성금액 할인을 활용할 수 있게 해줬다. 그 대신 그들의 회사 지분을 약간 받았다. 이런 식으로 그는 주주들에게 엄청난 수익을 올려줬다. 말론은 괜찮은 창업자나 아이디어가 보이면 바로 행동할 준비가 돼 있었다.

1979년 초, 말론은 블랙 엔터테인먼트 TVBET의 창업자 밥 존슨을 처음 만난 자리에서 50만 달러짜리 수표를 써줬다. 말론은 이때부터 프로그램 제작사 지분을 받기 시작했다. 그는 지분을 받는 대신에 그들에게 창업용 자본을 제공하고 TCI 가입자 수백만 가구에도 접근하게 해줬다. 말론은 케이블 기업 컨소시엄을 이끌어 테드 터너의 터너 브로드캐스팅 시스템CNN, 카툰 네트워크 등 운영이 1987년 파산 위기에 몰렸을 때 긴급 자금을 수혈해주기도 했다. 1980년대 말 무렵, TCI의 프로그램 제작사 포트폴리오에는 터너의 채널을 비롯해 디스커버리, 인코어, QVC, BET가 포진했다. 말론은 이제 케이블 시스템과 케이블 프로그램 제작사를 지배하는 주요 인물이 됐다.

1990년대 초반이 되자 케이블 산업에 갖가지 악재들이 봇물 터지듯 쏟아져 나왔다. 1990년에는 차입자본 도입을 제한하는 과다차입금부거래 금지법이 새로 제정되더니, 엎친 데 덮친 격으로 1993년에는 연방통신위원회FCC가 케이블 규제법을 강화해 케이블 요금을 인하시켰다. 이러한 부정적인 상황 속에서도 말론은 계속해서 대형 케이블 시스템비아컴과 유나이티드 아티스츠 케이블들을 선별적으로 인수했다. 스타즈·인코어와 일련의 지역 스포츠 네트워크를 포함한 새로운 프로그램 네트워크도 출범시켰다. 이 건은 루퍼트 머독 및 폭스사와 협력해 진행했다.

눈부시게 발전하던 1993년, 말론은 대형 통신사 벨 애틀랜틱에 TCI 주식을 340억 달러에 매각하기로 합의했다. 하지만 이 거래는 케이블 산업 규제가 다시 강화되고, TCI의 현금흐름과 주가가 내려가면서 불발됐다. 1990년대 말론은 핵심 케이블 사업 외의 업무에 더 많은 시간을 할애했다. 그는 케이블 기업 컨소시엄을 이끌어 새로 대기업을 두 개 설립했다. 하나는 경쟁력 있는 전화회사 텔레포트, 다른 하나는 휴대전화 사업권을 수주하기 위해 스프린트와 합작 투자한 스프린트/PCS였다.

새로운 사업에서 주도권을 잡기 위해, 말론은 시장 지배적인 위치도 이용할 수 있고 수익성도 기대되는 프로젝트에 회사 자본과 자신의 시간을 쏟았다. 1991년 그는 프로그램 제작사에 있던 TCI의 소수 지분을 떼어 내 새로 리버티미디어를 설립했다. 이 회사의 상당한 지분은 개인명의였다. 이것은 말론이 선보인 일련의 트래킹 주식기업의 특정 사업부문을 분할해 발행하는 주식. 모기업에서 신규 사업이나 앞으로 성장이 기대되는 사업을 육성하기 위해 분야별로 발행하는 주식을 뜻함-역자 중 첫 사례였다. 이러한 트래킹 주식에는 TCI 벤처스와 TCI 인터내셔널 등이 있다. TCI 벤처스는 텔레포트, 스프린트/PCS, 케이블과 무관한 다른 기업을 육성하는 회사, TCI 인터내셔널은 여러 해외 케이블 업체들을 지배하는 계열사였다.

말론은 기업분할과 트래킹 주식을 일찌감치 활용했다. 이를 통해 그는 두 가지 중요한 목표를 달성했다고 믿었다. 첫째는 투명성을 높여 투자자들이 TCI를 각 부문별로 평가할 수 있게 한 것이다. 전에는 회사 사업구조가 복잡해서 제대로 살펴보기 어렵던 부분이었다. 둘째는 TCI의 핵심 케이블 사업과 다른 연관 사업들을 더 확실하게 나눈 것이다. 프로그램 제작 같은 나머지 연관 사업들은 별도의 규제와 감독을 받을 가능성이 있었다. 말론은 1981년 웨스턴 텔레커뮤니케이션스의 극초단파 사업 분할을 신호탄으로, TCI가 AT&T에 매각될 때까지 주주들에게 자회사로 14개 부문을 분할해줬다. 말론은 주주들에게 가장 합리적인 결과를 제공하겠다는 뜻에서 의도적으로 기업을 분할해 회사 지배구조를 복잡하게 만들었다. 헨리 싱글턴이나 6장에서 소개할 빌 스티리츠처럼 말이다.

1995년 스파크먼이 퇴임하자, 말론은 케이블 부문 경영을 마케팅 담당 임원이었던 브렌든 클루스턴이 이끄는 경영팀에 맡겼다. 클루스턴 아래에서 TCI는 고객서비스를 본사중심으로 전환했고, 낡아가는 케이블 시설 개선에 공격적으로 자본을 투입했다. 하지만 1996년 3분기에 TCI는 예상치를 크게 밑도는 실적을 냈고 회사 설립 이래 처음으로 가입자가 감소하며 분기 현금흐름도 감소세를 나타냈다. 이런 결과에 실망한 말론은 다시 케이블 부문 경영을 맡았다. 그러고는 그답지 않게 일상적인 운영을 직접 관리했다. 그는 직원수를 신속하게 2,500명 감원했고, 모든 자본설비 주문을 중지했으며, 프로그램 편성 계약도 적극적으로 재협상했다. 또한 시스템을 개선하기 위해 고용했던 컨설턴트들을 해고했고, 고객서비스 책임권한을 각 지역별 시스템 관리자들에게 다시 맡겼다.

경영이 안정되고 현금흐름이 개선되자, 말론은 TCI의 대규모 합작투자사인 인터미디어 파트너스의 CEO 레오 힌더리를 데려와 경영을 맡겼다. 자신은 전략 업무로 다시 관심을 돌렸다. 힌더리는 지속적으로 구조조정 작업을 진행했다. TCI의 베테랑 마빈 존스를 데려와 COO로 다시 배치했다. 지역 관리자들에게도 책임권한을 더 높여줬고, 밀집 지역 가입자들과 거래를 적극적으로 추진하면서 비용을 줄였다.

일단 힌더리가 합류하자 말론은 방송 수신기기인 디지털 셋톱박스 개발에 집중했다. 디지털 셋톱박스는 케이블 산업이 신규 위성TV 사업자들과 효과적으로 경쟁할 수 있게 해주는 기기였다. 그는 마이크로소프트에 러브콜을 보냈으나, 결국 업계 최대 장비 제조사인 제너럴 인스트루먼트와 계약했다. 셋톱박스 1,000만 개를 개당 300달러에 납품받기로 하는 내용이었다. 말론은 그 대가로 제너럴 인스트루먼트에 상당한 지분을 요구해 결국 16퍼센트를 확보했다.

1996년과 1997년의 경영위기가 한창일 때 말론의 멘토이자 오랜 파트너인 밥 매그너스가 별세하자 회사 지배구조에 문제가 생겼다. 일련의 전형적인 복잡한 거래 끝에 말론은 회사와 함께, 매그너스가 보유했던 강한 의사결정권을 지닌 주식을 취득하게 되면서 마침내 TCI에 대한 '강력한 지배력'을 보장받게 됐다.

시대의 변화를 감지한 뒤

1990년대 후반, 말론이 전략적으로 추진했던 여러 비非케이블 프로젝트가 상당한 열매를 맺기 시작했다. 그 프로젝트들에 수익 잠재력이 있을 것으로 봤던 말론의 생각은 옳았다. 1997년에 텔레포트는 놀랍게도 AT&T에 110억 달러, 즉 28배의 투자수익을 내며 매각됐다. 1998년에는 합작 투자사 스프린트/PCS가 스프린트 코퍼레이션에 90억 달러 상당의 스프린트 주식을 받는 조건으로 팔렸으며, 1999년에는 제너럴 인스트루먼트가 모토롤라에 110억 달러에 인수됐다.

1990년대 후반이 되자 말론은 TCI의 새 주인을 찾기에 나섰다. 말론은 케이블 사업을 사랑하긴 했어도, 매우 이성적인 경영자였다. 그는 일찍이 1981년 애널리스트인 데이비드 와고에게 이렇게 말한 일이 있었다. "나는 TCI가 주당 48달러의 가치가 있다고 보는데, 누구든지 이 가격으로 매수할 의향이 있다면 매각할 생각이오."[6] 하지만 TCI의 주당 적정가격은 계속 올라갔고, 아주 오랫동안 TCI를 기꺼이 인수하겠다는 사람은 아무도 없었다. 하지만 1990년대가 지나가면서 말론은 TCI의 미래를 어둡게 하는 요소들을 보게 됐다. 그것은 위성TV로 인한 경쟁 심화, 지방 시스템 개선에 드는 막대한 비용, 그리고 경영승계의 불확실성이었다. AT&T의 적극적인 CEO 마이크 암스트롱에게 매각 문의가 오자, 말론은 열심히 협상을 주도했다. 말론은 그답게 직접 협상을 이끌었다. 종종 탁자 맞은편에 앉아 있던 AT&T 측 변호사, 은행가, 회계사들을 정면으로 바라보면서 말이다.

두 회사 간의 대화가 시작되자 말론은 인수할 때 그랬듯이 매각에도 노련하다는 것을 증명했다. 릭 라이스가 얘기로는, "말론은 AT&T 이사회 구성원들을 거꾸로 세워서 주머니 속 동전 하나까지 홀랑 털어내고는 자기네 이사회로 돌려보냈어요."[7] 가격 조건은 끝내줬다. EBITDA의 12배, 가입자당 2,600달러나 되는 금액이었다. 특히 지방 케이블 시스템이 낡아서 누더기가 돼 있었는데도 협상에서는 전혀 할인요구도 없었다. 당연한 얘기지만, 불필요한 세금에 대해 늘 주의했던 말론은 이번 매매를 주식 거래 방식으로 설계해 그의 투자자들이 자본이익에 따른 세금을 피할 수 있게 했다.

이와 더불어 말론은 프로그램을 제작하는 계열사 리버티의 이사회에서 아홉 자리 중 여섯 자리를 얻으며 자회사 지배권을 효과적으로 확보했으며, AT&T 케이블 시스템에 들어가는 리버티 채널들에 매력적이면서도 장기적인 요금계약도 따냈다. 이 거래는 TCI에서 말론 특유의 전략이 마지막으로 솜씨를 발휘한 것이었다. 투자자들을 위해 최고의 수익을 낸다는 전략 말이다.

사실 말론이 올린 수익은 상상을 뛰어넘는 수준이었다. 말론이 TCI를 이끌었던 25년 동안 케이블 산업은 엄청나게 성장했고, 모든 케이블 업종 상장사들은 번창했다. 그러나 어떤 케이블 기업 경영자도 말론 수준의 가치를 주주들에게 창출해주지는 못했다. 주식시장에 상장된 1973년부터 회사를 AT&T에 매각한 1998년까지 TCI 주주들에게 돌아간 수익은 놀랍게도 연평균 30.3퍼센트에 이르렀다. 같은 기간 중 상장 케이블 기업들의 20.4퍼센트, S&P 500의 14.3퍼센트와 비교된다.

말론의 시대 초창기에 TCI에 투자된 1달러는 1998년 중반에는 900달러가 됐다. 같은 금액이 다른 상장 케이블 기업들에 투자됐다면 180달러, S&P 500에 투자됐다면 22달러가 됐을 것이다. TCI는 말론 재임기간 동안 S&P의 40배 이상, 상장된 경쟁사들에 비해서는 5배나 높은 수익률을 기록했다.

말론의 임기 동안 주주들에게 돌아간 전체 수익 대비 경쟁사들과 S&P 500의 수익

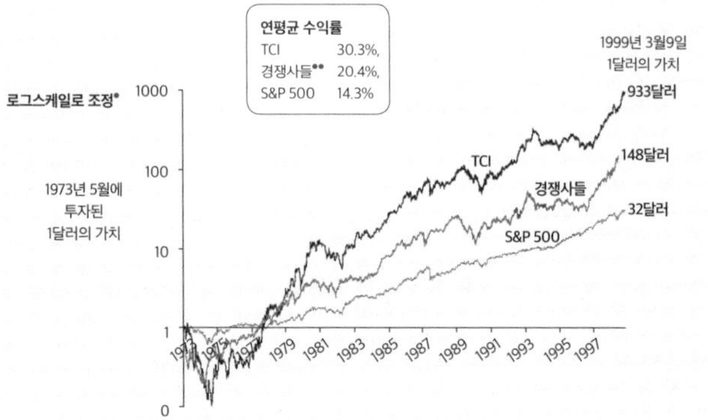

- • 주식 분할과 주식 배당 포함.
- •• 경쟁사들에는 아델피아 커뮤니케이션스, 아메리칸텔레비전 앤 커뮤니케이션스, 케이블비전 시스템스, 센추리 커뮤니케이션스, 컴캣트, 콕스 커뮤니케이션스, 콕스 케이블, 팔콘 케이블 시스템스, 헤리티지 커뮤니케이션스, 존스 인터케이블, 스토어러 브로드캐스팅, 텔레프롬프터, 유나이티드 케이블TV 포함.

[출처:증권가격연구센터, TCI 연차보고서]

말론의 경영노트

말론 재임기간 동안 케이블TV 사업은 설비투자 비중이 대단히 큰 자본집약적인 산업이었다. 막대한 현금으로 케이블 시스템을 설치하고, 인수하고, 유지보수를 시행했다. 말론은 가입자 기반을 늘려 규모의 경제 달성에 나선 결과, 그에게는 TCI의 탄탄한 영업현금흐름과 더불어 활용할 수 있는 주요 재원 세 가지가 생겼다. 그것은 부채, 자기자본, 자산 매각이었다. 그가 이 세 가지 재원을 활용하는 방식은

아주 독특했다.

말론은 케이블 사업에서 부채를 적극적으로 사용하는 방안을 개척했다. 그는 금융 차입금에 중요한 특징을 두 가지로 생각했다. 하나는 재무상 이익 확대, 다른 하나는 차입금 이자 지불에 따르는 세금공제로 인한 세금용 현금유출 차단이었다. 말론은 EBITDA 대비 부채비율 5배를 목표로 했는데, 1980년대와 1990년대 대부분의 기간 동안 이 목표를 달성했다. 규모는 TCI가 부채비용을 최소화할 수 있게 해줬다. 1970년대 중반의 참혹한 경험에서 살아남은 말론은 저렴한 비용으로 운용할 수 있게끔 부채 구조를 설계했다. 더불어 담보물이 서로를 담보로 잡는 교차 담보보증을 피해서 만일 부채 시스템 하나가 해당 채무를 제대로 갚아나가지 못한다 해도 그 건이 TCI 전체 신용도에는 영향을 미치지 못하게 만들었다. 이렇게 칸막이로 부채별 구획을 나누는 행위는 TCI의 구조를 더욱 복잡하게 만들었다. 하지만 이는 TCI에 상당한 하방보호downside protection: 기초자산 가격하락에 의한 손실을 콜옵션 발행으로 완충시키는 것 기능을 제공했다. 부채별 구획 나누기에 쓰인 '칸막이bulkhead'는 말론이 착안한 단어다원래는 선박에서 방과 방 사이를 막는 칸막이를 의미함–역자. 그는 해군과 관련된 것을 대단히 좋아했다. 또한 그는 가끔 "감가상각이라는 파도가 몰아쳐도" 같은 표현도 즐겨 썼다.

주식 발행의 경우, 말론은 별로 선호하지 않았다. 그는 회사 주식이 기록적으로 높은 배수를 보이는 시기에만 가끔 실시했다. 1980년에 있었던 한 인터뷰에서 말론은 "최근 우리 회사 주가가 뛰면서 신주를 발행하기 좋은 기회가 왔다"[8]고 말했다. 그는 주식 발행을 최대한 피하는 자신을 대단히 자랑스럽게 생각했고 이는 경쟁자들과는 다른 또 하나의 요소라고 봤다.

말론은 가끔씩 기회가 왔다 싶으면 자산을 매각했다. 그는 공개시장과 비공개시장에서 케이블 시스템 가치를 냉정하게 평가하고 두 시장 간에 가격 격차가 생기면 두 시장 모두에서 적극적으로 거래를 시도했다. 말론은 TCI에 순영업손실이 이어지도록 신경 써서 관리했고, 수년 간 감가상각과 이자비용 공제를 누적해 자산을 매각해도 세금을 안 낼 수 있게끔 했다. 이러한 세금을 피하는 효과를 누리면서, 말론은 매각 가격이 매력적이라면 편안하게 시스템을 팔아치웠다. 이렇게 해서 미래 성장에 쓸 자금을 조달했다. 1981년 말론은 데이비드 와고에게 일찌감치 말했다. "우리 시스템 일부를 매각해도 얘기가 될 것 같아요…… 우리 주식을 현금흐름의 10배수에 팔아서 7배수에 재매수하는 식으로 말이죠."[9]

회사의 또 다른 핵심 재원은 납부하지 않은 세금이었다. 우리가 살펴본 대로, 세금 최소화는 말론이 TCI에서 구사했던 전략의 중심 요소였다. 그는 매그너스가 해왔던 세금 대응방식을 완전히 새로운 수준으로 바꿔 놨다. 말론은 세금을 혐오했다. 세금은 그의 자유주의 감성을 불쾌하게 만들었다. 그는 세금으로 인한 '현금 유출' 최소화에 공학적인 사고방식을 응용했다. 전기공학 시험에서 신호 누출을 최소화했듯이 말이다. 말론 재임기간 동안 회사의 현금흐름이 20배나 늘었어도, 의미 있는 규모로 세금을 내본 적은 없었다.

본사 직원 측면에서 말론이 딱 하나 사치를 부린 부분이 있는데, 바로 사내에 세금전문가들을 둔 것이었다. 내부 세금부서는 매월 회의를 열고 세금 최적화 전략을 논의했는데, 이 회의는 말론이 직접 주재했다. 말론이 자산을 매각할 때면 거의 항상 주식을 받거나여태껏 리버티가 뉴스코퍼레이션, 타임워너, 스프린트, 모토롤라 주식의 상당한 지분을 들고 있는 이유다, 순영업손실을 누적시켜 수익을 보전했다. 그는 납세 미루기 전략을 줄기차게 이용했다. 데니스 레이보위츠가 말하기를 "TCI는 세금 혜택이 없으면 자산을 매각하려 하지 않았죠."[10] 어떤 케이블 기업도 TCI만큼 이 분야에 시간과 관심을 똑같이 쏟아 부은 곳은 없었다.

말론의 경영철학

1970년대와 1980년대에 걸쳐 케이블 산업이 이례적으로 성장을 구가하면서, 말론은 자본배분 옵션에서 얻는 엄청난 수익이라는 호사를 누렸다. 그는 자본 배분을 최적화하고자 TCI 사업구조를 조정했다. 이력에서 예상할 수 있듯이 말론은 냉철한 합리주의자였으며 외과수술을 하듯 자본배분을 다뤘다. 그는 지나치게 복잡하거나 평범하지 않은 건이라 해도, 매력적인 수익이 나올 것으로 기대되기만 하면 어떤 프로젝트든 면밀히 살펴봤다. 말론은 공학적 사고방식을 활용해, 별로 머리를 쓰지 않더라도 상당한 수익을 내는 프로젝트에만 집중했다. 흥미롭게도 그는 스프레드시트를 쓸 필요 없이 쉬운 수학으로도 수익성이 입증될 수 있는 프로젝트를 선호했다. 그는 이렇게 말한 적이 있다. "컴퓨터를 쓰려면 매우 상세한 기술이 필요하다…… 나는 계산을 하는 것이지 프로그램을 짜는 게 아니다. 내가 정확하지는 않아도 답을 맞힐 수 있다."

TCI 자본을 어떻게 배정할지 결정할 때도, 말론은 경쟁자들과는 전혀 다르게 선택했다. 그는 배당금을 지급한 적이 없고고려한 적도 없다, 부채도 거의 상환하지 않았다. 자본지출이라면 질색했지만, 인수에는 공격적이었고, 자사주 매입 기회가 오면 놓치지 않았다.

1990년대 중반 위성TV 경쟁이 임박했을 무렵, 말론은 케이블 시설 개선이 새로운 매출로 이어지지 않으면 개선에 따른 이득이 전혀 없을 것으로 봤다. 그에게 자본지출이 줄어든다면 현금흐름은 늘어날 것이란 계산은 의심할 여지없이 명확했다. 이에 따라 말론은 월스트리트에서 케이블 시설 개선 필요성을 아무리 지적해도 수년 간 좀처럼 지방 케이블 시설을 개선하려 하지 않았다. 그는 늘 하던 대로 솔직하게 말했다. "이것들지방 케이블 시설이 시원치 않지만, 새로 깔 생각은 없다."[11] 이런 태도는 다른 케이블 기업 경영자들과는 매우 달랐다. 그들은 새로운 기술에 얼마나 많이 투자했는지 주기적으로 자랑하곤 했다.

역설적이지만 이 케이블 기술을 가장 잘 아는 CEO는 새로운 기술을 가장 늦게 도입했고, 기술의 '개척자'보다는 '마지막에 들어오는 주민'이 되고자 했다. 말론은 새로운 기술 실행이 얼마나 어렵고 비용이 많이 드는지 잘 알았기 때문에, 경쟁자들이 새로운 서비스의 경제성을 입증할 때까지 기다렸다. 1980년대 초반에 그는 새로운 셋톱박스 도입을 늦추기로 하면서 이렇게 말했다. "우리가 기다렸다가 투자해서 주요 기반을 잃은 적은 없었어요. 불행하게도 케이블 기술 개척자들은 자기 등에 화살을 종종 날리곤 했지만 말이지요." TCI는 프로그램별 시청료 납부 방식 프로그램을 상장기업 중 가장 마지막으로 도입했다. 그러면서도 프로그램 제공업체들을 설득해서 도입에 필요한 장비 비용을 가입자들에게 청구하게 했다.

하지만 말론은 필요하면 기꺼이 투자할 준비가 돼 있었다. 그는 값비싼 신규 셋톱박스 도입에 찬성한 선구자들 가운데 하나였다. 이 셋톱박스는 1990년대 중반 위성TV 경쟁이 치열해지자 채널 수용력과 고객 선택의 폭을 넓히는 데 필요해서였다.

TCI 자본배분에서 단연코 가장 큰 지출은 물론 인수였다. 앞서 살펴봤듯이, 모순 같지만 말론은 공격적이면서도 동시에 노련한 케이블 시스템 인수 전문가였다. 그는 그 누구보다도 많은 기업들을 매입했다. 사실 그가 사들인 기업은 최대 경쟁자 서너 곳이 인수한 기업들을 합한 것보다 더 많았다. 종합적으로 보면, 이러한 인수전은 케이블 산업의 미래를 두고 벌인 엄청난 도박이나 마찬가지였다. 케이블 산업에는 불확실성과 잠재적 경쟁이라는 위협이 장기간 이어지는 특성이 있었기 때문이다. 1979년부터 1998년까지 TCI가 진행한 인수의 연평균 가치는 놀랍게도 TCI 기업가치의 17퍼센트에 이르렀다. 그 중 어느 5년 동안은 20퍼센트가 넘은 적도 있다.

그는 또한 가치투자에 기반한 매수자였다. 그는 기업 인수 프로그램의 초석이 되는 간단한 원칙을 재빨리 고안했다. 이는 프로그램 편성 할인분과 간접비를 뺀 이익이 현금흐름의 최대 5배 이내인 기업만 인수한다는 것이었다. 이 분석은 종이 한 장에, 필요하다면 냅킨 뒷면에라도 적을 수 있었다. 광범위한 분석이나 예측 작업이 필요 없었다.

중요한 것은, 기업을 분석할 때 적용하는 가정의 질과 인수 후 예상됐던 시너지를 달성하는 능력이었다. 말론과 스파크먼은 새로운 인수로 생기는 불필요한 비용을 아주 효과적으로 줄일 수 있게끔 운영부서를 교육했다. TCI는 워너 커뮤니케이션스에서는 시원치 않았던 피츠버그 케이블 사업권을 인수하자마자 급여 총액을 절반으로 뚝 잘랐고, 워너가 피츠버그에 공들여 세운 스튜디오를 폐쇄했으며, 시내 중심가 고층빌딩에 있던 본사는 타이어 창고로 이전했다. 몇 달이 지나지 않아, 전에는 수익이 신통치 않았던 시스템에서 상당한 현금흐름이 창출됐다.

말론은 이 간단한 원칙에 힘입어 기회가 생기면 재빨리 행동할 수 있었다. 가입자 100만 명 규모 케이블 업체 소유주인 호크 일가가 1987년 매각에 나섰을 때, 말론은 한 시간 안에 이들과 거래를 끝낼 수 있었다. 말론은 또한 이 원칙에 들어맞지 않는 거래는 마음 편히 신경을 꺼버렸다. 케이블 업종 애널리스트로 장기간 일한 폴 케이건의 기억에 의하면, 말론은 어느 하와이 지역 대규모 인수 건이 적정가격에서 겨우 100만 달러 초과됐다고 거래를 접어버렸다.

상장된 주요 케이블 기업 CEO 중에서 주기적으로 주식시장이 부진할 때를 기회 삼아 자사주를 사들인 사람은 말론 밖에 없었다. 데니스 레이보위츠 얘기로는 "다른 상장된 MSO복수의 케이블 사업자 중 이런 기간 동안 상당한 규모로 자사주를 사들인 기업은 하나도 없었다."[12] 반면에 TCI는 말론 재임기간 동안 전체 주식의 40퍼센트 넘게 매입했다. 이런 자사주 매입은 시기도 기막히게 잘 맞아서, 연평균 수익률이 40퍼센트 이상이나 되는 뛰어난 성과를 기록했다.

1980년대에 데이비드 와고와 나눈 대화를 보면, 자사주 매입을 할 때도 기회를 최대한 살리는 말론의 철학을 알 수 있다. "우리는 현 주가 기준으로 우리 회사 주식을 매입하기 위한 모든 대안을 평가하고 있어요. 그래야 현재 배수와 비공개시장 가치 사이의 격차로 차익거래를 할 수 있기 때문이죠."[13] 이러한 자사주 매입은 인수를 포함해서 다른 자본배분 대안들을 평가하는 데 유용한 판단기준이 됐다.

다섯 가지 자본배분 옵션이 있는 표준 메뉴에 말론은 여섯 번째를 추가했다. 바로 합작기업조인트벤처 투자였다. 존 말론처럼 조인트벤처를 적극적으로 활용하고, 그걸로 주주들에게 그토록 많은 가치를 안겨준 CEO는 없었다. 말론은 일찌감치 기업 규모를 이용해 프로그램 제작사들과 다른 케이블 기업 지분을 받아낼 수 있음을 깨달았다. 아울러 이렇게 확보한 지분은 추가 투자를 아주 조금만 해도 주주들에게 상당한 가치를 더해 줄 수 있다는 것도 알아챘다. AT&T에 매각될 당시 TCI에는 개별 파트너십의 지분이 41건이나 있었는데, TCI가 기록한 상당한 장기수익은 이러한 케이블과 비케이블의 조인트벤처 덕분이었다.

이처럼 다양한 합작투자 때문에 TCI는 분석하기 어렵기로 악명이 높았고, 케이블 업계 경쟁사들에 비해 종종 할인된 가격에 거래됐다. 데이비드 와고가 말했듯이, "TCI를 이해하려면 사업보고서 각주를 전부 읽어야 했는데, 그런 사람들은 사실 별로 없지요".[14] 하지만 말론은 이런 복잡함은 이 프로젝트들에서 수년간 창출되는 막대한 가치에 지불하는 미미한 금액에 불과하다고 봤다. 말론이 처음 착안했던 다른 수많은 기획들처럼, 조인트벤처도 나중에 떠올려보면 당연해보이지만 당시에는 아주 이례적이었다. 케이블 업계에서는 조인트벤처로 시스템 소유권을 늘리는 곳이 전혀 없었고, 다른 MSO들이 프로그램 제작사 지분 확보에 나서기 시작한 것도 나중의 일이었다.

직원들의 장기근속 이유

냉정한 데다 숫자를 앞세우는지라 거의 스팍Spock: 미국드라마 '스타트렉'에 나오는 매우 냉철한 캐릭터-역자처럼 굴었어도, 말론은 대단히 강력한 조직문화를 만들고 직원들이 애사심을 발휘하게 하는 데도 성공했다. 그는 성과급과 자율이라는 강력한 무기로 이런 결과를 이뤘다. TCI에는 공격적인 직원 우리사주 매입 프로그램이 있었는데, 이는 직원이 자사주를 매입하면 회사에서 같은 규모의 주식을 사주는 방식이었으며 조직 내 모든 계층이 참여하게 했다. 회사 초창기부터 재직한 많은 직원들이아마도 장기 근속한 말론의 비서를 포함해 백만장자가 됐으며, 이러한 문화 덕분에 직원들에게는 어마어마한 애사심이 생겨났다. 말론이 재임했던 첫 16년 동안, 최고경영진 중에서도 회사를 그만 둔 사람은 하나도 없었다.

TCI의 운영방식은 대단히 분권화된 것이었다. 스파크먼이 퇴임한 1995년까지도, 가입자가 1,200만 명이나 되는 기업에 본사 직원은 겨우 17명뿐이었다. 말론은 특유의 직설화법으로 이렇게 말한 바 있다. "우리는 관리직원들을 믿지 않아요. 그들은 정책이 다 정해진 뒤에도 딴 소리를 하는 사람들이죠." TCI에는 1980년대까지 인사 담당 임원이 없었고, 홍보 담당자도 없었다. TCI 임직원들은 다른 대형 케이블 업체를 운영하는 보다 보수적이고 관료적인 동부 사람들과 대척점에 있는 존재로 자신들을 정의했다.

말론은 급성장하는 자본집약적인 사업체에 알맞은 자본배분 모델을 고안해냈고, 휴대전화, 음반, 통신 같은 다양한 산업 경영진이 이를 따르게 됐다. 이 책에 나오는 CEO 가운데 또 다른 수준 높은 수학자인 헨리 싱글턴을 가장 많이 닮았다. 수학자들은 통찰을 종종 변수가 극단적인 경우에 얻게 되는데, 말론도 예외는 아니었다. TCI는 특징을 대충 정의할 수 있는 기업이 아니었다. TCI는 케이블 업계 최대 기업으로서, 프로그램 편성비용이 업계 최저수준이며 시설 유지관리 비용이 가장 낮았고 기업 구조는 최고로 복잡했다. 그리고 수익률은 단연코 업계 최고로 높았다.

그가 TCI를 경영한 방식에는 금욕주의 같은 특성이 있었다. 규모 추구에서부터 세금 최소화와 적극적인 금융 차입금 이용 같은 모든 회사 전략 요소는 주주 이익을 최적화하기 위해 설계됐다.

chapter 5

파괴적 혁신과 전략의 수립
[캐서린 그레이엄과 워싱턴 포스트 컴퍼니]

워싱턴포스트 컴퍼니는 미국의 미디어회사로 《워싱턴포스트》를 발행하고 있다. 공식적인 설립년도는 1947년이지만, 회사의 역사는 《포스트》가 처음 발간된 1877년까지 거슬러 올라간다. 1971년 기업을 공개했고, 교육업체 캐플런을 비롯해 신문, 잡지, 텔레비전, 케이블 등 100여 개의 미디어 자회사를 거느리고 있는데, 대표적인 자회사 뉴스위크는 경영 사정이 좋지 않았던 2010년 매각했다. 워싱턴 포스트는 2013년 인터넷 소매업체 아마존에 인수됐다.

관행 타파 행위를 지속한다는 것은…… 관행을 따라온 사람들에게
완전히 무모한 행동으로 비치곤 한다.

—데이비드 스웬슨, 예일 대학교 기부금 투자위원장

워싱턴 포스트 컴퍼니의 회장이자 CEO가 되기까지 캐서린 그레이엄이 걸어온 길은 꽤 특이했다. 저명한 금융가이자 《워싱턴 포스트》 소유주인 유진 마이어의 딸로 태어난 캐서린은 하인이 시중을 들었고, 기숙학교에서 교육을 받았으며 교외의 별장과 해외여행 등 특권으로 둘러싸인 환경에서 성장했다. 1940년, 캐서린은 대법관 펠릭스 프랭크퍼터의 제자이자 하버드 출신 변호사인 필립 그레이엄과 결혼했다. 필립 그레이엄은 1946년 장인 마이어의 자리를 이어받아 워싱턴 포스트 경영을 맡았다. 이따금 경영수완을 보여주기도 했지만, 1963년 갑자기 스스로 목숨을 끊고 말았다. 그가 비극적으로 생을 마감한 후, 캐서린은 예기치 못하게 CEO 역할을 떠맡게 됐다.

당시 그레이엄이 CEO 역할을 맡을 준비가 얼마나 안 돼 있었는지는 말로 표현하기 어려울 정도였다. 마흔여섯 살이던 그레이엄은 네 아이를 둔 엄마였고, 첫아이 출산 후 거의 20여 년 동안 정식으로 직장생활을 해본 적이 없었다. 필립이 갑작스레 사망하면서 그는《포천》500대 기업 CEO 중에서 하나뿐인 여성 경영자가 됐다. 원래 사람들 앞에 잘 나서지 않는 성격이던 그는 이런 상황이 너무나 두려웠다. 그레이엄이 CEO에 오르게 된 이 놀라운 이야기는 잘 알려져 있다. 이 상황은 그레이엄에게 퓰리처상을 안겨준 자서전, 1997년작『개인적 역사』에 대단히 잘 서술돼 있다.

그런데 그가 회사 주주들을 위해 뭘 했었는지는 개인사보다 덜 알려져 있다. 1971년 회사가 주식시장에 상장했을 때부터 1993년 그가 회장으로 퇴임할 때까지 주주들에게 돌아간 연평균 수익률은 22.3퍼센트였다. 이는 같은 기간 중에 S&P 500의 7.4퍼센트나 경쟁사들의 12.4퍼센트와 비교하면 아주 뛰어난 성과였다. 워싱턴 포스트가 상장했을 때 1달러를 투자했다면 그가 퇴임할 무렵에는 89달러가 됐을 것이다. 반면에 S&P에 투자했다면 5달러, 경쟁사들에 투자했으면 14달러였을 것이다. 그는 S&P에 비해서는 18배, 경쟁사들에 비해서는 6배가 넘는 성과를 올렸다. 그는 재임기간 22년 내내 어마어마한 이익을 올려 미국 최고의 신문사 경영자가 됐다.

워싱턴 포스트의 일인자

1963년 9월20일, 그레이엄이 워싱턴 포스트 사장이 됐을 때친구인 존 F. 케네디가 사망하기 딱 2개월 전이었다, 그는 세상을 떠난 남편 필립의 경영 아래에서 상당히 커진 회사를 물려받았는데, 성장세에 있던 워싱턴DC 시장의 신문 세 곳 중 하나인 《워싱턴 포스트》를 비롯해 주간지 《뉴스위크》, 플로리다와 텍사스에 있는 TV 방송국 세 군데 등 미디어 기업들이었다.

그레이엄의 CEO 재임기간* 워싱턴 포스트의 주주 수익과 경쟁사들, S&P 500의 주주 수익 비교

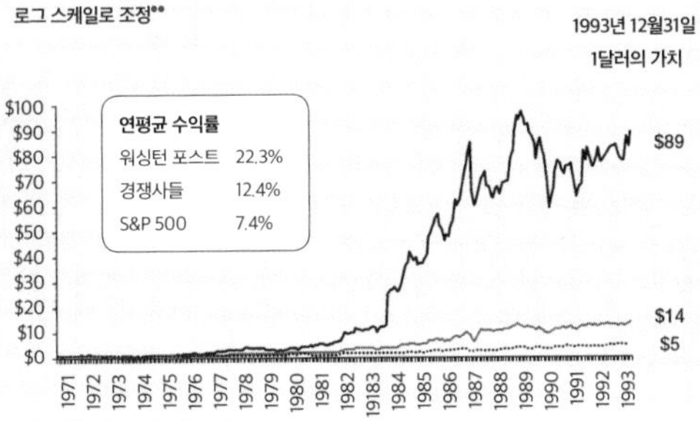

- • 그레이엄의 임기 시작 시점은 1963년이 아니라 워싱턴포스트가 상장된 1971년으로 설정.
- •• 주식 분할과 주식 배당 포함.
- ••• 경쟁사 수익률은 개닛, 나이트 리더, 미디어 제너럴, 뉴욕타임스 컴퍼니, 타임스 미러의 시가총액을 가중평균해 계산.

[출처:증권가격연구센터]

몇 년 동안, 그레이엄은 CEO라는 새 직위에 자리 잡고 사업과 이사회, 운영 부서들에 익숙해지는 데 시간을 보냈다. 1967년 초반, 그레이엄은 중요한 첫 인사 결정을 내리며 존재감을 나타내기 시작했다. 바로 오랫동안 워싱턴 포스트 편집국장을 맡아온 러스 위긴스를 교체한 것이었다. 새로 낙점한 인물은 자신만만한 마흔네 살의 벤 브래들리 뉴스위크 부편집장으로, 딱히 검증되지 않은 사람이었다.

1971년, 이사회 조언을 고려해, 그레이엄은 인수 자금을 조달할 마음으로 주식시장 상장을 추진하기로 했다. 그런데 상장 추진을 결정한 지 일주일도 지나지 않아 워싱턴 포스트는 펜타곤 페이퍼 스캔들에 휘말리게 됐다. 이 문서는 미국 국방부 내부에서 작성한 베트남 전쟁 평가서였는데, 앞서 뉴욕 타임스에서도 이 문서를 보도하려다 법원으로부터 보도금지 처분을 받은 적이 있었다. 워싱턴 포스트는 이 논란거리와 부정적인 내용이 가득한 보고서를 기사화할 기회를 잡았다. 닉슨 정부는 워싱턴 포스트가 그 보고서를 보도하면 방송 사업권이 위험해질 거라고 위협했다. 이 문서가 보도되면 베트남 전쟁에 대한 부정적인 여론이 새로운 흐름으로 나아갈까 두려워했던 것이다. 이러한 위협이 현실화되면 워싱턴 포스트 신규 상장이 무산되고 회사의 주요 수익 사업 중 하나가 위태로워질 수도 있었다. 그레이엄은 법률 자문을 들어봤지만 확실한 해결책이 보이지 않았다. 그는 고민 끝에 이 기사를 보도하기로 결단을 내렸고, 워싱턴 포스트는 명성을 떨치게 됐다. 닉슨 정부는 TV 사업권을 문제 삼지 않았고, 워싱턴 포스트는 1,600만 달러를 조달하며 성공적으로 증시 상장을 마무리했다.

1972년, 워싱턴 포스트는 그레이엄의 전폭적인 지원을 받아 공화당의 선거부정행위를 집중 취재하기 시작했다. 이는 마침내 워터게이트 사태로 확대됐다. 브래들리와 젊은 취재기자 칼 번스타인과 밥 우드워드를 필두로 워싱턴 포스트는 이 특수한 스캔들을 보도했다. 결국 1974년 여름 닉슨의 사임을 끌어냈다. 이러한 '언론 쿠데타'로 워싱턴 포스트는 퓰리처상을 수상했으며브래들리가 편집국장으로 재직하는 동안 받은 18건 가운데 하나, 뉴욕 타임스의 유일한 경쟁매체로 자리매김하게 됐다. 닉슨 정부의 불만과 위협은 워터게이트 사태 내내 계속됐지만 그레이엄은 이를 결연하게 무시해버렸다.

그레이엄은 증시 상장으로 조달한 자금을 일부 투입해 뉴저지에 기반을 둔《트렌턴 타임스》를 인수했지만, 썩 좋은 성과를 내지는 못했다. 트렌턴 타임스는 석간신문이었는데, 당시 뉴저지에서 석간신문 두 곳이 치열하게 경쟁을 하고 있던 터였다. 그레이엄은 이 경험으로 값진 교훈을 얻으며, 그 후로 인수를 추진할 때는 적절한 인수대상을 고르는 데 무척 신경을 쓰기 시작했다.

1974년, 한 이름 없는 투자자가 워싱턴 포스트 주식을 매입하기 시작했는데, 최종 취득 규모가 무려 13퍼센트에 이르렀다. 이사회에서는 무시해버리라고 조언했지만, 그레이엄은 이 새내기 투자자, 바로 워런 버핏을 만났다. 그레이엄은 버핏에게 이사회에 합류해달라고 권고했다. 버핏은 곧 그레이엄의 사업 멘토가 되어, 그레이엄이 관행에서 벗어난 방식으로 회사를 경영할 때 길잡이로 힘을 보탰다.

1975년, 워싱턴 포스트는 강한 언론 노조에서 주도한 대규모 파업에 직면했다. 노조가 인쇄설비에 불을 지르며 파업이 시작됐다. 그레이엄은 버핏을 비롯한 다른 이사진들과 논의를 거쳐, 파업을 정면에서 마주하기로 결정했다. 신문 발행을 못한 날은 단 하루에 그쳤다. 그레이엄과 브래들리그리고 그레이엄의 스물일곱 살 난 아들 도널드는 노조가 상당한 규모로 양보할 때까지 최소한의 인력만으로 139일 동안이나 신문을 발행했다.

이 파업은 연루자 모두에게 쓰라린 경험을 남겼다. 피켓을 든 일부 파업 참가자들은 "필립은 다른 그레이엄을 쐈어야 해자살한 필립이 자신이 아닌 아내 캐서린을 쏘았어야 했다는 뜻-역자"라고 적힌 셔츠를 입기도 했다. 그러나 노조의 양보를 끌어내며 타결한 협상에 힘입어 워싱턴 포스트의 수익성은 기막히게 호전됐다. 이 파업은 대도시 신문사에서 일어난 초창기 파업 중 하나로, 신문 산업에 중요한 전환점이 됐다. 그레이엄에게도 이번 파업은 개인적인 전환점으로 작용했으며, 워싱턴 포스트에도 워터게이트 사건 못지않은 의미 있는 전환점이었다. 이 시기부터 그레이엄이 워싱턴 포스트의 일인자라는 점에 이의를 제기하는 사람은 더 이상 없었다.

워싱턴 포스트의 흥망성쇠

파업 시기에 그레이엄은 버핏의 조언을 고려해 또 다른 이례적인 결정을 내렸다. 자사주 매입에 공격적으로 나선 것이었다. 그 당시만 해도 자사주 매입을 생각하는 사람은 거의 없었다헨리 싱글턴과 톰 머피 외에는 그랬다. 몇 년 사이에, 그레이엄은 자사주의 약 40퍼센트를 거의 최저가에 사들였다. 중요한 점은 다른 주요 신문사 중에서 그레이엄의 행동을 따라한 곳은 아무 데도 없었다는 것이다.

1981년, 두 가지 중요한 사건이 발생했다. 첫째로, 워싱턴 포스트의 오랜 라이벌인《워싱턴 스타》가 지속적인 판매부수 하락 끝에 결국 발행을 중단하고 말았다. 이에 따라 워싱턴 포스트는 파업 후 비용 체계에 군살을 덜어낸 상황에서 미국 수도의 유일한 일간지가 됐다. 그 결과 발행부수와 수익성이 치솟았으며 이는 이후 10년 동안이나 지속됐다.

둘째로 1970년대 내내 네 번이나 시도한 끝에, 그레이엄은 마침내 딕 시먼스라는 뛰어난 COO를 찾아냈다. 다각화된 미디어기업 던 앤 브래드스트리트 COO를 역임한 시먼스는 워싱턴 포스트 COO가 되자 즉시 경쟁사에 비해 마진이 떨어지는 사업들을 합리적으로 개선하기 시작했다. 그를 영입한 것은 워싱턴 포스트를 놀라운 수익성의 시대로 이끈 신의 한수였다. 우리의 역발상 CEO들이 성공하려면 능력 있는 COO가 얼마나 중요한 역할을 하는지 다시 한 번 증명하는 사례라고 할 수 있다.

시먼스는 그레이엄의 지원을 받으며 새로운 인재를 영입했으며 트렌터 타임스를 매각하고, 급여 체계는 실적에 따라 보상하는 구조로 전환했다. 아울러 경쟁사들을 압도하는 성과를 내야 한다고 역설했다. 몇 년 지나지 않아서, 워싱턴 포스트의 신문과 TV 사업 이익은 거의 두 배로 늘어났고, 수익성이 크게 개선됐다.

1980년대는 신문 산업에서 인수가격이 최고 수위까지 치솟았다. 이익과 주가배수 모두 가파르게 오르면서 거래가격이 하늘 높은 줄 모르고 뛰었다. 주요 신문사 경영자들 중에서 그레이엄은 홀로 방관하며 지켜보고만 있었다. 워싱턴 포스트는 아이오와, 텍사스, 켄터키에 있는 대형 신문사들을 비롯한 많은 거래 기회를 꼼꼼히 들여다봤으나 인수한 것은 딱 두 개뿐이었다. 둘 다 규모는 작았다. 중요한 것은 1980년대 중후반 신문 산업은 온실처럼 따뜻한 분위기였기에 이렇게 인수를 자제하는 그레이엄의 행동은 매우 이례적이었다는 점이다. 이는 외로운 길이었는데, 경쟁사들이 이를 두고 입방아를 찧어댔기 때문이다. 신문 산업은 남성들이 주도하는 끼리끼리 문화가 강하다 보니, 그레이엄은 특히나 업계에서 유일한 여성 경영자로서 이런 상황이 쉽지 않았다.

중요한 것은 그레이엄 하에서 워싱턴 포스트가 인수한 사업 대부분이 신문이나 방송과 무관했으며, 이때 인수한 회사들로 인해 새로운 사업에 진출할 수 있었다는 점이다. 1983년, 시먼스가 전직 경영 컨설턴트인 앨런 스푼을 영입해 다각도로 조사하는 과정을 거쳐, 워싱턴 포스트는 휴대전화 시장에 성공적으로 진입했다. 워싱턴 포스트는 디트로이트, 워싱턴, 마이애미를 포함한 여섯 개 대도시 시장의 휴대전화 사업권을 2,900만 달러에 매입했다. 1984년, 그레이엄은 스탠리 캐플런을 사들여 교육 시장에도 발판을 마련했다. 스탠리 캐플런은 개인, 학교, 기업체를 대상으로 여러 시험을 주관하는 교육업체다. 마지막으로 1986년 그레이엄은 버핏의 시의적절한 소개에 힘입어 자신이 경험해본 가운데 최대 규모 인수를 했다. 3억5,000만 달러에 캐피털 시티스의 케이블TV 사업을 인수한 것이다. 이렇게 인수한 기업들은 이후 몇 년 사이에 워싱턴 포스트 성장에서 대단히 중요한 역할을 했다.

1988년 초반 휴대전화 사업 가치가 급등하자 그레이엄은 이례적으로 이 사업을 처분했다. 휴대전화 시스템을 개발하려면 대규모 자본지출이 필요하다는 점을 깨달았기 때문이었다. 그레이엄은 전화사업을 1억 9,700만 달러에 매각하며 엄청난 투자수익을 올렸다.

불황기였던 1990년대 초반, 경쟁사들은 과도한 부채로 인해 움직이기 어려운 상황이 되었을 때, 워싱턴 포스트는 이제까지와 달리 인수전에 나섰다. 약세장에서 주가가 부진했던 케이블TV 시스템들과 TV 방송국들, 교육업체 몇 곳을 기회를 놓치지 않고 사들였다.

1993년 캐서린 그레이엄이 회장 자리에서 물러날 때, 워싱턴 포스트는 신문사 가운데 가장 다각화돼 있었는데, 매출액과 순이익의 절반가량은 신문발행 이외의 사업에서 벌어들였다. 이후 이러한 다각화된 사업구조 덕분에 아들 도널드가 회사를 맡은 후에도 워싱턴 포스트는 더욱 뛰어난 성과를 낼 수 있었다.

그레이엄은 CEO 승계에서도 탁월한 능력을 보여줬다. 가족경영 회사에서는 드문 일이었다. 그레이엄은 워싱턴 포스트의 차세대 리더를 준비하는 데에 1980년대 후반과 1990년대 초반기 시간을 투입했다. 1991년 그레이엄을 대신해 아들 도널드가 CEO에 올랐고, 그의 멘토였던 딕 시먼스의 뒤를 이어 앨런 스푼이 COO가 됐다. 그레이엄은 76세에 일선에서 물러났다. 이후 유능하고 젊은 경영자들이 갈수록 중요해진 케이블 사업톰 마이트과 교육 사업조너선 그레이어을 맡았다. 그들의 재능과 리더십에 힘입어 워싱턴포스트는 이후 15년 동안 경쟁사들에 비해 탁월한 성과를 올렸다.

그레이엄의 경영노트

그레이엄은 버핏의 조언을 받아 파격적이지만 매우 효과적으로 자본을 배분했다. 그레이엄의 자본배분 방식은 다음과 같이 정리할 수 있다. 즉 배당금과 부채는 동종업계 하위수준으로, 자사주 매입은 동종업계 상위수준으로, 기업인수는 상대적으로 적게, 자본지출은 신중하게 접근하는 식이었다. 이제 분야별로 들여다보겠다. 회사의 재원부터 시작하자.

그레이엄의 재임기간 동안, 워싱턴 포스트는 지속적으로 대규모 현금흐름을 창출했다. 경쟁사 워싱턴 스타가 폐간한 후 워싱턴 포스트 매출액이 급증하고, COO인 딕 시먼스가 모든 사업부문의 이익률을 개선시킨 덕분에 1980년대 10년 동안 워싱턴 포스트의 수익성은 극적으로 호전됐다. 이러한 현금유입 물결과 더불어, 워싱턴 포스트에는 부채와 자산 매각이라는 또 다른 재원이 둘이나 더 있었지만, 이

둘은 거의 사용하지 않았다.

그레이엄은 부채 사용을 가급적 피했다. 그레이엄 재임기간 동안 워싱턴 포스트는 동종업계에서 가장 보수적인 대차대조표를 유지했다. 그레이엄이 임기 중에 상당한 규모로 부채를 이용한 것은 단 몇 번에 그치는데, 그중 가장 큰 규모는 1986년 캐피털 시티스 케이블 시스템 인수자금을 조달할 때였다. 하지만 워싱턴 포스트의 현금흐름이 워낙 좋다 보니 부채가 생겨도 3년 이내에 대부분 청산할 수 있었다.

그레이엄 시절 워싱턴 포스트는 버핏의 버크셔 해서웨이처럼 사업부문 매각을 거의 하지 않고 분할을 삼갔다. 그보다는 오랫동안 직접 소유하는 방식을 선호했다. 엄청난 투자수익을 창출했던 1988년 초반 휴대전화 사업부문 매각은 매우 이례적인 경우였다.

그레이엄은 현금을 대단히 신중하게 처리했다. 임기 내내 배당금 지급은 세금 면에서 비효율적이라고 판단해 최소 수준으로만 유지했다. 이런 식의 배당 최소화 방침은 그 당시 신문 산업 관행을 거스른다는 점에서 주목할 가치가 있다. 신문 업계에서는 대체로 설립자 가족들이 높은 수준의 지분을 보유하고 있었는데, 그들 가운데 일부는 배당금 수입에 기대어 살고 있었다. 그러나 그레이엄 시절의 워싱턴 포스트는 배당금 수준을 동종업계에서 가장 적게 지급했고, 그 결과 유보이익 규모가 업계에서 가장 컸다.

그레이엄이 회사 수익을 사용하는 방식은 시먼스, 버핏 그리고 또 다른 이사회 멤버인 캐피털 시티스의 댄 버크에게서 영향을 받았다.

모든 자본 지출 결정은 엄격한 심사절차를 거쳐야 승인될 수 있었는데, 해당 투자로 매력적인 수익을 기대할 수 있는 경우에만 승인이 이뤄졌다. 앨런 스푼은 이를 이렇게 요약했다. "이 시스템은 모든 잉여현금이 본사로 들어가는 방식의 연방정부 체제 같았죠. 관리자들은 자본이 투입되는 모든 프로젝트에 타당한 이유를 제시해야 했거든요. 핵심 질문은 '최적의 자금 사용처는 어디인가?'였어요. 워싱턴 포스트는 엄격하면서도 끊임없이 의심하는 자세로 그 질문에 맞는 대답을 구했지요."[1]

이러한 규율로 인해 그레이엄은 경쟁사들과 비교해 물리적 설비투자를 결정할 때 한층 조심스럽게 움직였다. 1980년대에 다른 대형 신문사들은 수억 달러를 써서 신규 인쇄 설비와 인쇄전 공정 설비를 설치해 공정 전 준비시간리드타임을 줄였고 컬러 인쇄도 도입했다. 그레이엄은 주요 신문사 CEO 가운데 그런 시설투자를 사제한 유일한 경영자였다. 워싱턴 포스트는 주요 신문사 중에서 구식 활판인쇄로 발행하는 마지막 신문사였다. 그레이엄은 새 공정 설치비용이 저렴해질 때까지 기다렸다가, 그런 설비를 가동해도 이익이 난다는 점을 경쟁사들이 확실하게 증명할 때까지 투자를 연기했다.

그레이엄의 기업인수 방식은 인내와 다각화가 특징이었다. 그레이엄 재임기간 중 주식시장에 상장한 시기부터 퇴임까지 기간을 살펴보면, 미디어 기업들의 수익과 주가배수는 대개 증가세를 보였으나 1970년대 중반에 한 번, 1990년대 초반에 한 번 등 심각한 약세장을 거치며 두 차례 급락하는 모습을 확인할 수 있다. 달리 말해서, 그레이엄은 재임 시절 미디어 업계 기업가치 변동성이 극심했으나, 이런 흐름에 영민하게 대처했다는 뜻이다.

그레이엄의 행동 패턴은 거시경제 움직임과는 거울에 비친 것처럼 정반대 형태로 관측된다. 재임 시기에 중요한 활동으로는 자사주 매입과 인수 등 두 가지를 꼽을 수 있는데, 그 외의 재임기간 대부분에는 이렇다 할 큰 움직임이 없었다.

그레이엄은 이사회와 함께, 가능성 있어 보이는 모든 잠재적인 거래를 엄격하게 분석하는 시험대에 올렸다. 톰 마이트가 요약한 바에 의하면, "기업을 인수해 10년간 보유하는 동안에 차입금 없이도 최소한 11퍼센트의 현금 수익을 창출할 수 있느냐는 것이었다." 이 기준은 꽤 간단해 보이지만 대단히 효과적인 투자결정 거름망이었다. 마이트가 얘기한 바에 따르면 "이 거름망을 통과하는 거래는 극히 드물었어요. 워싱턴 포스트의 사업인수 철학은 아주 적당한 거래가 나타날 때까지 기다린다는 것이지요."[2]

우리가 살펴본 바와 같이, 미디어 산업에 인수 열풍이 뜨거웠던 1980년대에 그레이엄은 대체로 별 움직임 없이 방관만 하면서 크고 작은 수많은 신문 인수 기회를 지나쳤다. 그의 아들 도널드는 오늘날 이를 다음과 같이 평가한다. "그 당시 인수에 나서지 않은 게 매우 의미 있는 일이지요. 다른 큰 신문을 인수했다면 지금 우리 목을 조르는 무거운 짐이 됐을 것이니까요."[3] 1980년대 워싱턴 포스트는 신문 사업에 딱 한 건 투자했다. 《미니애폴리스 스타 트리뷴》과 작은 일간지를 몇 건 발행하는 카울스 미디어의 소수 지분을 사들인 것이었다. 그 지분은 그레이엄과 카울스 가족 간의 오랜 유대관계에 힘입어 경매를 거치지 않고 매력적인 가격에 바로 매입했다.

버핏은 이런 규율을 세우는 데 중요한 역할을 했는데, 그레이엄이 자본배분을 결정할 때 항소 법원 같은 의견을 제시하는 것이었다. 워싱턴 포스트에서 자본투자 관련한 모든 중요한 결정이 이뤄질 때면 버핏의 의견이 비중 있게 다뤄졌다. 그는 특히 인수 건이 있을 때 참여했다. 그러나 버핏의 방식은 지시하는 게 아니었다. 오랫동안 이사회 멤버이자 뉴욕 최대 법률회사인 크라바스 스와인 앤 무어의 파트너변호사였던 조지 길레스피는 이렇게 말했다. "그는 '그건 절대 해선 안 된다'고 말하지 않았죠. 하지만 약간 미묘하게 말하기를, '나라면 이런 점 때문에 그렇게 안할 것 같아요. 하지만 당신이 어떻게 결정하든 지지하겠소.'"[4] 버핏이 반대하는 이유는 언제나 아주 설득력이 있어서 대개 인수 의사를 접게 했다.

그레이엄 재임 시기에 이뤄진 인수는 대부분 새로운 사업으로 진출하는 것이었다. 인수한 사업들은 신문과는 무관하고 경쟁 강도가 약하며 가치와 비교한 가격이 합리적인 수준이었다. 이러한 다각화 차원의 기업인수 가운데 가장 중요한 사례는 스탠리 캐플런을 인수해 교육 시장으로의 진입하는 발판을 마련한 것, 그리고 1986년 대규모 캐피털 시티스 인수로 급속히 성장하는 케이블 사업에 진출한 것이었다.

캐피털 시티스 케이블 거래는 대단히 규모가 컸을 뿐만 아니라 기회를 놓치지 않고 잘 잡았다. 아울러 카울스 미디어 거래처럼 그레이엄의 기업인수 접근방법을 잘 보여준다. 캐피털 시티스가 ABC를 인수한 뒤 연방통신위원회FCC에서 케이블TV 시스템을 매각하라는 결정이 나왔을 때, 워런 버핏은 워싱턴 포스트가 그 거래를 단독으로 검토할 수 있도록 주선했다. 그레이엄은 이 거래가 대단히 흥미진진하며 자신에게만 주어진 기회라는 것을 알아챘다. 정신없는 주말을 보낸 후, 그레이엄과 인수 검토팀은 가입자당 1,000달러라는 매력적인 가격에 그 시스템을 인수하기로 의견을 모았다. 중요한 점은 이 결정에 관여한 투자은행이 전혀 없었다는 것이다.

공격적인 자사주 매입

그레이엄은 1990년대 초반 불황기 동안 그답지 않게 줄줄이 인수에 나섰는데 결과는 성공적이었다. 경쟁자들은 과도한 부채에 허덕이느라 구경꾼에 머물러 있던 그 시기에 그레이엄은 업계에서는 예외적으로 탄탄한 대차대조표를 보유한 덕분에 적극적인 구매자가 됐다. 기업들의 주가 급락을 기회로 삼아, 워싱턴 포스트는 지방 케이블 시스템 하나, 실적이 부진한 텍사스의 TV 방송국 몇 곳, 그리고 교육업체 몇 군데를 사들였다. 이 때 인수한 곳 모두가 주주들에게 엄청난 수익을 올려줬다.

앞에서 살펴봤듯이, 그레이엄이 자본을 배정한 또 다른 주요 분야는 자사주 매입이었다. 버핏이 숫자를 근거로 자사주 매입의 이점을 설명하자, 그레이엄은 자사주 매입 프로그램을 시작하고 활발하게 추진했다. 그레이엄은 1970년대와 1980년대 초반 대규모결과적으로는 거의 40퍼센트나 되는 자사주를 한 자릿수 주가수익배수에 매수해 워싱턴 포스트 주주들에게 어마어마한 가치를 안겨줬다. 장기투자자인 사우스이스턴 에셋 매니지먼트의 로스 글로츠바흐는 이렇게 말했다. "자사주 매입이 다 똑같은 건 아니에요. 그레이엄은 상당량의 자사주를 제때에 맞춰 사들였어요."[5] 아래 그래프에서 보듯이, 그레이엄은 신문사 경영자 가운데 공격적으로 자사주를 매입한 유일한 인물이었다. 그러다 보니 그레이엄은 초반부에 이사회의 강한 반대를 이겨내야 했다. 조지 길레스피 얘기와 같이, "그 당시 자사주 매입은 대단히 이례적인 일이었다."[6]버핏은 1973년부터 워싱턴 포스트 주식을 사들였다. 2004년

유력 신문사 중 유일하게 발행 주식의 상당한 부분(38.5%)을 재매수한 워싱턴 포스트

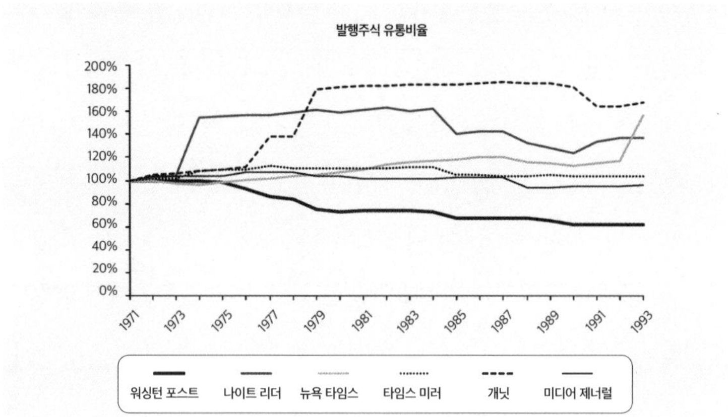

"그 당시 자사주 매입은 대단히 이례적이었다." -조지 길레스피

[자료:컴퓨스태트, 증권가격연구센터]

에는 지분율이 23.3퍼센트에 이르렀으며 꾸준히 보유했다. 이후 2013년 제프 베조스가 이끄는 온라인소매업체 아마존에 지분을 전량 매각했다. 버핏은 워싱턴 포스트에 투자한 지 30년 만에 무려 10억 달러(약 1조 원)의 차익(수익률 9,080%)을 회수했다. 워싱턴 포스트는 현재 아마존의 100% 자회사다. – 역자

역설적이지만, 1980년대 초반 컨설팅업체 맥킨지가 워싱턴 포스트에 자사주 매입 프로그램 중단을 권고했다. 그레이엄은 2년 조금 넘게 맥킨지 권고사항을 따랐는데, 버핏의 도움으로 잃었던 감을 되찾고 1984년에 자사주 매입을 재개했다. 도널드 그레이엄은 이 고가의 '맥킨지 지혜'에 들어간 비용이 워싱턴 포스트 주주들의 수억 달러 가치를 날린 것으로 추산하면서, 이를 "사상 최고가 컨설팅 권고안!"이라고 얘기한다.

그레이엄의 인재경영 방법

자원 배분이라는 주제를 좀 더 범위를 넓혀서 볼 경우, 그레이엄의 경영능력을 보여주는 특징 가운데 하나는 인재를 알아보고 회사와 이사회에 끌어들이는 특별한 능력을 들 수 있다. 무심한 사람처럼 보였지만, 그레이엄에게는 뛰어난 인물을 알아보는 타고난 재주가 있었다. 앨런 스푼이 내게 얘기한 바로는, "그레이엄은 능수능란한 '이사회 의장'이었소."[7] 그레이엄이 영입한 인물 중에는 전형적으로 성공한 인물들이 있긴 했다. 전직 국방장관 로버트 맥나마라, 뉴욕의 로

펌 크라바스, 스와인 앤 무어 출신 엘리트 변호사 같은 사람들처럼 말이다. 하지만 그레이엄이 선택한 인재들은 통념과는 상당히 벗어난 인물들이 많았다. 특히 두드러지는 두가지 사례가 있다.

첫 번째로, 그레이엄은 1967년에 뉴스위크 부편집장 벤 브래들리를 워싱턴 포스트 편집국장으로 발탁했다. 오랫동안 워싱턴 포스트 편집국장으로 일했던 러스 위긴스를 대체할 인물로는 상대적으로 무명이라고 할 수 있는 사람이었다. 이 결정이 얼마나 이례적인 것인지는 두말하면 잔소리다. 아마도 어떤 신문사든 가장 중요한 인사 결정은 편집국장 선임일 것이다. 신문 내용과 논조를 두루 책임지는 자리이기 때문이다. 그레이엄은 젊은 편집국장이 필요하다고 판단했다. 1960년대 후반 급격히 바뀌는 정치 판세와 문화에 더욱 잘 대응할 필요가 있다고 봤다. 그레이엄이 브래들리와 점심식사를 같이하는 자리에서 처음 이런 생각의 운을 떼자, 브래들리는 유명한 답변을 내놨다. "국장 업무에 필요하다면 제 몸의 절반이라도 떼어드리겠습니다." 브래들리는 그때까지 신문 운영을 해본 적이 없던 인물로, 교수 같은 느낌이 짙은 위긴스와 비교하면 너무나도 달랐다.

하지만 브래들리는 대담하고도 직관을 따르는 편집국장이 되어 자신의 능력을 증명했다. 그가 국장으로 이끌었던 1970년대 워싱턴 포스트는 잇단 특종을 바탕으로 영광스럽고도 혼란스러운 시절을 구가했다. 브래들리는 또한 자석과 같이 젊은 일류 언론 인재들을 끌어당겼다. 똘똘한 인재들이 유입되면서 미국 최초로 신문에 스타일 섹션 도입하기 같은 혁신이 뒤따랐다. 그 덕분에 워싱턴 포스트는 1970

년대와 1980년대에 걸쳐 지속적으로 발행부수가 늘어났고, 이는 회사의 이익 성장을 일으키는 핵심 동력으로 작용했다.

그레이엄의 이례적인 인재영입을 보여주는 두 번째 사례는 1974년 극심한 약세장 와중에 있었다. 이 시기 낯선 투자자 하나가 워싱턴 포스트 주식을 대량으로 사들이면서, 회사에 불안스러운 파장을 일으켰다. 이사회는 특히나 이 낯선 투자자의 정체와 의도에 의심을 품었다. 그레이엄이 승계한 워싱턴 포스트 이사회는 경험이 풍부한 지역 사업가들과 그레이엄의 작고한 남편 친구들로 이뤄져 있었다. 그레이엄은 신문 내부 문제에는 점점 적극성을 보였어도, 사업 문제는 여전히 이사회 판단과 조언을 따르는 편이었다.

하지만 이번 경우에는 그레이엄이 독자적으로 판단한 끝에 새로운 투자자를 만나기로 마음먹었다. 그레이엄은 이 투자자의 특별한 능력을 바로 알아차렸고, 이사회의 반대 의견을 무릅쓰고 그를 이사회에 합류시켜 자신의 핵심 사업 동료 겸 조언자로 삼았다. 그레이엄은 이 투자자에게 "예의를 지키고 내 감정을 상하게 하는 행동은 피해 달라"[8]는 지침만 전했다.

그레이엄이 버핏을 환대하며 이사회에 참여하게 한 결정은 당시로서는 상당히 독단적이면서도 평소답지 않은 행동이었다. 1970년대 중반기 버핏은 사실상 무명인사였다. 어떤 경영자에게나 멘토 선택이란 결정적으로 중대한 사안이다. 그리고 그레이엄은 대단히 이례적이며 파격적으로 멘토를 골랐다. 그레이엄의 아들 도널드는 이렇게 말했다. "비교적 무명인 이 인물이 천재임을 알아본 것은 어머니 업적 가운데 제대로 조명되지 않은 부분 중 하나인데, 어머니가 했던 일 중에서 최고의 한 수였어요."

세 번째 인사 결정은 다소 평범해 보였지만 중요성이 덜한 것은 아니었다. 바로 1981년 시먼스 영입이었다. 그레이엄에게는 회사 운영 경험이 부족하다 보니, COO 자리 적임자 찾기는 특히나 중요하고도 어려웠다. 그레이엄은 COO 역할에 적합한 사람을 찾는 데 오랜 시간을 들였다. 까다로운 조건을 달았으며 부적합하다 싶으면 주저 없이 다른 사람에게 자리를 넘겨 버렸다. 그레이엄은 1970년대에 시먼스를 찾아낼 때까지 COO를 네 명이나 교체했다. 시먼스는 워싱턴 포스트 합류 후 10년 동안 회사를 대단히 긴축적으로 운영했는데 신문과 방송 부문 모두 수익률을 개선했다.

시먼스는 회사를 분권적으로 운영해야 한다는 그레이엄의 지론에 뜻을 같이했다. 그는 그레이엄의 지지에 힘입어 지체 없이 운영부문별로 적임자들을 핵심 위치에 앉혔다. 그는 또한 관리자들에게 상당한 자율권을 부여했으며 그들의 보수 체계는 동료들의 상대적인 성과에 연동시켜 놨다.

워싱턴 포스트는 전부터 조직이 분권화돼 있었고 본사 직원 수도 적었다. 직전 경영자인 유진 마이어와 필립 그레이엄은 둘 다 자신들의 판단에 확신이 있었기에 많은 조언자들로 에워싸여 있을 필요를 느끼지 않아서였다. 이러한 분위기는 캐서린 그레이엄과 시먼스 아래에서 더욱 전문화되고 공식적으로 받아들여졌다. 그레이엄은 최고의 인재를 찾는 데 최선을 다했으며, 영입한 후에는 그들에게 전적으로 일을 맡겼다. 그레이엄의 아들 도널드는 버핏과 댄 버크의 영향 아래에서 어머니가 내내 강조한 분권화된 조직문화를 이어갔다. 내게 얘기했듯이, 도널드는 "워싱턴 포스트는 미국에서 가장 분권화가 잘된 기업 가운데 하나"라고 지금도 생각한다.

친정아버지 유진 마이어가 서른셋이던 사위그레이엄의 남편에게 일상적인 관리 업무를 넘기는 모습을 본 적이 있다 보니, 그레이엄 또한 다소 젊고 유망한 관리자들에게 권한을 주는 데 그다지 두려움이 없었다. 나중에 회사 케이블 사업을 멋지게 운영하는 톰 마이트는 회사 설립 이래 최대 규모였던 버지니아 스프링필드 새 인쇄 공장 프로젝트를 맡았을 때 나이가 불과 서른 살이었는데, 예산의 30퍼센트만으로 이를 해냈다. 앨런 스푼은 COO에 올랐을 때 나이가 서른아홉 살이었으며, 조너선 그레이더가 교육 부문 CEO에 선임됐을 때 나이는 스물아홉 살, 도널드가 워싱턴 포스트 발행인이 된 나이도 서른세 살이었다.

• • • ◎ • • •

약 30년간 CEO로 재직했던 그레이엄은 성공적으로 업무를 해냈음에도 불구하고, 이따금 자신감을 잃고 괴로워했다. 다행히 그레이엄은 의지가 강했고 자립정신을 지닌 덕분에 자신이 내린 결정들이 관행에서 벗어나거나 논란으로 이어지더라도 부담을 느끼지는 않았다. 예를 들면 고집을 피우던 파업자들의 요구를 거부했던 일이나, 닉슨 정부의 반복된 위협에도 굽히지 않은 일, 그레이엄이 자사주 매입에 몰두하거나 업계에 기업 인수 열풍이 불 때도 팔짱만 끼고 있던 것을 다른 신문사 경영자들이 문제 삼을 때 무시하고 넘어간 것 등이 대표적이다. 결국 이 초보 CEO는 언론과 재무 부문 모두에서 경쟁자들이 부러워할 유산을 남겼다. 그것도 아주 멋지게 해냈다. 벤 브래들리가 그리움 가득한 미소를 지으며 내게 얘기한 바로는, "그레이엄은 대단히 유쾌한 인물이었지요."[9]

후기: 두 회사 이야기

지난 20년 사이에 신문업보다 영예로운 위치에서 극적으로 쇠락한 사업을 찾기는 어려울 것이다. 한때 워런 버핏에게 신문업은 경쟁자들이 넘보지 못하는 '넓은 해자垓子·성 주위에 둘러 판 못'로 둘러싸인 사업의 교과서와도 같은 것이었다. 지역 광고시장에서 탄탄한 경쟁우위를 보유하고 있다는 점 때문이었다. 하지만 신문사들은 오랫동안 하향곡선을 타고 있다. 광고 시장에서 구글 같은 온라인 기업과 새로운 경쟁에 직면하면서 대형 신문사마저 수익을 내려고 몸부림을 치고 있다. 규모 있는 여러 신문사들이 지난 몇 년에 걸쳐 파산을 선언했으며, 신문 산업 주가가 지난 8년간 60퍼센트 이상 떨어진 것도 장기간 극적으로 쇠락하고 있음을 반영한다.

도널드 그레이엄이 맡고 있는 워싱턴 포스트도 이러한 장기적인 역풍을 비껴서지는 못했다. 하지만 워싱턴 포스트는 경쟁자들보다 좋은 성과를 내고 있다. 도널드 재임기에 워싱턴 포스트는 출판 이외 사업에서 두루 좋은 성과를 올린 덕분에 회사가치의 40퍼센트만 잃으며 선방했다.

CEO들은 처한 상황에 맞게 손을 쓰기 마련이다. 대형 신문사 CEO로서 도널드 그레이엄 역시 어려운 카드를 쥐고 있다. 어머니가 사업을 다각화해둔 덕분에 경쟁자들보다는 꽤 나은 상황이긴 해도 말이다. 도널드는 어머니의 경영 방식을 계승해 경쟁자들보다 상당히 좋은 성적을 보여주고 있다. 어머니의 경영 방식이란 선별적인 사업인수, 공격적이고도 기회를 잘 살린 자사주 매입그는 2009년과 2011년 사이에 시장에서 자사주를 20퍼센트나 사들였다, 그리고 비교적 낮은 배당금 수준 유지하기를 말한다.

같은 기간 동안 워싱턴 포스트와 대조를 보인 다른 유명한 상장사가 있다. 설즈버거 가족이 경영하는 북동부 지역의 뉴욕 타임스다. 뉴욕 타임스는 인터넷 포털 애스크닷컴Ask.com 인수에 과도한 비용을 지불했고, 맨해튼 중심가에 새 본사 빌딩을 공들여 지었다…… 그리고 기업가치의 약 90퍼센트를 날렸다.

chapter 6

[공개적 차입매수 빌 스티리츠와 랠스턴 퓨리나]

1894년 윌리엄 댄포스가 미주리의 세인트루이스에 동물 사료회사인 퓨리나 밀스를 설립했고, 1902년 당시 대학교수이던 웹스터 에드걸 리가 아침식사 대용 시리얼을 만들기 위해 설립한 랠스터니즘과 합병하여 랠스턴퓨리나 컴퍼니가 만들어졌다. 주요 상품으로는 반려동물 사료, 동물건강 관련 제품 및 시리얼 등이 있다. 2001년 12월 스위스의 식료품회사인 네슬레에 인수되었고 네슬레퓨리나 펫케어컴퍼니라는 이름으로 사업을 수행하고 있다.

만일 당신이 만성적으로 물이 새는 배에 타고 있다면,
새는 곳을 수리하는 데 에너지를 쓰기보다는 다른 배로 갈아타는 데
에너지를 쓰는 게 더 생산적일 것이다.

—**워런 버핏**

지난 50년간 캠벨수프, 하인즈, 켈로그 같은 대형 식료품 업체들은 주식시장에서 블루칩 중의 블루칩으로 인식됐다. 성장여부를 예측할 수 있으며, 불경기 영향이 크지 않고, 배당금도 늘 지급한다는 장점 때문이었다. 이 기업들은 오랫동안 보수적인 재무 정책의 대표사례로 여겨졌다. 부채를 거의 쓰지 않고, 배당금을 꾸준히 지급하며, 자사주 매입은 거의 하지 않았다. 이들 대부분이 1960년대와 1970년대에는 당시 각광받았던 경영기법에 맞춰 적극적인 사업 다각화를 추진했었다. 당시에는 시너지 효과를 맹신하는 분위기였는데, 많은 기업들이 '수직적 통합'이라는 보이지도 않는 이익을 내겠다며 레스토랑과 농산품 사업을 함께 벌이는 식으로 나아갔다.

랠스턴 퓨리나는 사실 이런 기업의 전형이었다. 1980년대 초반 랠스턴은 오랜 역사를 지닌 동물 사료업체로, 《포천》 100대 기업이었다. 1970년대에 CEO 핼 딘이 이끌었던 랠스턴 퓨리나는 경쟁사들과 같은 길을 걸었다. 기존 사료 사업으로 대규모 현금흐름을 창출해 이를 사업 다각화에 투입한 것이다. 버섯과 콩 농장부터 패스트푸드 레스토랑 잭 인 더 박스, 세인트루이스 블루스 하키팀, 콜로라도에 있는 키스톤 스키리조트까지 다양한 사업을 포괄했다. 1980년 CEO 핼 딘이 은퇴를 발표할 때까지, 회사 주가는 10년 동안 꿈쩍도 하지 않았다.

딘이 은퇴를 선언하자, 랠스턴 이사회는 후임 CEO 물색에 나섰다. 회사 안팎의 후보자들을 두루 살폈다. 최종 후보를 추려보니, 나중에 CBS의 CEO가 된 톰 와이먼 등 몇 명으로 요약됐다. 선정과정 후반에, 상대적으로 덜 알려진 후보 하나가 요청받지 않은 메모를 이사회에 제출했다. 회사를 키울 상세한 전략이 적혀있는 그 메모는 이사회에 강한 인상을 남겼다. 그 후보는 랠스턴에 오랫동안 재직한 내부 후보자였지만 관심권 밖의 인물이었다. 웰스 리치 그린 광고회사 설립자로 영향력 있는 이사인 메리 웰스 로렌스는 그 메모를 읽은 다음 '정답'이라는 회신을 보냈다. 며칠 후, 그 후보인 빌 스티리츠가 CEO 자리에 낙점됐다.

다르면서도 비슷한 빌 스티리츠

빌 스티리츠의 경력은 이 책에 나오는 다른 CEO들과는 다르다. 그는 내부자였고, 쉰일곱 살에 CEO에 오를 때까지 17년을 랠스턴에서 일했다. 그러나 이런 평범해 보이는 배경 뒤에는 안 그럴 것 같으면서도 대단히 효과적으로 그가 변화를 주도하게 만든 맹렬하고도 독립적인 정신자세가 숨겨져 있었다. 스티리츠가 CEO를 맡았을 때, 그가 랠스턴에 몰고 올 근본적인 변화와, 식료품 업계와 소비재 산업에 미칠 더욱 광범위한 영향을 예견하는 것은 불가능한 일이었다.

스티리츠는 CEO치고는 학력사항이 특이했다. 그는 대학 중퇴 경험이 있었다. 아칸서스 대학에 1년 다니다가 돈이 떨어지자 학교를 그만두고 4년 동안 해군으로 복무했다. 해군 시절 그는 포커 기술을 연마해서 결국 포커로 대학 등록금을 장만했다. 제대 후 그는 대학에 돌아갔는데, 경영학 전공으로 노스웨스턴 대학을 졸업했다. MBA(경영학 석사)를 따지 않았지만 그의 동료들과 월스트리트 애널리스트들은 그에게 '지적인 인물'이라는 꼬리표를 달곤 했다. 그는 삼십대 중반에 세인트루이스 대학에서 유럽 역사학 분야 석사 학위를 받았다.

노스웨스턴 대학 졸업 후, 그는 필스버리 컴퍼니에서 일했는데, 북부 미시간 지역 상점들에 시리얼을 진열하는 외근 직원으로 업무를 시작했다. 그의 최대 거래구역 중에는 인디언 보호구역도 있었다. 스티리츠는 이때의 풀뿌리 단계 경험이 유통망 핵심을 이해하는 데 꼭 필요한 도움이 됐다고 생각한다. 이후 그는 상품 관리자로 승진했는데, 소비재 마케팅을 폭넓게 경험할 수 있는 위치였다. 미디어와 광고를 더욱 잘 이해하고 싶었던 그는 2년 후 세인트루이스에 있는 광고 내행사 가드너로 이직했다. 가드너에서 그는 정량적 마케팅 방식에 일찍이 흥미를 보였고, 시장조사기관 닐슨의 초창기 순위측정 서비스도 앞서서 이용했다. 이 서비스 덕분에 그는 시장점유율과 홍보비의 관계를 상세히 이해할 수 있게 됐다.

1964년 서른 살이었던 스티리츠는 랠스턴 퓨리나로 옮겨 식료품 반려동물 사료와 시리얼 부문에 배정됐다. 식료품 사업부는 랠스턴의 다양한 사업 부문 가운데 오랫동안 '골칫거리 의붓자식' 취급을 받고 있었다. 그는 거기서 몇 년간 근무하면서 점점 중책을 맡게 됐는데 1971년에는 이 사업부 총괄책임자가 됐다. 그가 담당한 동안 식료품 사업부는 극적인 성장세를 구가했다. 영업이익을 무려 50배나 늘렸는데, 끊임없이 신제품을 내고 제품군을 확장한 결과였다.

스티리츠는 역대 반려동물 사료 중에서 가장 성공적인 두 브랜드인 퓨리나 퍼피와 캣 차우의 출시를 직접 이끌었다. 그는 마케터치고는 대단히 분석적이었는데, 숫자를 잘 다루는 능력을 타고난 데다 회의적이며 꽤나 까다로운 성격이었다. 이런 특성은 그가 포커 게임을 할 때는 물론, CEO 역할을 수행하는 데에도 도움이 됐다.

스티리츠의 경영철학

1981년 CEO에 오른 스티리츠는 지체 없이 적극적으로 구조조정에 돌입했다. 그는 랠스턴의 소비재 브랜드들에 상당히 매력적인 경제성이 있다고 평가했고, 이 사업 위주로 회사를 즉시 재편했다. 그는 이 소비재 브랜드들이 수익률은 높고 필요자본량 규모는 작다는 점이 마음에 들었다. 그는 전임 CEO가 세웠던 전략에 바로 제동을 걸고 관련 기반요소 제거에 들어갔다. 그가 맨 처음 한 일은 수익성과 수익이 자기 기준에 미치지 못한 사업들을 적극적으로 매각하는 일이었다.

CEO 취임 초반에, 스티리츠는 패스트푸드 레스토랑 체인 잭 인 더 박스, 버섯 농장, 세인트루이스 블루스 하키팀을 팔아치웠다. 특히 블루스 하키팀 매각은 새로운 CEO의 랠스턴 경영방침이 전과는 근본적으로 달라질 거라는 신호로 작용하며 월스트리트와 그 지역 사업가들을 긴장하게 만들었다.

스티리츠는 이어 콩 사업, 기타 레스토랑, 식품서비스 사업 등 다른 비핵심 사업들도 처분했다. 이렇게 해서 그는 랠스턴을 순수하게 유명 제품 브랜드 전문업체로 만들어 놨다. 이는 워런 버핏이 버크셔 해서웨이 경영을 맡은 초반부에 수익성이 떨어지는 섬유 사업에서 자본을 추출해서 수익이 훨씬 높은 보험 사업과 미디어 사업에 투입한 것과 다르지 않았다.

1980년대 초반, 스티리츠는 이사회 반대를 무릅쓰고 공격적으로 자사주 매입에 들어갔다. 주요 브랜드를 보유한 기업 가운데 유일하게 자사주 매입을 추진하는 유일한 사례였다. 그는 자사주 매입이 높은 수익을 창출할 거라고 생각했는데, 이는 그가 나머지 재임기간 내내 자본배분 전략을 세울 때 중심에 두는 원리가 됐다.

스티리츠는 사업 매각 작업을 마무리한 1980년대 중반부터 대규모 사업체를 두 곳 인수했다. 거래 규모를 합하면 랠스턴 시가총액의 30퍼센트나 됐는데, 두 건 다 인수자금 대부분을 부채로 조달했다.

우선 랠스턴의 안정적인 브랜드에 트윙키와 원더브레드 제조사인 콘티넨털 베이킹을 추가했다. 그는 다각화된 대기업 ITT에서 콘티넨털을 인수했는데, 콘티넨털은 ITT의 하나뿐인 소비재 기업이었다. 랠스턴에 인수된 콘티넨털은 유통망을 확장하고 불필요한 비용을 제거했으며 신제품을 출시하고 현금흐름도 크게 늘어나 주주들에게 상당한 가치를 새로 안겨줬다.

다음으로 1986년 스티리츠는 자신이 여태까지 해본 가운데 가장 큰 규모의 인수를 단행했다. 유니언 카바이드의 에너자이저 배터리 사업부문 인수로, 인수 규모가 랠스턴 기업가치의 20퍼센트나 되는 15억 달러에 이르렀다. 유니언 카바이드는 인도 보팔에서 발생한 유독가스 누출 사태 때문에 고전하고 있었는데, 에너자이저 배터리 사업은 강력한 브랜드였음에도 불구하고 오랫동안 비핵심 부문으로 방치돼 있었다. ITT처럼 유니언 카바이드도 소비재 사업에는 마케팅 전문성이 부족하다 보니 배터리 부문을 매각할 의향이 있었다. 스티리츠는 경쟁 입찰을 거쳐 인수에 성공했는데, 에너자이저 배터리 가치의 최고가에 샀다는 것은 스스로도 인정하는 부분이다. 이는 배터리 사업이 두 업체가 장악한 독점시장이지만 에너자이저는 그저 운영관리가 엉망일 뿐이라서 아주 매력적이라는 판단 때문이었다.

콘티넨털을 인수했을 때처럼, 스티리츠는 즉시 에너자이저 제품과 마케팅을 개선했다. 에너자이저 토끼가 나오는 그 유명한 광고 캠페인도 이때 제작된 것이다. 아울러 유통망을 강화하고 불필요한 비용은 제거했다. 이렇게 연이은 작업으로 랠스턴을 변화시키는 스티리츠의 첫 단계가 잘 마무리됐다. 1980년대 후반에 이르자 소비재 사업 수익은 랠스턴 전체 수익의 거의 90퍼센트에 다다랐다.

이러한 변신은 회사의 핵심 운영지표에 괄목할 만한 영향을 줬다. 랠스턴의 사업 포트폴리오에서 브랜드 제품 비중이 커짐에 따라 세전이익률이 9퍼센트에서 15퍼센트로 높아졌고, 자기자본이익률은 15퍼센트에서 37퍼센트로 2배 이상 뛰었다. 여기에다 발행주식수를 줄인 효과까지 더해지면서, 이는 주주들에게 주당순이익과 주당순매출을 대폭 상승시켜줬다.

1980년대 후반까지 스티리츠는 선별적으로 사업 매각과 기업 인수를 병행하며 브랜드 포트폴리오 최적화를 진행했다. 만족스러운 수익이 나지 않는 사업은 매각하거나 폐업했다. 매각한 실적 부진 식품 브랜드에는 냉동해산물 사업 부문인 반 드 캄프와 가축사료 사업 부문인 퓨리나 밀스 등이 있었다. 반 드 캄프는 흔치는 않지만 실패한 인수 사례였고, 퓨리나 밀스는 랠스턴 곡물 사업부로 오래 있었지만 만성적인 저수익과 제한적인 성장전망을 고려해 매각했다. 기업을 인수할 때는 배터리와 반려동물 사료의 핵심 브랜드들에 초점을 두고 진행했는데, 특히 시장이 제대로 형성되어 있지 않은 해외시장을 감안했다. 이 모든 결정은 주주들에게 돌아갈 예상수익을 면밀히 분석해본 후 이뤄졌다.

1990년대 내내 스티리츠는 기회가 오면 꾸준히 자사주를 매입하고 가끔 인수도 했다. 아울러 기업분할이라는 대단히 중요한 전략을 실행했다. 이는 당시만 해도 비교적 새로운 구조조정 기법이었는데,

랠스턴의 브랜드 포트폴리오를 합리화하기 위해 도입했다. 스티리츠는 아무리 분권화가 잘된 조직이라도 일부 사업부문은 회사나 월스트리트에서 제대로 관심을 못 받고 있을 거라고 생각했다. 이를 바로잡고 세금도 최소화하고자, 스티리츠는 기업분할을 일찍부터 활용하게 됐다.

기업분할은 한 사업부문을 모母기업에서 분리해 새로운 기업체로 만드는 것이다. 모기업 주주들은 보유한 모기업주식비율에 비례해 분할된 신생기업 주식을 얻게 되며 새로 받는 주식을 매각하거나 아니면 보유할지 여부를 결정할 수 있다. 중요한 것은 기업분할이 소규모 사업의 가치도 주목받게 하고, 경영을 잘할 경우 더 나은 보상수단이 될 수 있으며, 결정적으로 자본이득에 따르는 세금을 미룰 수 있다는 점이다.

스티리츠는 1994년 첵스 시리얼, 스키리조트 등 작은 브랜드들을 묶어 랠코프라는 신생기업을 설립하면서 기업분할을 시작했다. 그는 회장직을 유지하면서 랠코프에 별도의 이사회와 공동 CEO 두 명을 뒀다. 또한 랠스턴의 사업 포트폴리오를 합리화하고 최적화하려는 노력을 지속했다. 1998년에는 급성장하던 단백질기술 사업 등 회사에 남아 있던 농업 사업을 듀폰에 기록적인 가격에 매각했는데, 이때 주식거래 방식으로, 즉 자본이득세를 피하는 방법을 활용했다.

그의 마지막이자 취임 후 최대 규모였던 조치는 2000년 단행한 에너자이저 홀딩스 분할이었다. 에너자이저의 가치는 당시 랠스턴 시가총액의 15퍼센트에 이르고 있었다. 분할된 기업들은 각각 주식시

랠스턴 퓨리나에 투자된 1달러의 가치

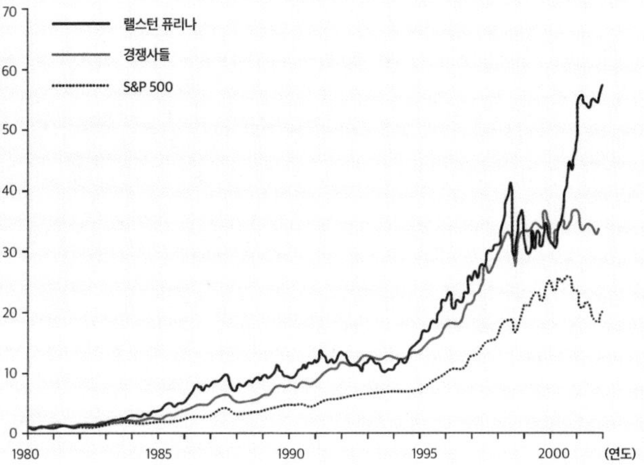

장에 상장됐는데 다들 기업가치가 분할 전보다 상당히 높아지는 성과를 냈다. 랠스턴에서 주목받지 못했던 사업들을 모아 분할한 랠코프는 현재 시가총액이 50억 달러에 이른다.

이러한 일련의 활동을 거치며 랠스턴은 단연코 미국 시장 최고의 반려동물 사료 기업으로서 새천년을 맞이하게 됐다. 비주력 부문을 처분하고 핵심 사업인 반려동물 사료 브랜드 중심으로 구조조정을 하면 전략적 기업매수자들에게 랠스턴은 한층 매력적인 목표물이 될 거라고 스티리츠는 항상 생각하고 있었다. 그리고 2001년 랠스턴을 사고 싶다는 네슬레의 인수 제안이 들어왔다. 그답게 직접 진행한 폭넓은 협상을 거쳐, 스위스 대기업 네슬레는 랠스턴을 104억 달러라는 기록적인 가격에 인수하기로 합의했다. 104억 달러는 랠스턴 현금흐름의 무려 14배나 되는 이례적인 가격이었다. 이번 거래는 스티리츠가 랠스턴 CEO로 취임한 후 이룩한 최고의 업적이었다.

경쟁사들의 성적이 모두 좋았던 기간에도 스티리츠의 성적은 특히나 두드러졌다. CEO로 재임했던 19년 동안 스티리츠는 랠스턴을 능률적인 소비재회사로 탈바꿈시켰는데, 이는 랠스턴 주가에 강한 추진력을 부여했다. 다음 그래프에서 보듯이, 스티리츠가 CEO에 올랐을 때 투자된 1달러는 19년 후에는 57달러가 됐다. 이는 연평균 수익률 20.0퍼센트로, 경쟁사들의 17.7퍼센트와 S&P의 14.7퍼센트를 가볍게 뛰어넘는 것이다.

스티리츠의 경영노트

자산운용사 레그메이슨의 존경받는 투자자 마이클 모부신은 1980년대 중반 투자은행인 드렉셀 버넘 램버트Drexel Burnham Lambert에서 첫 분석 과제로 스티리츠와 랠스턴 퓨리나를 들여다봤다. 그는 랠스턴의 개성 강한 CEO에게 마음을 빼앗겼다. 모부신은 랠스턴 초창기를 다룬 종합 분석보고서를 작성했는데, 그의 멘토인 앨런 그레디터의 분석 작업에 모부신의 분석을 추가하는 방식으로 썼다. 앨런 그레디터는 월스트리트 애널리스트 중에서 스티리츠가 경의를 표시하는 몇 안 되는 인물이었다. 그레디터의 지도를 받으며, 모부신은 자본배분을 할 때 스티리츠 특유의 방식이 지닌 진가를 알아보게 됐다.

스티리츠가 다른 점이 무엇인지 간단히 얘기해 달라고 했을 때, 모부신은 내게 이렇게 말했다. "효과적으로 자본배분을 하려면…… 어떤 기질이 필요하지요. 성공적으로 자본을 배분하려면 냉철하면서도 개연성을 바탕으로 차분하게 투자자처럼 생각해야 해요. 그런 면에서 스티리츠는 탁월한 사고방식을 갖추고 있었어요."[1]

스티리츠 본인은 자본배분을 포커와 비유했는데, 포커의 핵심 기술은 승률을 계산하고 특징을 파악해 승률이 아주 높겠다 싶으면 판돈을 크게 거는 능력이라고 했다. 그는 적극적으로 사업을 인수하기도 했지만, 보유중인 사업이 이미 성숙했거나 월스트리트에서 저평가됐다고 생각되면 매각이나 분할도 쉽게 해치웠다.

골드만삭스 애널리스트로 오래 일한 노미 게즈의 설명에 의하면, 식품 사업은 전통적으로 꽤 수익성이 좋고, 예측 가능하면서도, 대개 성장률은 낮은 게 특징이다. 상장사 CEO 중에서 이런 특성을 알아챈 인물은 스티리츠가 유일했고, 그래서 그는 주주가치를 최적화할 수 있도록 새로운 접근법을 떠올렸다. 실제로 그는 식품 사업의 기본 틀을 근본적으로 바꿔 놨다. 차입금을 적극적으로 활용해 상당히 높은 자기자본이익률을 기록했고, 수익성이 떨어지는 사업들은 처분했으며, 식품 관련 사업은 인수하고, 자사주는 적극적으로 매입했다. 스티리츠는 사모펀드 회사들의 선도적인 기법도 따랐다. 당시 사모펀드인 콜버그 크라비스 로버츠KKK가 성과가 부진한 소비재 회사였던 비어트리스 푸즈 및 미래의 RJR 나비스코를 차입매수LBO : 사들이려는 기업의 자산을 담보로 금융회사에서 빌린 자금을 이용해 해당 기업을 인수하는 M&A

기법-역자 방식으로 인수했는데, 이는 초창기 LBO 가운데 최대 규모 거래 중 하나였다. 스티리츠도 이러한 방식을 활용한 것이었다. 사실 스티리츠는 비어트리스와 RJR 입찰에서 모두 떨어졌고, 질레트와 게토레이의 입찰에서도 뜻을 이루지 못했다.

현금흐름을 지배하는 능력

스티리츠가 재임했던 시기에 랠스턴의 주요 자금원은 내부 현금흐름, 부채, 특히 초기에는 자산 매각 수익이었다.

영업현금흐름은 스티리츠 재임기간 내내 중요하면서도 꾸준히 성장한 자금원이었다. 수익률은 꾸준히 개선됐는데, 제품 측면에서는 강한 브랜드 위주로 재편하고, 조직 면에서는 군살을 제거하면서 분권화된 운영 철학을 추구하는 노력이 반영된 결과였다. 네슬레에 매각될 때까지, 랠스턴의 영업이익률은 소비재 산업에서 가장 높았다.

스티리츠는 부채 활용 면에서도 소비재 기업 CEO 가운데 선구자였다. 이는 소비재 업계에서 이단아 같은 것이었다. 소비재 업종에서는 특히나 오래전부터 보수적인 재무정책을 고집하고 있었기 때문이다. 하지만 스티리츠는 차입금을 현명하게 사용하면 주주 수익을 상당폭 개선할 수 있을 거라고 봤다. 그는 영업현금흐름을 예상할 수 있는 사업에서 주주 수익을 향상시키려면 부채를 써야 한다고 판단했다. 그는 차입금을 적극적으로 이용해 자사주 매입과 사업인수에 필

렉스턴 vs 경쟁사들의 부채 비교

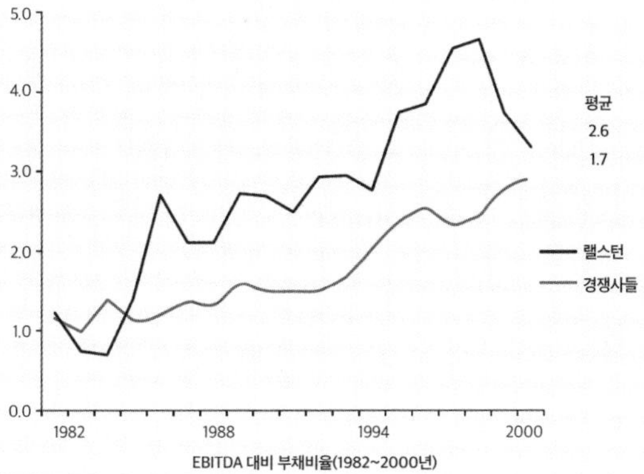

• 이 수치는 'EBITDA/(지급어음+유동성 장기부채+장기부채)'로 계산함.

[자료:증권가격연구센터, 랠스턴]

요한 자금을 조달했다. 그의 최대 규모 인수였던 에너자이저 및 콘티넨털 인수는 차입금 덕분이었다. 그의 재임기간 내내 랠스턴의 현금흐름 대비 부채비율은 소비재 산업 평균치를 웃돌았다.

스티리츠가 사업을 매각하고 분할하는 방법은 시간이 갈수록 진화했다. 처음에는 버섯 농장과 하키팀처럼 그가 기준으로 잡은 이익률과 수익을 내지 못한 비핵심 사업 매각으로 시작했다. 이러한 자산매각은 회사에 중요한 초기 현금 창출원이었다. 이런 기준으로 볼 경우, 신성불가침인 영역이란 없었다. 오랫동안 해왔던 사료 사업 매각도 이를 따른 것이었다. 모부신은 나에게 "스티리츠는 가치 있는 게 뭔지 알았고, 가격만 맞으면 어떤 자산이라도 매각하려 했다"[2]고 말했다. 이 기간 동안 스티리츠는 비핵심 자산을 가능한 한 제일 좋은 가격에 매각하고, 이렇게 확보한 자본은 에너자이저와 콘티넨털 베이킹 브랜드 같은 더 수익성이 좋은 사업에 투입하는 데 집중했다.

하지만 결국 자산 매각이 세금 면에서 비효율적임을 깨닫게 되면서, 기업분할 방식을 활용하기 시작했다. 기업분할은 기업가적 에너지와 창의성을 발휘할 수 있으며 자본이득세 과세를 미룰 수 있다는 점 때문이었다.

임기 초반부터 스티리츠는 조직 분권화 신봉자였다. 그는 회사 내부 계층을 줄이고, 핵심 사업의 책임과 자율권을 치밀하게 짜놓은 관리자 그룹으로 넘겼다. 기업분할은 '최종적인 분권화' 쪽으로 더 깊이 들어가는 것이라는 게 스티리츠의 생각이었다. 기업분할은 관리자들과 주주들에게 투명성과 자율성을 제공한다고 봤기에 스티리츠는 관리자들의 운영 성과가 더욱 직접적으로 보수체계에 연동되도록 했다. 여러 사업이 뒤섞인 구조인 모기업에서보다 분할된 자회사의 성과와 보수 간 연동성은 더 강했다.

또한 스티리츠는 대단히 영민한 매도자임을 증명하기도 했다. 임기를 시작할 때였던 1980년대 초반에 사업들을 정리한다며 야단법석을 떨었지만, 정작 매각한 사업은 그 중에 큰 규모였던 두 개뿐이었다. 하나는 듀폰에 넘긴 랠스턴의 단백질 사업이었다. 듀폰은 아주 비싼 값에 이 사업을 인수했는데, 스티리츠는 매각대금을 주식으로 받아 자본이득세 납부를 뒤로 미뤘다. 다른 하나는 네슬레에 랠스턴을 매각한 거래였는데 우리가 살펴봤던 대로 네슬레는 100억 달러가 넘는 기록적인 가격에 랠스턴을 사들였다. 스티리츠는 요즘도 아주 좋은 값에 매각했다고 인정하면서도, 대금을 주식으로 받지 않은 것을 후회한다고 했다. 이 거래로 네슬레 사업이 강화되기도 했고, 랠스턴 주주들에게는 자본이득세가 부과됐기 때문이다.

스티리츠가 주목한 두 가지

해마다 원리금 상환, 내부 자본지출, 최소규모 배당금이라는 지속적인 패턴을 제외할 경우, 스티리츠의 두 가지 주요 현금 용처는 자사주 매입과 기업인수였다. 스티리츠는 이 두 분야에서 기회가 오면 놓치지 않았다.

스티리츠는 소비재 업종만 놓고 보면 그야말로 자사주 매입의 개척자였다. 1980년대 초반 그가 자사주 매입을 시작했는데, 이는 그때까지도 이례적이며 논란이 되는 행동이었다. 당시 랠스턴 이사 가운데 한 사람은 "왜 회사를 위축시키려고 하나? 그 외에는 회사를 성장시킬 만한 다른 방안이 없느냐?"며 의문을 제기하기도 했다. 반면에 스티리츠는 자사주 매입이 그가 할 수 있는 최적의 투자라고 판단했다. 그는 이사회를 설득해, 적극적으로 자사주를 매입하게 됐다. 그 결과, 랠스턴 주식의 60퍼센트라는 엄청난 양을 사들이게 됐는데, 이는 이 책에 나오는 CEO 중에서 헨리 싱글턴 다음으로 큰 규모였다. 그는 이러한 자사주 매입으로 평균 13퍼센트의 장기 내부수익률이라는 아주 좋은 성과를 내게 됐다.

그는 매우 알뜰한 매수자이기도 했다. 주가를 선불리 끌어올릴 수도 있는 대규모 공개매수보다는 공개시장에서 기회를 살펴보다가 사들이기를 선호했다. 주가수익배수PER가 저점을 보일 때면 지속적으로 자사주를 매입했다. 스티리츠는 자사주를 매입할 때 직접 주식매매수수료 할인 협상을 하기도 했다.

스티리츠는 자사주 매입 수익률이 다른 내부 자본투자 결정, 특히 인수할 때 손쉬운 판단기준점이 된다고 생각했다. 그의 부하직원으로 오래 일했던 팻 멀케이는 이렇게 말했다. "우리가 항상 투자를 결정할 때 이용한 기준선은 자사주 매입에 따른 수익률이었다. 만일 자사주 매입 수익률을 넘어설 것이라는 확신이 드는 인수라면 할 만한 가치가 있었다."[3] 거꾸로, 인수 후보의 예상 수익률이 자사주 매입 수익률을 의미 있는 수준으로 넘지 않으면 스티리츠는 인수에 나서지 않았다.

사업을 인수하는 방식을 보면, 스티리츠는 항상 승산 있는 후보를 찾곤 했다. 랠스턴의 마케팅 전문성과 유통능력을 활용하면 수익이 개선될 만한 사업에 집중한 것이다. 그는 이전 소속기업에서 관리가 제대로 되지 않았던 기업들을 선호했다. 그의 두 가지 최대 인수 사례였던 콘티넨털 베이킹과 에너자이저가 모두 대기업 안에서 방치됐던 소규모 사업부였던 것은 우연히 아니었다. 이 두 건의 인수에서 나온 장기수익률은 상당했다. 에너자이저는 14년 동안 연평균 수익률이 21퍼센트나 됐으며, 콘티넨털은 11년 동안 13퍼센트의 수익률을 기록했다.

스티리츠는 판매자와 직접 접촉할 수 있는 인수 후보에 집중했다. 경쟁 입찰은 가능하면 피했다. 콘티넨털 베이킹 인수에서는 ITT 회장인 랜드 아라스코그에게 직접 편지를 보내 경쟁 입찰을 피하기도 했다.

스티리츠는 보수적인 가정으로 계산해도 괜찮은 수익이 예상되는 경우에만 랠스턴이 인수에 나서야 한다고 생각했다. 복잡한 금융모델로 도출하는 어설픈 정밀함을 무시하는 대신, 일부 핵심변수에 집중했다. 시장 성장성, 경쟁 상황, 운영 개선 가능성, 그리고 언제나 그렇듯 현금창출이 그것이었다.

스티리츠의 문하생 같은 인물로 나중에 에너자이저를 운영하게 된 팻 멀케이는 스티리츠가 에너자이저를 인수했던 방법을 이렇게 설명했다. "매물로 나온 에너자이저를 인수할 수 있는 기회가 생겼을 때, 우리 일부가 오후 한 시에 만나 에너자이저의 장부를 받았지요. 우리는 차입매수LBO 모델로 대충 계산해보고 오후 네 시에 다시 만나서 14억 달러에 입찰하기로 결정했어요. 그 정도로 간단했지요. 우리는 어디에 중점을 둬야 하는지 알았어요. 엄청난 분석이나 은행가들은 필요 없었답니다."[4] 스티리츠의 사업인수 방식은 톰 머피, 존 말론, 캐서린 그레이엄을 비롯한 이 책에 나오는 다른 CEO들과 유사한데, 종이 한 장에 정리된 핵심 가정에 집중한다는 게 특징이었다. 40페이지짜리 세밀한 분석보고서가 아니었다.

스티리츠의 경영전략

소비재 업계에서 일찍이 차입매수의 가치를 꿰뚫어본 스티리츠는 사모펀드 같은 사고방식을 의도적으로 받아들였다. 멀케이가 깔끔하게 요약한 스티리츠의 경영관은 이랬다. "스티리츠는 랠스턴을 차입매수LBO와 다소 유사하게 경영했다. 그는 현금흐름이 원활하고 예측 가능하기만 하다면 높은 차입금이 주주들에게 이득을 안겨준다는 점을 처음 눈치 챈 사람 중 하나였다…… 그는 이유를 막론하고 현금을 까먹는 사업은 처분했고, 대규모로 자사주를 매입하고 우리의 수익 기준치에 적합한 사업을 이따금 인수하는 식으로 기존 사업에 더욱 열심히 투자했다."[5]

스티리츠는 소비재마케팅 전문지식을 특이하게도 금융 감각과 결합시켰다. 그는 EBITDA법인세·이자 감가상각비 차감 전 영업이익와 IRR내부수익률 같은 최신 지표를 중요시했다. 이 지표들은 초창기 사모펀드 산업의 언어였다. 스티리츠는 연차보고서상 순이익과 장부가치 등 전통적으로 써온 회계지표들을 멀리했다. 이는 당시 월스트리트가 선호했던 금융지표들이었다. 특히 장부가치를 무시했다. 오랫동안 애널리스트로 일한 존 비어부스에 의하면, 스티리츠가 어쩌다 참석한 산업 컨퍼런스에서 "장부상 자기자본은 우리 사업에서 아무 의미가 없다"고 발언해, 깜짝 놀란 청중들이 조용해진 일이 있었다고 한다. 모부신은 이 얘기도 덧붙였다. "장부가치, 주당순이익, 그 밖의 표준적인 회계지표들을 무시하려면, 당신에게는 불굴의 의지가 있어야 한다.

그 지표들이 경제적 현실과는 전혀 상관관계가 없더라도 말이다."[6]

스티리츠는 지극히 독립적이었고, 외부 자문가들에게 조언 받기를 적극적으로 거부했다. 그는 경영자 자질 중에 카리스마가 과대평가돼 있다고 봤다. 하지만 분석 능력은 CEO에게 대단히 중요한 전제 조건이며 독립적 사고를 할 수 있게 하는 핵심 요인이라고 생각했다. "분석 능력이 없으면 CEO들은 은행가와 CFO최고재무책임자에게 끌려 다니게 된다." 스티리츠는 많은 CEO들이 이러한 분석 능력이 필요 없는 분야, 즉 법무, 마케팅, 제조, 영업 분야 출신임을 봐왔다. 분석 능력이 없다면 그들은 대단히 불리한 조건에 놓일 거라고 생각했다. 스티리츠의 조언은 간단했다. "리더십은 분석에서 나온다."

이런 독립적인 사고방식으로 인해 그는 외부 자문가들을 매우 불신하게 됐다. 특히 투자은행가들을 그렇게 생각했는데, 스티리츠는 그들을 "기생충"이라고 얘기한 적도 있었다. 그는 자문가들을 활용할 일이 있을 때도 까다롭게 굴었다. 가능하면 최소한으로, 늘 신중하게 정해진 사안에만 이용했다. 외부 자문가들에게 지불할 수수료를 협상할 때도 공격적이었다. 그는 은행가들이 과도한 비용을 요구한다는 생각이 들자 수백억 달러짜리 네슬레 거래를 지연시켰다. 그는 수많은 거래를 할 때마다 다른 은행가들에게 일을 맡겨서 어떤 은행가들도 일을 또 맡을 거라고 안심하지 못했다.

그는 중요한 자산실사 회의나 협상자리에 혼자 참석해 은행가들과 변호사들이 득실대는 거래상대팀을 대하는 것으로 유명했다. 스티리츠는 이런 파격적인 방식을 즐겼다. 그 당시 골드만삭스 직원으로 일했던 사람이 내게 해준 얘기에 의하면, RJR 나비스코 매각 과정에서 밤늦게 자산실사 회의가 열렸는데 스티리츠가 혼자서 골드만삭스 회의실에 나타났다. 그는 줄 쳐진 노란색 메모장만 들고서, 운영상 핵심 가정들을 하나씩 살펴본 다음, 최종 응찰을 하고는 돌아갔다. 그는 투자 과정을 적극적으로 즐겼고, 랠스턴을 매각한 뒤로는 주로 자신의 자본으로 이뤄진 투자회사를 활기차게 경영했다.

스티리츠는 자기 시간을 빈틈없이 방어했다. 보는 눈도 많고 시간도 써야 하는 자선위원회를 멀리했고, 의례적인 점심식사자리도 "대부분 시간낭비"라며 피해 다녔다. 그의 설명으로는, "핵심을 얘기하자면, 시간을 너무 많이 잡아먹는 일이라서, 아예 그만뒀다." 하지만 그는 다른 기업 이사회에 참석할 시간은 냈는데, 이는 새로운 상황과 아이디어에 노출될 수 있는 기회라고 봤기 때문이었다.

그는 출처에 상관없이 새로운 생각이라면 늘 스펀지처럼 빨아들였다. 산업 애널리스트로 오래 일한 존 맥밀린은 이런 글을 쓴 적이 있다. "어떤 이들은 혁신가이고 또 어떤 이들은 남들에게 아이디어를 빌린다. 스티리츠는 긍정적인 의미에서 둘 다였다."[7] 그는 일정에서의 시간을 의도적으로 떼어내 사업상 핵심 쟁점과 씨름하곤 했는데, 그가 플로리다 해변에 있든 세인트루이스의 본사 집무실에 있든 늘 그랬다.

그는 시간 소모적인 월스트리트와의 교류를 피했다. 애널리스트 존 비어부스의 말을 빌리자면 "그레타 가르보은퇴 후 은둔 생활하며 지낸 것으로 유명한 배우—역자 같았다." 애널리스트들과는 거의 대화하지 않았으며, 콘퍼런스에도 사실상 참석하지 않았고, 분기별 실적전망도 전

혀 발표하지 않았다.[8]

1990년대 중후반이 되자 스티리츠의 이단은 정통이 됐다. 거의 모든 경쟁자들이 비핵심 자산 매각, 자사주 매입, 핵심 제품군을 보완하는 사업 인수 등 그의 전략을 다른 버전으로 실행했다. 2001년 그의 전략이 두루 쓰이고 소비재 업종의 주가배수가 고점에 이르자, 스티리츠는 갑자기 진로를 틀어 네슬레에 랠스턴을 기록적인 가격으로 매각했다. 그의 경쟁자들은 또다시 당혹스러워하며 머리를 긁적거리고 말았다.

참고할 사례 : 사라 리

스티리츠가 랠스턴을 맡은 지 30년이 넘은 지금까지도, 소비재 기업들은 스티리츠의 전략을 모방하는 식으로 그를 계속해서 극찬하고 있다. 가장 최근에 스티리츠의 발자국을 따라간 소비재 기업은 사라 리다. 공동 CEO인 브렌다 반스와 마르셀 스미츠 아래에서 사라 리는 지난 5년 동안 비핵심 사업을 매각하고, 자사주를 13퍼센트 매입했으며, 상대적으로 높은 수준의 차입금을 유지하면서, 경쟁사들을 압도하는 수익을 주주들에게 안겨줬다. 이 글을 쓰는 시점에서, 사라 리는 주가에 상당히 의미 있는 프리미엄이 붙인 가격에 회사를 인수하고 싶다는 사모펀드 컨소시엄의 제안을 거절했다. 그 대신 수익성이 꽤 높은 커피와 차 사업을 분할하고 상당한 규모의 배당금을 일시적으로 지급한다고 발표했다. 어디서 많이 들어본 얘기 같지 않은가?

chapter 7

[최적화를 위한 다각화 딕 스미스와 제너럴 시네마]

1935년 설립되어 전성기 때는 미국 전역에 600개가 넘는 극장을 소유하기도 했으며 루카스필름에서 설계한 THX 스피커 시스템을 최초로 도입하기도 했다. 1960년대부터 사업을 다각화하여 백화점 체인인 니만마커스, 출판사인 하코트 브레이스 조바노비치를 인수했고 여러 개의 라디오 방송국을 소유하기도 했다. 극장 사업 부문은 독립된 상장기업 제너럴 시네마 컴퍼니로 분할되어, 머리글자를 따서 흔히 GCC라고 불렸다. 2002년에 극장 체인인 AMC에 인수되었다.

진짜 유능한 소규모 집단에서 가치를 얼마나 많이 만들어내는지 놀랍기만 하다

—데이비드 와고, 퍼트넘 인베스트먼트

1962년, 필립 스미스가 심장마비로 갑자기 사망했다. 필립 스미스는 1908년 러시아에서 보스턴으로 온 후로 여러 허드렛일을 거쳐 오다가 초창기 5센트짜리 극장 사업에서 자신의 길을 찾아냈다. 처음에는 좌석 안내원으로 일하다가 티켓 담당자로 올라갔으며, 마침내 보스턴 중심가 영화관의 총괄책임자로 승진했다. 알 존슨이 무성영화에 소리를 입히는 기술을 개발하기 5년 전이던 1922년, 그는 친구와 가족에게 자금을 빌려서 보스턴 노스엔드에 극장을 열었다.

그 후 40년 동안, 필립 스미스는 미국 북동부지역 뉴잉글랜드부터 시작해 중서부지역까지 극장 체인을 성공으로 키워냈다. 그는 자동차 극장의 선구자였으며, 빈틈없는 경영자라는 명성을 얻었다. 사망하기 1년 전이던 1961년, 그는 회사를 주식시장에 상장해 자동차 극장을 추가로 지을 자금을 조달했다. 필립 스미스가 예순둘이라는 이른 나이에 사망하자, 그의 아들 딕이 지체 없이 제너럴 드라이브인이라고 알려진 기업의 CEO 자리를 승계했다. 당시 그의 나이는 서른일곱 살이었다.

평범한 극장 체인에서 시작한 이 초보 CEO는 이후 43년 동안 누적 성과로 S&P보다 11배나 높은 수익률을 기록하며 더 큰 주식시장과 잭 웰치를 압도했다. 딕 스미스가 이런 성과를 이룩한 것은 설립자 가족이 운영하는 상장기업이라는 맥락에 따른 것이었다. 그는 회사를 마치 개인 소유물처럼 경영했는데, 성숙단계에 이른 자동차 극장 사업에서 다각화를 추진하고자 회사의 현금흐름을 투입할 때면 독특한 인내심을 보여줬다. 처음에는 쇼핑몰 극장으로, 그다음에는 완전히 다른 사업 분야로 진출했다.

딕 스미스는 장기간 움직임 없이 지내다가 가끔씩만 대규모 거래를 하곤 했다. 그는 재임 중에 중요한 인수 세 가지를 했는데, 1960년대 후반, 1980년대 중반, 1990년대 초반에 각각 하나씩이었다. 모두 극장과는 무관한 사업으로, 청량음료 사업아메리칸 비버리지 컴퍼니, 소매업카터 홀리 헤일, 출판업하코트 브레이스 조바노비치이었다. 이 일련의 거래들은 지방 자동차 극장 업체를 소비자 산업 분야의 성공한 대기업으로 바꿔 놨다.

비즈니스계에는 본업과 무관한 사업을 인수했다가 실패한 회사들의 잔해로 뒤덮여있다. 다각화를 염두에 둔 인수는 성공하기 어렵기로 악명이 높은데타임워너와 AOL을 생각해보라, 그런데 비교적 경험이 부족한 데다 친족 임용의 수혜자였던 딕 스미스는 다각화 분야 대가가 됐다. 사실 제너럴 시네마에서 그의 임기는 일련의 재발명 과정이라고 볼 수 있다. 그것은 또한 1980년대 후반, 2003년, 2006년에 각각 한 번씩 있었던 절묘한 시기의 사업철수와 관련된 이야기이기도 하다. 확장과 축소, 다각화와 매각은 마치 아코디언처럼 이뤄지는 패턴으로 매우 이례적이었다. 어떤 면에서는 텔레다인의 헨리 싱글턴과 비슷하긴 하다. 그리고 이는 제너럴 시네마 주주들에게 엄청난 이득을 창출해줬다.

두 가지 혁신

딕 스미스는 1924년에 매사추세츠 뉴턴에서 태어났다. 그는 화목한 네 식구 가운데 맏아들이었으며, 아주 어릴 때부터 주말과 방학에는 집안 사업체에서 일했다. 그는 케임브리지에 있는 예비학교를 다녔고, 1946년 공학 전공으로 하버드 대학을 졸업했다. 그는 2차 세계대전 기간 동안 조선 엔지니어로 일했으며, 전쟁이 끝난 후에는 MBA 과정에 들어가지 않고 집안 사업으로 복귀했다. 1956년, 딕 스미스가 서른두 살이 되자, 아버지는 그를 정규직원으로 채용했다.

아버지가 작고한 후, 스미스는 극장 체인을 교외 쇼핑몰 안에 적극적으로 진출시키며 확장에 나섰다. 교외 쇼핑몰은 확실한 신규 시장이었다. 스미스는 인구변화 추이에 힘입어 교외 극장이 엄청난 수익을 낼 것임을 업계 최초로 인지했고, 이러한 기회를 잡아낼 기가 막히는 방법을 두 가지 고안했다.

첫 번째는 극장 사업에서는 낯선 방식의 재원 조달이었다. 전통적으로 극장 개발은 해당 토지 소유권을 강화하는 방식으로 이뤄졌다. 자산을 장기간 운영한다는 점을 감안해 이를 담보로 자금 조달에 나서는 것이었다. 하지만 스미스는 입지가 좋은 극장은 예측 범위의 현금 흐름을 빠르게 창출할 수 있다는 것을 알아챘다. 그는 새 극장을 지을 때 리스 금융리스금융사로부터 각종 기계, 설비, 장비들을 임대하고 리스료를 내는 임대차형식의 물적 금융-역자을 활용하는 방식을 선도적으로 도입해, 선행 투자 규모를 극적으로 감축했다. 이러한 혁신 덕분에 제너럴 시네마 극장 체인은 최소한의 자본투자만으로도 빠르게 성장할 수 있었다.

두 번째 혁신은 극장마다 스크린을 더 많이 설치해 관객이 더 많이 올 수 있게 하고, 수익률이 높은 구내매점 영업을 최적화하는 것이었다. 이러한 두 가지 혁신 덕분에, 제너럴 시네마는 1960년대와 1970년대 초반에 걸쳐 신규 극장 투자로 놀라운 수익을 누렸다. 하지만 1960년대 후반이 되자 스미스는 극장 성장이 계속 이어지기는 어렵다는 것을 깨닫고, 장기적인 전망이 더 나은 신규 사업으로 다각화할 방법을 모색하기 시작했다.

스미스가 변신 차원에서 행한 것은 1968년 오하이오에 본사를 둔 아메리칸 비버리지 컴퍼니ABC 인수였다. ABC는 미국 최대 펩시 보틀러펩시 제품을 생산, 유통, 판매할 권리를 지닌 기업-역자였다. 스미스는 극장 매점을 운영하다 보니 음료 사업에도 일가견이 있었는데, ABC가 매물로 나올 가능성이 있다는 소식을 듣자 재빨리 행동에 나섰다. 스미스가 직접 협상했던 이 거래는 상당히 괜찮았는데, 가격이 회사 현금흐름의 5배에 이르는 데다, 당시 기업가치EV· 자기자본과 부채 합계 또는 시가총액에 순부채 합계로 산출–역자의 20퍼센트도 넘었다. 스미스는 부동산 분야 전문성을 활용해, 창의적인 방식으로 매수자금을 조달했다. ABC 제조시설을 '매입 후 재임대기업의 자산을 리스회사에 매각하고 다시 리스계약을 맺어 빌려 쓰는 것–역자' 방식으로 활용했던 것이다. 그는 아직도 이 인수에 성공했다는 것을 자랑스럽게 여긴다.

스미스는 극장이라는 실물 기반 사업으로 성장했는데, 음료 브랜드 같은 무형 자산 사업에 나서는 것은 ABC가 처음이었다. 스미스는 음료 사업을 아주 좋아하게 됐다. 이 사업은 자본수익률이 상당히 높으면서도 장기 성장 추세가 매력적인 과점사업이었기 때문이다. 그는 특히 펩시 보틀러 업계가 활기차다는 점이 마음에 들었다. 코카콜라 업계는 독립적인 일부 대형사들이 지배하고 있었지만 펩시 업계는 분열돼 있었는데, 잠재적인 매도자가 될 만한 2~3세대 소유주들이 많았다. 펩시는 2위 브랜드였기 때문에 사업권은 종종 코카콜라보다 더 저렴한 값에 거래되곤 했다.

ABC 인수로 스미스는 합법적인 플랫폼 기업, 즉 다른 기업들이 쉽고 효율적으로 결합될 수 있는 회사를 보유하게 됐다. ABC로 규모적인 강점을 갖추게 되면서, 스미스는 새로운 사업권을 매각기업 현금흐름 대비 높은 배수로 매입해도, 실질적인 거래가격을 즉시 낮출 수 있게 됐음을 깨달았다. 비용 절감, 세금 지식, 마케팅 전문성으로 보완이 가능해졌기 때문이었다. 이러한 통찰에 따라, 스미스는 1973년 아메리칸 펩시, 1977년 펩시콜라 보틀링 컴퍼니, 1977년 워싱턴

DC 지역 사업권 등 다른 사업권을 적극적으로 인수했다.

극장 사업에서 스미스와 그의 팀은 혁신적인 마케터이자 효율적인 운영자였다. 회사는 비용 감축 방안을 꾸준히 찾아냈다. 규모를 이용해 캔 가격을 낮추고 펩시 본사의 가격 인상을 피하고자 국제 시장에서 설탕을 직접 구매하는 식이었다. 그 결과 ABC의 이익률은 업계 최고 수준이었다. 펩시 사업권에 더해서, 스미스는 이따금 세븐업과 닥터페퍼 같은 다른 음료 사업권을 매입했고, 1976년에는 미국 최대 오렌지생산자조합과 손잡고 썬키스트 오렌지주스를 제조해 자사 유통망에 제품을 출시했다. ABC는 썬키스트 출시에 총 2,000만 달러를 투자했는데, 1984년 캐나다 드라이에 이 사업권을 8,700만 달러에 매각하며 엄청난 투자수익을 냈다.

음료 사업이 자리를 잡고나자, 스미스는 제너럴 시네마라는 의자를 떠받치는 '세 번째 다리'가 될 만한 또 다른 사업을 찾아 나섰다. 이러한 차원에서 1970년대 후반과 1980년대 초반에 방송미디어 산업에서 TV와 라디오 방송국 몇 곳 등을 사들이며 소규모 인수를 몇 차례 했다. 하지만 스미스가 인수전에 나설 때 고액 부르기를 자제하면서, 제너럴 시네마는 당시 방송계에서는 흔했던 두 자릿수 배수 가격을 지불하는 일이 없었다. 미디어에 포트폴리오 일부를 투자해 꽤 괜찮은 수익을 냈지만, 제너럴 시네마는 미디어 사업 인수에 적극적으로 나서지는 않았다. 오랜 투자자였던 퍼트넘 인베스트의 밥 벡에 의하면 이는 "놓쳐버린 기회"였다.[1]

스미스의 인수 방식은 날이 갈수록 진화했다. 1980년대 초반부터 스미스와 그의 팀은 가끔씩 기회가 오면 대규모 인수를 했으며 저평가됐음직한 상장사들에는 일련의 소량 지분 투자를 하는 데에 중점을 뒀다. 이러한 투자는 다각화의 일환이었는데, 스미스가 '개입 투자'라고 이름붙인 전략이었다. 이는 규모 있는 소량 지분 투자로 이사회에 자리를 얻어서 운영을 개선하고 기업 가치를 높이고자 해당기업 경영에 참여한다는 아이디어였다.

1980년대 전반부에, 스미스가 시도했던 개입 투자는 컬럼비아 픽처스, 휴브레인, 캐드버리 스웹스 등 세 건이었다. 휴브레인과 캐드버리 스웹스의 경우에는 두 기업 경영진이 제너럴 시네마의 투자의도를 의심하거나 노골적인 적개심을 보였다. 그 결과 이사회에서 자리를 얻지 못했고, 스미스는 매수 후 1~2년 안에 이 지분들을 매도했다. 이러한 투자로 얻은 수익은 매력적이었지만, 다각화라는 더 큰 목표는 이루지 못했다. 그런데 1985년 4월 상황이 갑자기 변했다. CFO인 우디 아이브스가 모건스탠리 투자은행의 에릭 글리처가 걸어온 전화에서 '세 번째 다리' 후보를 찾은 것이었다.

CHH 투자로 만든 새로운 사업

글리처는 전화로 카터 홀리 헤일CHH에 대해 얘기했다. CHH는 상장된 소매 대기업으로, 백화점 몇 개와 특수소매 체인을 운영했다. 최근 더 리미티드의 레슬리 웩스너가 CHH에 적대적 인수를 시도했었는데, 글리처는 상당한 지분을 매입해 이 시도를 좌절시킬 수 있는 우호적인 투자자, 즉 '백기사' 찾는 일을 맡고 있었다.

아이브스는 처음에는 글리처의 설명을 시큰둥한 태도로 듣다가, 점점 얘기를 듣다보니 중요한 기회 같다는 생각이 들었다. 다음 화요일까지 답을 줘야 해서 시간은 불가능한 수준으로 촉박했다. 잘못이 허용되지 않는 촉박한 시간 내로 행동에 나설 수만 있다면, 어떤 매수자든 협상할 때 대단히 유리한 입장에 있게 될 것임을 아이브스는 눈치챘다. 아이브스는 전화를 끊고 딕 스미스와 다른 최고경영진에게 이 내용을 전했다. 오후 다섯 시에 그들은 로스앤젤레스에 있는 CHH 본사로 가는 비행기에 탑승했다.

그들은 주말 내내 집중적인 실사 작업과 협상을 진행해 일요일 저녁 합의를 끌어냈다. 애국기념일이자 보스턴 지역 은행 휴일인 월요일에 그들은 거래자금을 조달하고자 은행 세 곳으로 이뤄진 인수조합을 급하게 꾸렸다. 목요일, 즉 글리처가 처음 전화를 건 지 일주일하고도 하루가 지난 날, 거래가 마무리됐다. 스미스와 그의 팀이 인수기준과 절차를 잘 다듬어놓은 덕분에 이러한 특수한 일정에서도 해낼 수 있었다. 그렇게 큰 거래에 이 정도로 신속히 움직일 수 있는 상장기업은 거의 없을 것이다.

CHH 투자는 스미스가 기회가 오면 놓치지 않으며 확실한 상황에서는 대규모로 베팅에 나선다는 것을 아주 잘 보여주는 사례다. 이 거래는 제너럴 시네마 기업가치의 40퍼센트에 이를 만큼 규모가 컸으며 대단히 복잡하기도 했다. 아울러 아주 매력적이기도 했다. 아이브스는 CHH와 협상할 때 제너럴 시네마에 10퍼센트 수익률을 보장하는 우선주를 매입하되, 사업이 잘 되면 우선주를 보통주 지분 40퍼센트로 전환할 수 있게끔 했다. 이 협상에는 CHH의 완전자회사인 월든북스를 고정가격에 살 수 있는 옵션도 포함됐다. 아이브스는 내게 이렇게 요약해줬다. "핵심은 우리가 전액 세금공제 되는 자금을 6~7퍼센트 금리로 빌렸지만 이 부채로 10퍼센트의 수익을 얻었으며, 나중에 우리가 니만 마커스 그룹을 분할 받을 수 있게 해준 전환 옵션과 월든북스를 매입할 수 있는 옵션을 받았다는 것이었죠."[2] 나쁘지 않은 주말 업무였다.

결국 제너럴 시네마는 CHH 지분 40퍼센트를 받아 이 지분을 특수소매 사업부 지분 60퍼센트로 교환하게 됐는데, 이 사업부의 주요 자산이 바로 니만 마커스 체인이었다. 제너럴 시네마가 CHH 투자로 올린 장기 수익률은 무려 51.2퍼센트나 됐다. 이 거래에 힘입어 제너럴 시네마는 음료나 극장 사업과 무관하며 성장성이 유망한 소매업이라는 신규 사업으로 확실하게 넘어갈 수 있었다.

스미스의 안목과 결정

스미스는 1980년대 후반에 두 가지 걱정스러운 흐름을 인지했다. 다시 활기를 찾은 코카콜라가 지역 시장에서 펩시 공격에 나서는 것과, 양호한 음료산업 경제성의 가치가 더욱 오르면서 음료 사업권 가격이 급등하는 것이었다. 썩 내키지는 않았지만 그는 음료 사업 매각 가능성을 타진해보고는, 결국 1989년 펩시 본사에 기록적인 가격으로 이 사업을 넘겼다. 매각이 끝나자 제너럴 시네마 대차대조표에는 10억 달러가 넘는 현금이 기재됐다. 스미스는 다시 다각화를 위한 인수 대상을 찾아 나섰다.

후보를 찾는 데 그리 오랜 시간이 걸리지는 않았다. 길고 복잡한 18개월의 과정을 거쳐 1991년, 스미스는 그가 했던 것 중 가장 큰 규모이자 마지막 인수를 했다. 복잡한 경매과정 끝에 하코트 브레이스 조바노비치HBJ 출판사를 사들여 제너럴 시네마의 마지막 세 번째 다리를 맞춰냈다. HBJ는 교육과 과학 분야 선두 출판사로, 교육 업체와 재취업알선 회사도 보유하고 있었다. 1960년대 중반 이후부터 HBJ는 CEO인 윌리엄 조바노비치가 사유물처럼 경영해왔다. 1986년 영국 출판사인 로버트 맥스웰이 적대적 인수를 시도하자 여기에 맞서 조바노비치는 거액의 부채를 끌어들이고, HBJ의 놀이공원 사업을 매각하고, 주주들에게 대규모로 주식을 넘겼다.

이러한 일련의 행동으로 맥스웰의 접근을 막는 데는 성공했지만, HBJ에 남아 있는 부채는 감당할 수 없는 수준이었다. 회사가 계약사항에 발이 묶이고 지불 불능 상태가 되자, 채권은 헐값에 거래됐다. 또 아폴로 인베스트먼츠의 레온 블랙 등 몇몇 기업사냥꾼들은 복잡한 채권구조 안에서 지분을 모아가기 시작했다.

운영이 망가져 감에 따라 윌리엄 조바노비치는 은퇴했고, 오랫동안 HBJ의 경영진이었던 그의 아들 피터가 그 뒤를 이었다. 1990년대 후반, HBJ는 투자은행 스미스 바니에 매각 절차를 맡겼다. 제너럴 시네마에서도 경영진이 HBJ의 복잡한 자본구조 분석에 돌입했다. 경영진은 경쟁 입찰이 마음에 들지 않았지만, 그 사업이 제너럴 시네마의 인수기준에 잘 맞는다는 결론을 내리고 인수전에 적극 나서기로 결정했다.

제너럴 시네마 경영진은 HBJ의 대차대조표 투자은행가인 시저 스웨이처가 "기업 금융의 심화 과정"이라고 특징 지은가 워낙 복잡한 만큼 다른 매수자들이 단념하게 될 것이고, 그러면 민첩하고 자금력이 좋은 독립적인 매수자가 매력적인 가격에 협상할 수 있는 기회가 생길 거라고 봤다.[3] 수많은 HBJ 채권자들과 광범위한 협상 끝에, 스미스는 이 회사를 15억 6,000만 달러에 인수하기로 합의했는데, 이는 그 당시 제너럴 시네마 기업가치의 62퍼센트나 되는 금액이었다. 실로 어마어마한 도박이었다. 이 가격은 HBJ 핵심 출판 사업 현금흐름의 6배였고, 다른 거래들과 비교해도 매력적인 값이었다. 스미스는 나중에 이 사업을 현금흐름의 11배 가격으로 매각했다. 다음 표는 이 거래의 자금원과 사용처를 나타내는데 그 복잡성과 관련 주체의 수를 알 수 있다.

제너럴 시네마의 하코트 브레이스 조바노비치 인수 관련 재무자료

	원래 제안	최종 제안
	$14억 6,000	$15억 6,000
HBJ 보통주	$13억 현금	$7억 5,000 제너럴 시네마 주식
HBJ 우선주	$13억 현금	$7억 5,000 제너럴 시네마 주식
HBJ 선순위채	원금의 93%	원금의 100%
HBJ 차순위채	77%	91%
HBJ 후순위채	45%	47.5%
HBJ 무이자할인채	32.4%	40.975%
HBJ 현물지급	40%	47%

[자료:제너럴 시네마/하코트 브레이스 조바노비치 합작 위임장 32쪽, 40쪽, 46~47쪽]

1991년 HBJ 인수 이후, 제너럴 시네마는 성숙기에 접어든 극장 사업을 GC 컴퍼니스로 분할해 상장했다. 경영진이 규모가 더 큰 소매업과 출판업에 집중할 수 있게끔 한 것이었다. 스미스와 그의 경영팀은 소매업과 출판업을 10년 간 계속 운영했다. 스미스는 2003년에는 HBJ 출판 사업을 리드 엘스비어에 팔았고, 2006년에는 제너럴 시네마 포트폴리오의 마지막 흔적인 니만 마커스를 사모펀드 컨소시엄에 매각했다. 두 거래 모두 해당 산업 안에서 가치평가 기록을 세우게 됐으며, 스미스와 제너럴 시네마 주주들에게는 막대한 수익을 안겨줬다.

아버지의 죽음으로 예기치 못하게 CEO 자리에 올랐던 스미스는

S&P 500과 경쟁사들의 수익을 압도한 제너럴 시네마 전체 주주가치

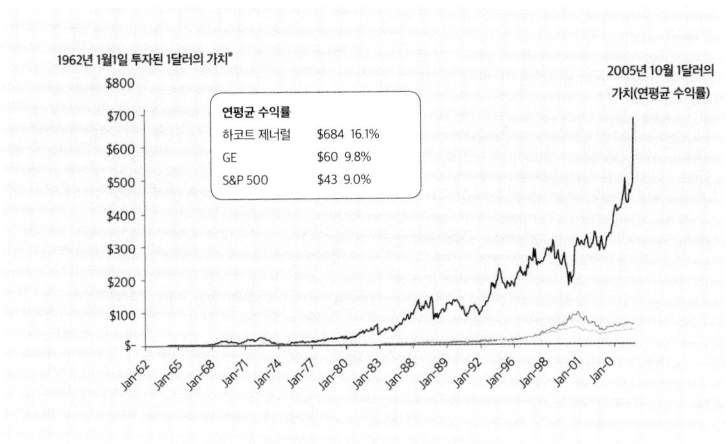

* 1962년 1월 1일에 투자된 1달러의 전체 가치는 배당금(과세율 35%) 지급 즉시 해당 기업 보통주에 재투자된 것으로 가정함.
니만 마커스 그룹은 1989년 10월 제너럴 시네마 주주들에게 분할됐고, 하코트 제너럴은 2001년 7월 리드 엘스비어에 매각됐다. 2005년 10월 니만 마커스 그룹이 텍사스퍼시픽 그룹과 와버그 핑커스에게 매각된 데 따른 수익을 포함하기 위해, 2003년에 리드 엘스비어에 매각될 때 받은 대금이 루카디아와 S&P 500의 평균 성장률만큼 가치가 상승하는 주식에 재투자된 것으로 가정함(2001년 7월~2005년 10월 중 루카디아와 S&P의 연평균 성장률은 17.7%와 0.7%).
[자료: 증권가격연구센터]

40년 간 제너럴 시네마에 재임하는 동안 뛰어난 성과를 올렸다. 그는 주주들에게 연평균 수익률 16.1퍼센트라는 놀라운 수익률을 창출해 줬는데, 이는 같은 기간 동안 S&P의 9퍼센트와 GE가 기록한 9.8퍼센트라는 수익을 왜소하게 만들었다. 1962년 초반 딕 스미스에게 투자한 1달러는 그의 퇴임 시점에는 684달러가 됐을 것이다. 이 돈을 S&P에 투자했다면 43달러, GE에 투자했다면 60달러에 그쳤을 것이다.

스미스의 경영노트

스미스는 제너럴 시네마를 경영하면서 독특한 방식을 고안했다. 그는 최고경영진 세 명, 즉 CFO 우디 아이브스, COO 밥 다르, 법률 고문 샘 프랑켄하임과 긴밀히 협력했다. 그는 이 그룹에 공식적으로 '회장 집무실'이라는 의미인 OOCthe Office of the Chairman라는 이름을 붙였다. OOC는 매주 만났으며 스미스는 이 경영진 간의 토론을 장려했다. 오랫동안 제너럴 시네마의 투자은행가로 일했던 시저 스웨이처는 이 회의를 "건설적이고 동등한 입장으로 싸우는 레슬링 경기"로 비유했다.[4]

스미스는 투표 후 OOC 멤버들에게 지더라도 결과를 기꺼이 받아들였다. 유능한 CFO인 우디 아이브스는 그 순간을 제너럴 시네마에서 가장 자랑스러웠던 순간 중 하나로 기억한다.아이브스는 나중에 회사를 떠나 이스턴 리소시스에서 기업회생을 성공리에 이끌었다. 컴캐스트 및 CBS와 함께 케이블 사업에 진출하는 합작투자를 논의하다가, 스미스가 아이브스에게 반대의견을 얘기해보라고 했는데, 이 때문에 이사회에서 투자를 백지화시킨 일이었다. "그는 이사회 앞에서 내가 공개적으로 그의 의견을 반대할 수 있게 했지요. 그렇게 하는 CEO는 아마도 없지 않을까요."[5]

제너럴 시네마는 매우 단출한 조직으로 운영됐다. 본사는 매사추세츠 체스트넛힐에 있는 평범한 쇼핑몰 뒤쪽 극장 옆에 있었다. 스미스는 이 교외 사무실은 사실상 무료로 쓰는 셈이라고 자랑스럽게 얘기하곤 했다. 극장이 건물 전체 임대료를 부담하고 있기 때문이었다. 스미스는 일상적인 경영을 OOC와 부문장들에게 위임했고, 투자자들과의 거의 교류하지 않았다. 퍼트넘의 투자자인 밥 벡에 의하면 "딱 필요한 만큼만" 시간을 냈다.[6] 대신 그는 대부분의 시간에 전략과 자본배분 사안을 다뤘다.

회사는 소그룹 관리자들이 맡아 빈틈없이 운영했다. 오랫동안 미디어에 투자했던 데이비드 와고가 보고서 하나를 내게 보여줬는데, HBJ 인수 직후 경영 회의를 마치고 작성된 것이었다. 그 보고서의 놀라운 점은 설명이 명쾌했다는 것이다. 거래 배경과 그에 대한 구체적인 판단기준 목록, 수익 목표가 전혀 군더더기 없이 깔끔하게 적혀 있었다. 또한 주목할 부문은 나중에 그 수익 목표치를 전부 이뤘거나 초과했다는 것이다. 와고는 제너럴 시네마 팀을 이렇게 평가했다. "진짜 유능한 소규모 집단에서 가치를 얼마나 많이 만들어내는지 놀랍기만 해요."[7]

삼십대 후반에 CEO가 됐던 스미스는 경영진들의 경력 초기에도 그들에게 부담 없이 책임을 맡겼다. 1974년 스미스는 운영 업무라곤 해본 적 없는 서른일곱 살의 투자은행가 아이브스를 CFO로 채용했다. 이와 비슷하게, 1978년에는 전직 잠수함 함장이자 하버드 MBA인 서른네 살짜리 타르를 음료 부문장에 선임했다. 나중에는 극장 경영을 맡기려고 서른다섯 살의 폴 델 로시를 채용하기도 했다.

최고경영진 보수는, 스미스 얘기에 의하면 "경쟁력은 있었지만 아주 많은 건 아니었다."[8] 하지만 회사는 후한 조건의 우리사주 매입 프로그램과 옵션을 핵심 운영자들에게 제공했다. 일정규모까지 임직원이 자사주를 사면 회사가 동일한 규모로 자사주를 사주는 방식이었다. 이 프로그램의 효과는 이랬다. 우디 아이브스에 의하면 "경영진은 주인의식을 느꼈으며…… 모두가 주주였고 주주답게 행동했다."[9]

현금흐름을 지배하는 방법

스미스의 자본배분 기록은 탁월했다. 스미스 재임기간 중 주요 현금출처 세 곳은 영업현금흐름, 장기부채, 이따금 들어오는 대규모 자산 매각 수익이었다.

극장 사업은 운전자금이 들지 않아서 현금흐름이 아주 좋다는 특징이 있다. 관객은 영화를 관람하기 전에 미리 결제하지만 영화사들은 영화 대금을 극장으로부터 90일 후에 받기 때문이다. 그리고 영화관은 자금이 별로 들어가지 않는다. 일단 지어놓으면 유지비가 거의 들지 않아서다. 극장사업의 이러한 매력적인 경제성은 딕 스미스의 사업관事業觀에 강한 영향을 미쳤다. 사업 초기부터 그는 전통적인 주당순이익EPS이 아닌 현금흐름 최대화에 중점을 뒀다.

내가 사무실로 스미스를 만나러 갔을 때, 그는 내게 1962년 연차보고서를 보여줬다. CEO 취임 후 처음 발행했던 연차보고서였는데, 그는 이 보고서에서 회사 성과를 평가하는 핵심지표로 순이익이 아닌 현금수지순이익+감가상각으로 정의된를 반복해 언급하고 있었다. 이것은 지금은 표준 용어가 됐지만, 그때는 미국에서 비즈니스 용어로 처음 쓰였을 것이다. 오랫동안 제너럴 시네마의 CFO로 일한 우디 아이브스는 "우리는 항상 현금에 초점을 뒀다"고 말했다. 그리고 스미스 재임 기간 내내, 회사는 계속해서 높은 수준의 영업현금흐름을 창출했다.[10]

스미스는 주식 발행을 싫어했다. 사실, 그는 주식을 거의 발행하지 않았다. 회사가 신규 상장했을 때부터 1991년 HBJ 거래에서 세금 우대를 받으려고 아주 미미한 수준으로만 주식을 발행했을 때까지 그랬다. 그는 내게 이렇게 말했다. "우리는 주식을 전혀 발행하지 않았어요. 나는 봉건영주처럼 조상 대대로 물려받은 영토를 고수했지요."

제너럴 시네마는 인수자금을 조달할 때면 부채를 전략적으로 활용했다. 최대 규모 인수 두 건이었던 CHH와 HBJ 거래는 전적으로 부채만 써서 인수했다. 그 결과 1980년대 중반부터 이 회사는 현금흐름 대비 부채비율을 최소한 3배 이상으로 유지했는데, 이렇게 해서 자본수익률을 높이면서도 세금을 최소화했다.

세금 최소화는 제너럴 시네마에서 또 하나의 중요한 자금원이었는데, 이 회사만의 또 다른 차별화된 분야이기도 했다. 스미스는 특히 이 분야의 개척자였다. 제너럴 시네마에서 오랫동안 세무 고문을 했던 딕 데닝은 내게 이렇게 말했다. "그들은 아주 노련했죠. 그리고 새로운 세금 관련 아이디어를 찾아내서 활용하기를 주저하지 않았어요." 이러한 세무전략 효과는 스미스 재임 기간 중 실질 평균 세율이 33퍼센트에 불과했다는 데에서 잘 나타난다. 이 기간 동안 미국 법인

세율 평균은 약 50퍼센트였다.

앞서 살펴봤듯이, 외부 주주들이 압력을 가하지도 않는데 CEO가 대규모 사업부나 회사를 매각하는 일은 흔치 않다. 하지만 딕 스미스는 빌 앤더스와 빌 스티리츠 등 이 책에 나오는 여러 CEO들처럼 놀라운 솜씨로 사업들을 처분했다. 기록적인 가격으로 대규모 사업들을 매각한 것만 세 번이나 된다. 1989년에는 음료 사업, 2003년에는 HBJ 출판 사업, 2006년에는 니만 마커스 그룹을 팔았다. 각각의 경우별로, 그는 성장 전망이 시원치 않은데 주식 가치가 높게 평가됐다 싶으면, 공격적으로 매각 작업에 들어갔다. 매각으로 회사 규모가 상당히 쪼그라든다 해도 개의치 않았다.

가장 최근인 2006년 사례를 보면, 스미스는 니만 마커스 체인 사업을 더 확장하려면 자본집약적 투자신규 매장 1곳을 추가 출점하려면 5,000만 달러의 자본 필요가 이뤄져야 하고 운영 면에서도 부담이 될 거라고 판단했다. 그는 또한 부채조달비용이 저렴해 자금이 남아도는 사모펀드들이 일류 소매업체 인수에는 기록적인 가격을 쓴다는 것도 알았다. 그는 골드만삭스를 고용해서 경쟁 입찰을 진행해, 엄청난 현금흐름 배수의 값을 받고 텍사스 퍼시픽 그룹이 주도하는 컨소시엄에 니만 마커스 그룹을 넘겼다.

스미스는 가업으로 물려받은 제너럴 시네마 극장 사업, 즉 GCC는 극장 산업이 성숙기에 접어들었음에도 불구하고 매각하지 않았다. 1990년대 후반이 되자, 영화상영 사업은 경쟁이 훨씬 치열해졌다. 스미스는 아마 1980년대 후반부터 좋은 조건으로 매각 제안을 받았을 듯한데, 극장 사업은 매각하지 않고 미국 전역에서 생겨나는 복합상영관들과 경쟁하고자 기존 극장 체인 합리화에 나섰다. 몇몇 극장은 문을 닫았지만, 나머지는 확장했으며, 새로운 영사기술에 투자하기도 했다. 하지만 전부 소용없었다. 1990년대 후반이 되자, GCC는 더 이상 부채를 갚을 수 없게 돼 파산을 선언했다. 스미스에게는 드문 실패였다.

스미스의 기업 인수 특징

스미스는 여러 자금원에서 들어온 현금을 인수, 자사주 매입, 자본지출 등 주요 배출구 세 곳에 배치했다. 제너럴 스미스는 배당을 최소한으로만 지급했고, 매력적인 투자 기회가 나타날 때까지 기다리면서 상당한 현금을 보유하고 있는 걸로 유명했다.

스미스가 했던 인수에는 몇 가지 공통점이 있었다. 첫째는 인수 대상들이 성장 전망이 탄탄한 시장 선도업체이자 브랜드 가치가 높았다는 점이었다. 둘째는 다른 매수자들이 차단된 여건이 주어졌을 때 전형적으로 기회를 놓치지 않은 거래를 했다는 점이었다. 예를 들어 CHH 사례의 경우, 더 리미티드의 적대적 인수 시도 방어에 제너럴 시네마만큼 빠르게 움직일 수 있는 다른 매수자는 없었다. HBJ 사례에서는 복잡한 자본구조를 해결하고 겹겹이 둘러싼 채권자들과 협상하는 데 기꺼이 시간을 투입하는 다른 매수자가 없었다. 셋째로, 그

인수들은 거래 당시 회사 규모와 비교해 아주 큰 규모의 도박이었다. 인수 규모가 제너럴 시네마 전체 기업가치의 22퍼센트에서 무려 62퍼센트까지 달했기 때문이었다.

스미스는 제너럴 시네마 주식을 꾸준히 매입했는데, 최종적으로 자사주의 3분의 1을 사들였다. 이러한 자사주 매입에 따른 장기 내부 수익률은 16퍼센트로 상당히 매력적인 수준이었다. 1982년 제너럴 시네마가 개입 투자에 들어가자 휴블레인이 제너럴 시네마 주식을 대거 매입하며 응수했을 때, 스미스는 자사주를 10퍼센트나 취득했다. 이는 그가 자사주를 매입했던 사례 중 단일 건으로는 가장 큰 규모였다.

제너럴 시네마는 자본지출을 할 때면 엄격한 방식을 고수했다. 모든 자본지출에는 투자된 자본에 대한 현금수익이 상당한 수준으로 따라야 한다는 것이었다. 제너럴 시네마의 초기 교외 극장들은 높은 수익을 창출했고, 음료 사업부에는 매력적인 내부 투자 옵션이 있었다. 다른 사업들도 이러한 높은 기준에 들어맞아야 했다. HBJ 출판 사업은 물리적 자산이 거의 없었지만 자금수요도 매우 적었다. 하지만 니만 마커스 사업에는 상당한 자금을 필요했다.

소매 사업은 제너럴 시네마의 다른 사업들보다 더 자본이 많이 필요한 사업이었지만, 스미스는 니만 마커스의 독특한 브랜드들을 이전 소유주들이 제대로 경영하지 못했다고 판단했다. 스미스는 이따금 새 니만 마커스 매장 출점에 대규모 투자를 했는데, 이는 성장 잠재성이 보일 경우 나중에 매각할 때 더 높은 가격을 받을 수 있을 거라고 봤기 때문이다(니만 마커스를 보유했던 20년 동안 제너럴 시네마는 신규 매장을 단 12곳만 출점했다. 하지만 니만 마커스의 새 주인은 그 몇 배나 되는 신규 매장을 열기로 했다). 이 논리는 니만 마커스가 하늘을 찌를 만큼 높은 가격에 팔리면서 옳았다는 것이 충분히 입증됐다.

• • • ◎ • • •

캐피털 시티스 때처럼, 제너럴 시네마의 전직 경영진 인터뷰에는 전염성 있는 열정적인 기운이 가득했다. 그것은 동지애와 모험심이었다. 이 회사 경영진은 다함께 회사를 다양한 신규 사업으로 연달아 이끌었다. 각 사업마다 그들은 업계 최고 이익률과 탁월한 수익을 올려 훌륭한 경영자임을 증명했다. 스미스는 유능한 경영진에게 이례적으로 높은 자율권을 부여하고 자기 회사처럼 느낄 수 있는 여건을 조성하는 데 성공했다. 스미스는 눈을 반짝이며 내게 이렇게 요약해줬다. "우리 모두는 그저 엄청나게 재미있었죠." 우디 아이브스는 그가 보유 중인 제너럴 시네마 주식에 대해 이렇게 말했다. "한 주도 안 팔았으면 좋았을 걸 그랬어요."[11]

chapter 8

[탁월한 CEO 투자자 워런 버핏과 버크셔 해서웨이]

버크셔해서웨이는 1839년 섬유제조회사로 출발했다. 1962년부터 워런 버핏이 주식을 사들이기 시작하여 경영권을 갖게 되었다. 1967년에는 보험 관련 사업에 진출했으며, 1985년 초기 사업부문인 섬유 제조업을 정리했다. 주력 사업은 보험업이며 그 외 보석, 가구 및 여러 사업체를 소유하고 있다. 워런 버핏 회장은 한국의 포스코 주식도 약 4퍼센트 소유했다가 2015년에 매각했다.

당신은 당신의 집을 만들고 그 집은 당신을 만든다.

—윈스턴 처칠

우주에서 가장 강한 힘은 복리다.

—알베르트 아인슈타인

CEO가 되어 나는 더 나은 투자자가 됐는데, 그 반대도 성립한다.

—워런 버핏

버크셔 해서웨이는 매사추세츠 뉴베드퍼드에 있는 100년 된 섬유회사로, 체이스와 스탠턴 두 일가가 대대로 소유하고 있었다. 뉴잉글랜드 지역이 잘나가던 시절의 자취라고 할 수 있는 이 회사는 1965년에만 해도 적대적 인수 목표물처럼 보이지는 않았다. 적어도 완고한 칠십대 CEO인 시버리 스탠턴에게는 그랬다. 그러나 스탠턴은 덩치 크고 불만에 가득한 어느 투자자와 만남을 거절하는 바람에 예기치 못하게 엄청난 적을 만들고 말았다.

장기간 주주 위임장 쟁탈전이 벌어진 끝에, 결국 회사는 다행히도 기업 사냥꾼처럼 보이지 않는 인물에게 넘어갔다. 그는 거의 무명이었고, 귀가 커다란, 네브래스카 출신의 서른다섯 살 먹은 투자 귀재, 워런 버핏이었다. 버핏은 오마하의 평범한 사무실에서 작은 투자회사를 운영하고 있었는데, 여태껏 전혀 경영을 해본 적도 없었다.

하지만 그는 1980년대 차입매수LBO로 악명이 자자했던 거물들과는 상당히 달랐다. 첫째, 그는 그리 적대적이지 않았다. 그는 행동에 나서기 전에 체이스 일가와 긴밀한 관계를 맺었다. 둘째, 그는 부채를 전혀 쓰지 않았다. 이는 고든 게코영화 '월스트리트'와 후속작 '월스트리트 머니 네버슬립스'에 나오는 기업 사냥꾼—역자나 헨리 크래비스LBO 방식으로 기업을 인수한 다음 몇 년 후 매각해 엄청난 수익을 올린 사모펀드 투자자—역자와는 거리가 있었다.

버핏은 버크셔 해셔웨이가 장부가치에 비해 저렴하다는 점이 마음에 들었다. 당시 버크셔의 주력상품은 정장 안감이었고 시장에서 지위는 취약하기만 했다. 직물 상품시장은 경쟁 상황이 잔혹하리만큼 치열했다. 버크셔의 시가총액은 겨우 1,800만 달러에 그쳤다. 이 특별할 것 없는 출발에서 전례 없는 결과가 도출됐다. 장기 주식 성과 측면으로 보면 이 짧은 머리의 네브래스카 사내는 다른 CEO들과는 그야말로 차원이 달랐다. 이 비현실적인 수익은 뉴잉글랜드 지역 섬유회사에서 출발했지만, 2019년 2월 현재 이 회사 시가총액은 5,000억 달러에 이른다. 사실상 발행주식 수는 그대로인데도 말이다. 버핏은 버크셔 주식을 처음에 주당 7달러에 샀다. 오늘날에는 주당 30만 달러도 넘는 가격에 거래된다.

그런 예상 밖의 출발점에서 버핏이 어떻게 이 놀라운 변화를 일으켰는지, 그리고 투자자라는 그의 배경이 어떻게 버크셔를 경영하는 특유의 방식으로 이어졌는지는 너무나도 흥미진진한 이야기다.

워런 버핏의 투자철학

워런 버핏은 가족이 대대로 자리 잡고 있던 네브래스카 오마하에서 1930년에 태어났다. 그의 할아버지는 이름난 지역 식료품 가게를 운영했고, 아버지는 오마하 시내에서 주식거래중개인으로 일하다 나중에 하원의원을 지냈다. 버핏은 할아버지와 아버지의 소탈한 태도를 물려받았다. 그에게는 일찍부터 기업가 자질이 보였다. 여섯 살부터 고등학교를 졸업할 때까지 신문배달, 자판기, 청량음료 재판매 등 다양한 사업을 계속했다. 와튼에 잠깐 다닌 다음, 스무 살에 네브래스카 대학을 졸업한 뒤로는 비즈니스스쿨에 지원하기 시작했다.

버핏은 항상 주식시장에 관심이 많았는데, 열아홉 살에 벤저민 그레이엄이 쓴 『현명한 투자자』를 읽었을 때 다마스쿠스로 가던 사도 바울이 느낀 것과 비슷한 깨달음을 얻었다. 버핏은 하루아침에 가치투자자로 변모했고, 통계적으로 저렴한 기업, 즉 순운전자본유동자산-유동부채에서 상당히 할인된 값에 거래되는 기업을 사라는 그레이엄의 공식을 따랐다. 버핏은 초기 사업으로 벌어들인 수익당시 약 1만 달러을 이 전략에 맞춰 투자하기 시작했다. 하버드 비즈니스스쿨에서 입학을 거절당하자, 그는 그레이엄 아래에서 공부하려고 컬럼비아 대학에 갔다. 그는 그레이엄 수업의 최우수 학생이자, 20년 이상 컬럼비아에서 가르친 그레이엄에게 처음으로 A+를 받은 학생이 됐다.

1952년 졸업 후, 버핏은 그레이엄에게 스승의 투자회사에서 일하고 싶다고 요청했다. 하지만 거절당해서 오마하로 돌아와 주식거래

중개인이 됐다. 그가 고객에게 처음으로 추천한 회사는 가이코GEICO였는데, 공무원들에게 보험을 직접 판매하는 자동차보험회사였다. 처음에 버핏이 그 회사에 처음 관심을 두게 된 것은 그레이엄이 그 회사의 회장이었기 때문이었다. 그런데 공부를 하면 할수록 가이코가 경쟁우위와 안전마진a margin of safety을 두루 갖추고 있음을 알게 됐다. 안전마진이란 그레이엄이 고안한 용어로, 내재가치정보를 충분히 알고 있는 노련한 구매자가 그 회사를 매입할 만한 가격보다 훨씬 저렴한 가격을 말한다. 버핏은 자신의 순자산을 대부분 그 회사에 투자했고, 고객들에게도 그 주식에 관심을 두게 하려고 했다. 하지만 그는 이런 방식은 강매이고, 주식거래중개는 그가 사랑해온 투자 연구와는 동떨어져 있음을 깨달았다.

그는 이 기간 동안에도 그레이엄과 연락을 이어갔고, 주식 투자 아이디어를 꾸준히 보냈다. 결국 1954년에 그레이엄이 채용 거부 의사를 접고 버핏에게 일자리를 제시했다. 버핏은 다시 뉴욕에 가서 2년 동안 그레이엄 회사에서 일하면서 순운전자본 이하에 거래되는 기업을 연구했다버핏은 나중에 이러한 싸고 질이 낮은 기업들을 '담배꽁초'라는 원색적인 비유로 묘사했다. 1956년, 그레이엄은 회사를 청산하고 다른 관심사그리스 고전 『아이스킬로스』 번역 등로 돌아섰고, 버핏은 오마하로 돌아와 친구들과 가족들의 투자를 받아 소규모10만 5,000달러 투자회사 '버핏 투자조합'을 설립했다. 그의 순자산은 14만 달러오늘날의 100만 달러 상당로 늘어난 상태였다.

이후 13년 동안, 버핏은 엄청난 성과를 올렸다. 그는 부채를 쓰지 않고도 S&P를 매년 상당한 격차로 이겼다. 이러한 성과는 대부분 그레이엄의 딥밸류절대적인 저평가 상태를 말함. 기업 내재가치보다 훨씬 싼값에 거래되는 회사에 투자하는 스타일을 의미하기도 함. 기업 내 보유 현금보다 시가총액이 작거나 PBR(주가순자산배수) 1배 미만인 경우도 딥밸류 상태의 하나임-역자 방식을 활용해 이룬 것이었다. 그러나 버핏이 1960년대 중반 아메리칸 익스프레스와 디즈니에 했던 대규모 투자 두 건은 그레이엄의 원칙에서 벗어난 것이었다. 이것은 강력하고 경쟁력 있는 장벽을 보유한 일류 기업 쪽으로 버핏의 투자철학이 방향을 바꾸는 전조였다.

버핏 투자조합이 올린 수익률

(단위 %)

연도	버핏 투자조합	다우지수	격차
1957	10.4	-8.4	18.8
1958	40.9	38.5	2.5
1959	25.9	20.6	5.3
1960	22.8	-6.2	29.0
1961	45.9	22.4	23
1962	13.9	-7.6	21
1963	38.7	20.6	18
1964	27.8	18.7	9
1965	47.2	14.2	33
1966	20.4	-15.6	35
1967	35.9	19	14
1968	58.8	7.7	51
1969	6.8	-11.6	18
평균	30.4	8.6	21.8

1965년 버핏은 버핏 투자조합을 통해 버크셔 해서웨이 경영권을 매입했다. 그는 꾸준히 좋은 성과를 올리며 버핏 투자조합을 4년 넘게 경영했는데, 1969년에 갑작스럽게 회사 문을 닫았다공교롭게도 1969년은 헨리 싱글턴이 텔레다인에서 인수를 중단한 해였다. 1960년대 후반 강세장 속에서 기업들의 주가가 계속 높은 상태였기 때문이다. 하지만 버핏은 버크셔의 소유권은 그대로 유지했다. 이는 버크셔가 그의 향후 투자활동의 수단이 될 것으로 생각해서였다.

버크셔의 경영권을 장악하자마자 버핏은 새로운 CEO로 켄 체이스를 앉혔다. 체이스의 리더십 아래 첫 3년 동안 버크셔는 현금 1,400만 달러를 창출했다. 체이스가 재고를 감축하고 잉여 공장들과 설비를 매각하기도 했고, 사업이 드물게도 수익성 좋은 주기에 이른 덕분이었다. 이 자본 가운데 가장 큰 덩어리는 내셔널 인뎀너티를 인수하는 데 투입됐다. 내셔널 인뎀너티는 틈새시장에서 활동하는 보험회사로, 책임준비금 형태로 엄청난 규모의 현금을 창출하고 있었다. 책임준비금이란 보험금 지급과 비용이 발생하기 전에 들어온 보험료 수입을 의미한다. 버핏은 이 책임준비금을 아주 효과적으로 투자해서 오마하 주간신문인 《오마하 선》과 일리노이 주 록퍼드의 은행 등 상장주식과 완전자회사를 매입했다.

이와 동시에 버크셔 해서웨이 외부에서 버핏은 찰리 멍거와 더욱 긴밀하게 일하기 시작했다. 멍거 역시 오마하 출신으로 웨스트코스트에 기반을 둔 명석한 변호사 겸 투자자로, 버핏의 절친한 친구가 된 인물이었다. 1980년대 초반, 멍거가 부회장이 되면서 멍거와 버핏은 버크셔에서 동업관계를 공식화했다. 멍거는 지금도 부회장 자리에 있다.

워런 버핏의 선견지명

인플레이션에 대한 두려움은 1970년대부터 1980년대 초까지 버크셔 연차보고서에서 꾸준히 확인되는 주제였다. 당시 통념으로는 금이나 목재 등 유형자산이 가장 효과적인 인플레이션 회피 수단이었다. 하지만 버핏은 그레이엄의 전통적인 방식에서 벗어나 멍거의 영향도 받고 있던 터라 다른 결론에 도달했다. 그의 역발상적인 통찰로는 자본수요가 적고 가격 인상 능력이 있는 기업들이 인플레이션의 부정적인 효과를 방어하는 최적의 위치에 있었다.

이로 인해 그는 소비자 브랜드들과 미디어기업들에 투자했다. '프랜차이즈' 즉 시장지배력을 지녔거나, 유명 브랜드를 보유한 기업들이었다. 투자기준이 이렇게 전환되면서 보유기간 장기화라는 중요한 변화가 일어났는데, 이에 따라 투자가치를 세금 부과 이전에 복리로 계산할 수 있게 됐다.

이 변화의 중요성은 아무리 강조해도 지나치지 않다. 버핏은 대차대조표와 유형자산에 중점을 둔 검증되고 수익성 좋은 투자전략에서 벗어나, 미래를 내다보는 전혀 다른 방식으로 돌아선 것이었다. 이는 브랜드와 시장점유율처럼 손익계산서에 기재하거나 계량화하기 어려운 자산을 강조하는 방식이었다. 안전마진을 정의할 때 버핏은 그레이엄이 선호했던 순운전자본 대신 할인된 현금흐름과 비공개시장 가치를 이용했다. 이는 비슷한 무렵 밥 딜런이 통기타에서 전자기타로 전환한 것과 비슷한 변화였다.

이러한 구조 전환은 1970년대 내내 버크셔 보험 포트폴리오에서 나타나 있다. 이 시기엔 미디어와 유명 소비재 기업 비중이 늘어나고 있음을 확인할 수 있다. 이 전환은 1970년대 말에 마무리됐는데, 버핏의 포트폴리오에는 워싱턴 포스트, 보험사 가이코, 제너럴 푸즈 주식이 상당량 있었고, 여기에다 시즈 캔디스와 버펄로 뉴스의 완전한 소유권도 있었다.

워런 버핏의 투자전략

1980년대 전반기에 버핏은 버크셔 포트폴리오에 완전출자 자회사를 추가하는 데 집중했다. 1983년에는 네브래스카 퍼니처마트를 6,000만 달러에 매입했고, 1985년에는 틈새 산업재 시장의 대기업 스콧 페처를 3억 1,500만 달러에 사들였다. 1986년에는 그가 여태껏 했던 중에서 가장 큰 규모로 투자를 했는데, 친구인 캐피털 시티스 CEO 톰 머피의 ABC 인수를 지원하고자 5억 달러를 투입한 것이다. 버핏과 버크셔는 인수된 ABC의 18퍼센트를 소유하게 됐는데, 이는 가이코, 워싱턴 포스트•의 뒤를 이어 그가 '영원히' 보유하는 세 번째

시즈 캔디스: 버핏의 투자 전환점

버핏이 투자 초점을 '담배꽁초'에서 '시장지배력'으로 바꿀 때 중심축이 된 투자는 1972년의 시즈 캔디스 인수였다. 버핏과 멍거는 시즈를 2,500만 달러에 인수했다. 당시 그 회사에는 장부가치 700만 달러짜리 유형자산이 있었고 세전이익은 420만 달러였다. 그래서 장부가치 3배나 되는 (세전이익보다는 무려 6배에 달하는) 과도한 평가 배수를 지불한 것처럼 보였다. 그레이엄 기준으로 보면 시즈는 비쌌다. 그레이엄이라면 결코 손대지 않았을 것이다. 하지만 버핏과 멍거는 시즈가 수익도 뛰어나고 가격결정력도 갖춘 사랑받는 브랜드라는 것을 알고 있었다. 그들은 즉시 새로운 CEO로 척 허긴스를 앉히고 이 기회를 활용했다.

인수된 후, 시즈의 판매량은 거의 늘어나지 않았다. 하지만 브랜드파워에 힘입어 꾸준히 가격을 올릴 수 있었고, 버크셔는 27년간 시즈 투자로 연평균 32%라는 어마어마한 성과를 냈다. (1999년 이후에는 시즈가 분리돼 성과가 더 이상 보고되지 않았다.)

지난 39년 동안, 시즈는 당초 투자금 2,500만 달러로 잉여현금 16억 5,000달러를 창출해서 오마하로 보냈다. 버핏은 이 현금을 뛰어난 능력으로 재투입했고, 시즈는 버크셔의 성공에 결정적인 요소가 됐다. (흥미롭게도, 인수가격은 이러한 수익 창출에 비교적 역할이 미미했다. 버핏과 멍거가 2배의 가격으로 인수했더라도, 수익률은 여전히 훌륭한 21%였을 것이다.)

주식이 됐다.

1987년 10월 주식시장 폭락이 발생하기 전에, 버핏은 그의 보험회사 포트폴리오에 있는 주식 중 핵심적인 세 가지만 빼놓고 일제히 매도했다. 캐피털 시티스 거래 이후 한동안 그는 다른 상장 주식에 투자하지 않았다. 그리고 1989년이 되자 그는 버크셔 역사상 최대 규모

• 워싱턴 포스트를 경영하던 그레이엄 일가는 2013년에 아마존에 회사를 매각했다. 버핏도 그때까지 보유했던 워싱턴 포스트 지분 23.3%를 모두 아마존에 매도했다. 30년 간 워싱턴 포스트 투자로 버핏이 얻은 차익은 10억 달러(약 1조 원)에 이르며 투자수익률이 총 9,080%에 달하는 것으로 추정된다—역자

투자를 발표했다. 버크셔 장부가치 4분의 1에 해당하는 자금으로 코카콜라 컴퍼니에 투자한 것으로, 코카콜라 컴퍼니 지분 7퍼센트를 매입했다.

1980년대 후반, 버핏은 살로몬 브라더스, 질레트, US 에어웨이스, 챔피언 인더스트리스 등 상장기업 전환우선주에 소규모로 투자했다. 이 주식에서 나오는 배당금은 세금 혜택이 있어서 버크셔에 짭짤한 이익이 됐고, 전환우선주는 기업 성과가 괜찮으면 보통주로 전환할 수도 있어서 큰 수익을 낼 수 있는 가능성도 있었다.

1991년, 살로몬 브라더스가 미국 재무부 단기국채 가격을 담합한 혐의로 심각한 금융 스캔들 한복판에 서게 되자, 버핏은 이 위기를 헤쳐 나갈 CEO 대행에 선임됐다. 그는 9개월 이상 이 일에 전력을 쏟았다. 규제 당국을 달래고, 새로운 CEO를 앉히고, 살로몬의 복잡한 보수지급 프로그램을 합리화하는 작업도 진행했다. 그 일은 회사가 상대적으로 적은 합의금을 내는 것으로 마무리되고, 살로몬은 전처럼 다시 번창하게 됐다. 1996년 후반, 살로몬은 샌디 웨일이 경영하던 트래블러스 코퍼레이션에 90억 달러에 매각됐다. 이는 버핏의 투자비용에 상당한 프리미엄이 붙은 금액이었다.

1990년대 초반, 버핏은 웰스 파고1990년, 제너럴 다이내믹스1992년, 아메리칸 익스프레스1994년 등 상장기업들에 선별적으로 규모 있는 투자를 지속했다. 1990년대를 걸쳐, 버핏은 다시 인수 쪽으로 관심을 돌렸는데, 중요한 보험사 거래 두 건으로 최고조에 이르렀다. 하나는 1996년 버핏이 아직 사들이지 못했던 가이코 주식 절반을 23억 달러에 매입한 것이었고, 다른 하나는 1998년 재보험사인 제너럴 리를 220억 달러에 버크셔 주식으로 사들인 것이었는데, 제너럴 리 인수는 버크셔의 사상 최대 규모 거래였다.

1990년대 후반과 2000년대 초반, 버핏은 기회가 올 때마다 쇼 카펫, 벤저민 무어 페인트, 클레이턴 홈스 등 많은 비상장기업들을 인수했다. 그중 다수는 9·11 테러 이후 일시적으로 투자자 시야에서 멀어진 업종의 기업이었다. 버핏은 또한 전력 산업에도 상당한 규모로 투자했는데, 이는 오마하 친구이자 키위트 컨스트럭션의 전직 CEO인 월터 스콧과 함께 합작 투자사인 미드아메리칸 에너지를 통해 진행했다.

이 시기에 버핏은 전통적인 주식시장 외에도 다양한 투자분야에서 왕성하게 활동했다. 2003년, 그는 70억 달러라는 큰돈을 투자부적격 등급 채권인 정크본드에 투자해 상당한 이익을 올렸지만, 그 후로는 거들떠보지 않았다. 2003년과 2004년에는 200억 달러에 이르는 거액을 미국 달러에 투자했고, 2006년에는 버크셔 사상 처음으로 해외기업 인수를 발표했다. 이스라엘에 있는 절단기와 칼날 제조분야 선두기업인 아이스타를 50억 달러에 사들인 것이었다. 이 회사는 버크셔의 소유 하에서 번창했다.

이후 몇 년 간 휴지기가 이어졌지만 리먼 브라더스 파산으로 시작된 금융위기가 터지자 버핏은 그의 경력에서 가장 활발한 투자기 중 한 시기로 들어섰다. 이러한 활동기간은 버크셔가 미국 최대 철도회사 벌링턴 노던 산타페를 2010년 초반에 총 평가가격 342억 달러에 인수하며 절정을 이뤘다.

버크셔 해서웨이에 투자된 1달러의 가치

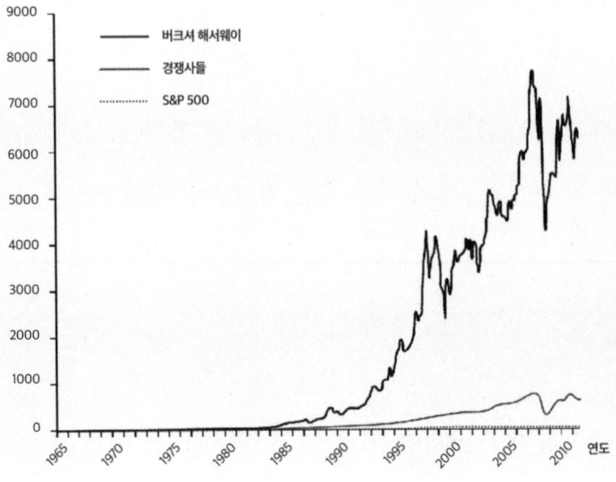

[출처:증권가격연구센터와 컴퓨스태트]

여기에 행성 간 거리를 측정한 것 같은 어마어마한 숫자들이 있다. 1965년 버핏이 버크셔 지배권을 취득했을 때부터 2011년까지 버크셔 주식 가치는 연평균 수익률 20.7퍼센트라는 엄청난 성과를 냈는데, 같은 기간 동안 S&P 500이 올린 수익률 9.3퍼센트를 왜소하게 만드는 수치였다. 버핏이 인수한 시점에서 투자된 1달러는 45년 후에 6,265달러로 불어났다. 버핏이 버크셔 주식을 처음 매입했던 가격주당 7달러으로 1달러를 투자했다면 1만 달러도 넘었을 것이다. 같은 기간 S&P에 투자된 1달러는 62달러가 되는 데 그쳤다. 버핏이 장기간 재임하는 동안, 버크셔의 수익은 놀랍게도 S&P보다 100배 이상 높았고, 웰치 재임시절 GE를 비롯해 다른 경쟁사들의 기록도 큰 격차로 넘어섰다.

워런 버핏의 경영노트

버핏의 뛰어난 성과는 서로 중요하고도 밀접한 세 분야, 즉 자본창출, 자본배분, 운영관리 분야를 파격적인 방식으로 운영한 결과였다.

찰리 멍거 얘기로는, 버크셔가 장기간 성공을 구가한 비결은 "3퍼센트 이율로 조달한 자금으로 13퍼센트 수익률을 내는"[1] 능력이다. 그런데 이러한 지속적인 저비용 투자자금 조달능력은 버크셔의 재무적 성공에 기여한 점을 제대로 인정받지 못했다. 놀랍게도 버핏은 부채를 얻거나 주식을 발행한 일이 거의 없었다. 사실상 버크셔의 투자자본은 모두 내부에서 창출됐다.

버크셔의 주요 자금출처는 보험 자회사의 책임준비금이었다. 완전출자 자회사들에서 나오는 자금과 이따금씩 투자자산을 매각해서 들어오는 상당량 현금도 있긴 했지만 말이다. 버핏은 버크셔에 사실상 자본의 플라이휠관성을 이용해 기계나 엔진을 안정적으로 회전시키는 무거운 바퀴. 일단 돌기 시작하면 쉽게 멈추지 않음—역자을 창조해냈다. 버크셔 내부에서 나온 자금으로 현금을 창출하는 다른 사업의 전체나 일부 지분을 인수하고, 거기서 나온 수익으로 다른 투자자금을 조달하는 식으로, 이런 과정을 계속 이어갔다.

보험은 버크셔에서 가장 중요한 사업으로, 버크셔가 막대한 수익을 올리고 엄청난 성장을 이룰 수 있게 하는 핵심 기반이었다. 버핏은 이렇게 보험 사업을 활용하는 남다른 방식을 고안해냈는데, 이는 그의 경영 및 자본배분 방식과도 유사점이 있다.

버핏이 1967년 내셔널 인뎀너티를 인수했을 때, 그는 저비용으로 책임준비금을 창출하는 보험회사의 레버리지 효과를 처음 인지한 사람 가운데 하나였다. 버핏의 표현을 쓰자면 그 인수는 버크셔에 '분수령'이었다. 그는 이렇게 설명했다. "책임준비금은 우리가 보유하지만 우리 돈은 아니다. 보험 운영상 책임준비금은 보험금이 지급되기 전에 보험료를 받기 때문에 생기는데, 받은 보험료를 지급하기까지 간격이 가끔 몇 년 이상으로 늘어난다. 그 기간에 보험회사가 그 돈을 투자한다."[2] 이는 통념을 뛰어넘는 사고방식을 보여주는 또 다른 사례로, 그 당시 대다수 보험회사들은 무시했던 부분이었다.

시간이 갈수록 버핏은 보험 사업을 다루는 파격적인 전략을 발전시켰다. 수익성 있는 보험계약과 보험료 수입 증가에 따른 책임준비금 창출을 강조하게 된 것이다. 이 방식은 다른 보험사들과 상당히 달랐는데, 보험료가 낮을 때는 계약을 멀리하다가, 이와 달리 보험료가 높을 때는 대규모로 계약에 나서는 것이었다. 이런 방침으로 인해 단기 수익성에 부정적인 영향이 생길지라도 말이다.

이 방식은 불규칙적이긴 했지만 수익성 높은 보험계약을 늘리는데 그만이었다. 예를 들면 1984년 버크셔의 최대 손해보험사인 내셔널 인뎀너티의 보험료 규모는 6,220만 달러였는데, 2년 후 놀랍게도 그 규모가 3억 6,620만 달러로 무려 6배나 뛰었다. 그러나 1989년에는 보험료 규모가 73퍼센트 떨어진 9,840만 달러로 축소됐으며, 이후 12년 동안은 1억 달러 수준으로 회복하지 못했다. 3년 후인 2004년, 회사가 계약한 보험료는 6억 달러나 됐다. 이 기간 동안 내셔널 인뎀너티의 보험계약 연평균 수익률은 보험료의 6.5퍼센트였다. 대조적으로 이와 같은 기간에 전형적인 손해보험사는 보험계약에서 연평균 7퍼센트 손실을 기록했다.

개별적인 상장 보험사였다면 아래 그래프에서 볼 수 있는 톱니처럼 생긴 수익패턴이 나타난 이유를 월스트리트에 이해시키기는 사실상 불가능했을 것이다. 하지만 버크셔의 보험 자회사들은 다각화된 대기업 계열이었기 때문에, 월스트리트의 엄격한 취조에서 보호받을 수 있었다. 이는 중요한 경쟁우위를 제공한다. 내셔널 인뎀너티와 버크셔의 다른 보험회사들이 보험료 증가가 아니라 수익성에 집중할 수 있게끔 해주기 때문이다. 버핏은 이렇게 말했다. "찰리와 나는 항상 불규칙한 15퍼센트 수익률을 매끈한 12퍼센트 수익률보다 더 좋

손해보험 산업 전반에 비해 등락폭이 컸던 버크셔 해서웨이의 보험료 성장

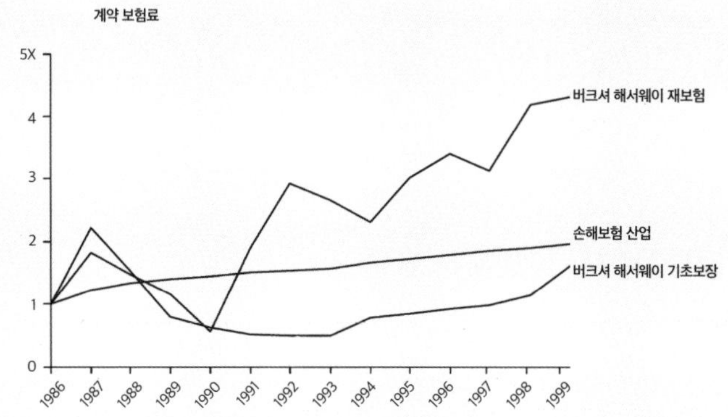

[출처:손해보험 산업 보험료 자료는 베스트의 전체 계약 보험료에서 손해보험 합계와 평균을 이용함. 버크셔 해서웨이 자료는 연차보고서 수치임.]

아했지."[3]

버크셔의 전체 보험 사업에서 마련되는 책임준비금은 1970년에는 2억 3,700만 달러였지만 2011년에는 700억 달러로 껑충 뛰었다. 이렇게 어마어마한 저비용 투자재원은 버크셔가 탁월한 성과를 낼 수 있게 해준 로켓연료가 됐다. 아울러 우리가 앞으로 보겠지만, 휴식기와 결단력 있는 행동구간이 번갈아 나타나는 게 버크셔의 투자활동 패턴이다. 보험과 투자 모두에서, 버핏은 장기적으로 성공하는 핵심요인은 '기질', 즉 '남들이 욕심낼 때는 두려워하고, 남들이 두려워할 때는 욕심내는' 의지라고 생각했다.[4]

버크셔의 다른 중요한 재원은 완전출자 자회사들에서 나오는 수익이었다. 버핏이 버크셔 사업 포트폴리오를 공격적으로 추가해가면서 지난 20년 동안 이 수익의 중요성은 갈수록 커져갔다. 1990년에 완전출자 자회사에서 나온 세전이익은 1억 200만 달러였다. 2000년에는 9억 1,800만 달러였는데 연평균 성장률이 24.5퍼센트나 됐다. 2011년이 되자 이 수익은 놀랍게도 69억 달러에 이르렀다.

남들과 다른 자본배분 방법

이제 버핏이 버크셔 사업들에서 나온 자본을 어떻게 배치했는지 살펴보자. 버핏은 회사를 인수할 때마다, 잉여현금은 오마하로 보내 배분해야 한다며 지체 없이 현금흐름 지배권을 가져갔다. 찰리 멍거가 지적한 바에 따르면 매우 분권화된 운영과는 달리, 버크셔에서 자본배분은 매우 중앙집권적이었다고 한다.[5] 이러한 느슨함과 엄격함의 혼재, 즉 위임과 위계의 혼재는 다른 역발상 CEO 기업들에도 모두 나타났지만, 버크셔만큼 극단적인 수준은 아니었다.

이미 상당히 성공한 투자자인 버핏은 버크셔가 이례적으로 자본배분에 대비하게 했다. CEO들은 대부분 과거 경험을 바탕으로 자기가 잘 아는 산업 내에서만 투자한다. 이런 CEO들은 고슴도치다. 이와 달리 버핏은 다양한 주식과 산업에 투자하며 평가해본 전형적인 여우였다. 그래서 버핏에게는 비공개기업 매수나 상장기업 주식 매수 등 배분 옵션이 훨씬 더 많은 메뉴판에서 고를 수 있는 이점이 있었다. 간단히 말해서, CEO가 투자대안이 많으면 많을수록 높은 수익을 내는 결정을 할 가능성이 더 커지는데, 이런 넓은 메뉴판은 버크셔에 상당한 경쟁우위로 나타났다.

버핏의 자본배분 방식은 특이했다. 그는 배당금 지급이나 대규모 자사주 매입을 하지 않았다. 버크셔의 회사들은 자본투자가 거의 필요하지 않다 보니, 버핏은 상장주식 투자와 비상장기업 인수에 중점을 뒀다. 이는 폭넓은 투자 경험이 부족한 대부분의 CEO들이 할 수 없는 선택이었다. 하지만 이 두 분야를 알아보기에 앞서, 초창기 중요한 결정을 먼저 검토해보자.

섬유 사업에 잠깐 손을 대본 뒤, 버핏은 수익성이 떨어지는 버크셔의 정장 안감 사업에 더는 투자하지 않기로 일찍이 마음먹었다. 그는 잉여자본을 전부 정리해서 다른 곳에 투입했다. 이와 대조적으로 그 당시나 지금이나 섬유 업계 최대기업인 벌링턴 인더스트리스는 다른 길을 택했다. 벌링턴은 1965년부터 1985년 사이에 동원할 수 있는 모든 가용자본을 기존 사업에 쏟아 부었다. 그 20년 동안 벌링턴 주식은 보잘것없는 수준인 연평균 0.6퍼센트 성장에 그쳤다. 하지만 버크셔는 연평균 27퍼센트라는 어마어마한 수익률을 기록했다. 이렇게 상반되는 결과는 그만큼 자본배분이 중요하다는 것을 뜻한다. 수익성 높은 사업은 유지할 가치가 있지만 비교적 수익성이 떨어지는 사업에서는 탈출하는 게 중요하다는 얘기다.

이것은 버크셔에 중대한 의사결정이었지만 상식적인 결정이기도 하다. 자본배분을 할 때 중요한 부분은 이 부분은 인수처럼 화려한 활동에 비하면 주목을 못 받고 있지만 수익성이 떨어져서 더 이상 투자할 가치가 없는 사업이 뭔지를 판단하는 것이다. 역발상 CEO들은 대개 미래 전망이 어두운 사업들을 인정사정 볼 것 없이 접거나 매각했고, 그 자본은 내부 수익목표치에 부합하는 사업들에 집중시켰다. 1985년에 결국 버크셔 섬유사업을 정리하면서 버핏이 얘기했다시피, "만일 당신이 만성적으로 물이 새는 배에 타고 있음을 알게 됐다면, 새는 곳을 수리하는 데 쓰는 에너지보다 다른 배로 바꾸는 데 들이는 에너지가 더 생산적일 가능성이 높다."[6]

워런 버핏만의 주식투자 관리 방법 두 가지

버핏은 아직도 주식시장에서 투자하는 걸로 잘 알려져 있다. 주식시장은 그가 CEO로서 25년 동안 버크셔의 자본을 조달하는 주요 경로였다. 공개시장에서 버핏이 올린 수익은 어떤 기준으로 보더라도 홈런왕 베이브 루스의 기록만큼 뛰어나다. 버핏의 수익은 다각도로 살펴볼 수 있다. 앞의 표에서 확인했듯이 1957년부터 1969년까지 버핏 투자조합의 평균수익률은 30.4퍼센트였으며, 《머니위크》 분석에 의하면 1985년부터 2005년까지 버크셔의 투자수익률은 25퍼센트에 이르렀다.[7]

버핏의 공개시장 투자방식, 바로 포트폴리오 관리는 상세하게 들여다볼 가치가 있다. 버크셔 전체 수익 면에서도 중요하지만 버핏의 폭넓은 자본배분 철학을 이해할 수 있기 때문이다. 포트폴리오 관리, 즉 투자자가 주식을 얼마나 소유하고 얼마나 오래 보유하는지 여부는 수익에 엄청난 영향을 끼친다. 투자자 두 사람의 투자 철학이 같더라도 포트폴리오 관리방식이 다르면 성과는 극적인 수준으로 다르게 나타날 것이다. 버핏이 버크셔의 주식투자를 관리하는 방식에는 높은 수준의 집중과 지극히 긴 보유기간이라는 두 가지 중요한 특징이 있다. 두 영역 모두 그의 생각은 통념과는 거리가 멀다.

버핏은 집중적인 포트폴리오에서 뛰어난 성과가 나오며, 기가 막힌 투자 아이디어는 흔치 않다고 생각했다. 그는 학생들에게 경력을 막 시작하는 시점에 평생 투자할 수 있는 횟수가 딱 20회로 찍혀 있는 카드를 받게 된다면 다들 투자 성과가 향상될 거라고 거듭 얘기하곤 했다. 그는 1993년 연차보고서에 이렇게 요약했다. "투자자가 사업을 생각하는 강도도 강하고 매입하기 전에 그 기업의 경제적 특성에서 느끼는 편안함 수준도 높다면 포트폴리오 집중 정책이 위험을 줄일 수 있다고 우리는 믿는다."[8]

버크셔에서 버핏의 투자 패턴은 보험 자회사들의 보험계약 패턴

흥미로운 두 가지 패턴

버핏의 주식시장 투자를 더 깊이 살펴보고 싶다면 두 가지 다른 패턴을 주목할 필요가 있다.

첫 번째는 뿌리 깊은 역발상투자다. 버핏은 벤저민 그레이엄의 '미스터 마켓(주식시장을 의인화한 표현—역자)' 비유를 자주 들었다. "'미스터 마켓'이라는 이름의 친절한 친구가 매일 찾아와 당신에게 뭔가를 사거나 판매한다…… 이 친구의 조울증이 심해질수록 투자자에게 유용한 기회가 더욱 커진다."[9] 버핏은 그레이엄의 미스터 마켓이 가장 우울해 할 때 체계적으로 매수했다. 버크셔의 중요한 주식시장 투자는 어떤 산업이나 기업에 강력한 기본 가치를 가려버리는 위기가 발생하면 이뤄졌다.

다음의 표는 이 패턴을 보여준다.

회사	첫 투자 시기	역발상투자 맥락
아메리칸 익스프레스	1964년	샐러드 오일 스캔들
워싱턴 포스트	1973년	정부의 방송허가 위협
가이코	1976년	잠재적 지불 불능
웰스 파고	1989년	서던 캘리포니아 불황과 부동산 위기
프레디 맥	1989년	불황, 주택융자 위기
제너럴 다이내믹스	1992년	냉전 종식 후 방위 산업 침체

과 유사한데, 오랜 기간 휴지기를 보내다가 이따금 대규모 투자를 하는 식이다. 버크셔 포트폴리오에서는 상위 투자 5건이 전체 가치의 60~80퍼센트를 차지한다. 전형적인 뮤추얼펀드 포트폴리오에서 상위 투자 합계 비중이 10~20퍼센트인 것과 대조적이다. 버핏은 최소 네 번은 버크셔 장부가치의 15퍼센트 이상을 한 종목에만 투자했는데, 한번은 버핏 투자조합의 40퍼센트를 아메리칸 익스프레스에 투자했던 적도 있다.

버핏의 포트폴리오 관리방식 중에 눈에 띄는 또 다른 특징은 아주

두 번째 패턴은 상당한 경영 또는 전략 변화가 동시에 이뤄지는 투자다. 버핏은 이러한 투자기회, 즉 시장지배력이 탁월한 기업이 수익성 떨어지는 다른 사업에 투자할 때 나타나는 기회에 대해 설명하면서 프로와 아마추어가 한 팀을 이루어 겨루는 골프 경기를 비유로 들었다. "만일 아마추어들이 모두 기대할 것 없는 바보라 해도, 프로들의 우월한 능력에 힘입어 이 팀의 최고점수는 훌륭할 것이다."[10] 하지만 버핏은 새 운영진이 아마추어들을 없애고 핵심 사업 집중 쪽으로 회귀하는 것을 지켜보면서 주의를 기울였다. 그것은 다음 표에서 확인할 수 있다.

회사	투자 시기	경영상 · 전략상 변화
가이코	1976년(기존 보유 주식)	핵심 보험 사업 집중, 신규 CEO
제너럴 푸즈	1979년	핵심 브랜드 집중, 신규 CEO, 자사주 매입
코카콜라	1988년	비핵심 사업 매각, 자사주 매입, 비교적 신규 CEO
제너럴 다이내믹스	1992년	자회사 매각, 자사주 매입, 신규 CEO
아메리칸 익스프레스	1994년(기존 보유 주식)	리먼 매각, 신규 CEO

긴 보유기간이다. 그는 현재 보유 중인 상위 다섯 종목을 평균 20년 이상 들고 있다IBM은 2011년에 매입해 제외. 이것은 전형적인 뮤추얼펀드에서 보유기간이 평균 1년 미만인 것과 비교된다. 버핏은 이처럼 예외적으로 낮은 수준의 투자활동을 "게으름에 가까운 휴면상태"라고 불렀다.

이러한 두 가지 포트폴리오 관리 원칙이 결합해 강력하고 까다로운 거름망 역할을 하며, 이 거름망을 무사히 통과하는 기업은 극소수에 불과하다.

흥미롭게도, 버핏은 자사주 매입을 지지하면서도 이 책에 나오는 CEO들 가운데 대규모 자사주 매입을 하지 않은 유일한 인물이다사업 초기에만 이례적으로 자사주를 약간 매입했을 뿐이다. 다른 CEO들의 자사주 매입은 칭찬하고 격려했지만, 버핏은 자사주 매입이 버크셔의 투자조합 같은 특이한 문화에 어긋나고, 수년 동안 솔직하게 터놓고 말하는 소통분위기와 탁월한 수익으로 쌓은 신뢰라는 유대에 도움 될 게 없다고 여겼다.

앞서 얘기했다시피, 버핏은 기회를 놓치는 법이란 없는 인물이다. 드물긴 하지만실제로 두 번, 버크셔 주식이 내재가치보다 낮은 가격에 장기간 거래되자, 버핏은 관례를 깨고 자사주 매입을 타진했다. 2001년 초반 인터넷 버블기주식시장에서 인터넷기업만 주목받은 시기-역자에 주가가 급락했을 때와 2011년 9월 주가가 장부가치의 1.1배를 밑돌았을 때, 그는 상당한 규모로 자사주 매입에 나서겠다고 발표했다. 두 경우 모두 주가가 급격히 상승해버려서, 버크셔가 의미 있는 분량으로 자사주를 사들이기는 어려웠다.

버크셔의 또 다른 주요 자본 용처는 비공개기업 인수였다. 20년 동안 이 채널은 조용히 버핏에게 중요한 채널이 됐으며, 2010년 초 대규모 벌링턴 노던 인수로 절정에 다다랐다. 버핏의 이러한 인수방식은 직접 고안한 특유의 방식으로, 일반적인 사모펀드 방식과 비교해 볼 수 있다.

버핏은 주식시장 상장이나 사모펀드 매각 중에서 하나를 골라야 하는 대형 비상장기업 매도자들에게 아주 매력적이고 차별화된 대안이 됐다. 버크셔에게 매각이란 회사를 운영하는 동안 소유자·운영자가 외부 개입이나 월스트리트의 세밀한 조사 없이도 유동성을 얻을 수 있는 수단으로 유일하게 허락된 것이었다. 버핏은 가치 있는 프로

비공개기업 인수 시 버핏과 사모펀드 회사들의 방식 비교

	버핏	사모펀드 회사들
보유기간	'영원히'	최대 5년
경영	기존 CEO	신규 CEO(종종)
차입금	없음	많음
거래 출처	직거래	경쟁 입찰
인수 후 경영 관여	가끔	자주
비용 삭감	없음	대개 있음
실사	대략적으로	상세히
외부 자문업체 활용	안함	항상 활용
보수 체계	간단함	복잡함

젝트에는 자본을 무제한 쓸 수 있게 하면서 인수된 기업에는 관료주의가 전혀 없는 환경을 제공했다. 이런 점은 사모펀드의 대안으로 확실히 다른 부분이었다. 사모펀드들은 투자자로서 심하게 간섭하면서도 일반적으로 인수 후 5년이 지나면 매각에 나서곤 했다.

버핏은 절대 경쟁 입찰에 참여하지 않는다. 미드아메리칸 에너지와 네트제츠에서 CEO를 지낸 데이비드 소콜이 내게 얘기한 바에 의하면, "우리는 입찰이라는 흥분되는 일에는 휩쓸리지 않았다."[11] 그 대신 놀랍게도 버핏은 일류 비공개기업 경영자들이 그를 찾게 만드는 시스템을 고안했다. 그는 기업가치를 협상하는 대신, 매각 의향이 있는 경영자들이 버핏에게 연락해서 매각 희망가격을 제시해달라고 요청하게 한다. 그는 "대개 5분 이내로, 혹은 그보다 더 빨리" 답을 준다고 약속한다.[12] 이러한 요청은 매각 희망자들이 받아들일 수 있는 최저 가격을 빨리 확인할 수 있게 해주고, 버핏도 시간을 효율적으로 쓸 수 있게 해준다.

버핏은 전통적인 실사에 시간을 많이 보내지 않고 속전속결로 거래를 마무리하는데, 보통 처음 접촉한 후 며칠 안에 끝낸다. 그는 결코 사업장을 방문하지 않고 인수를 결정하기 전에 경영진과 잘 만나지도 않는다. 톰 머피가 해준 얘기에 의하면 "캐피털 시티스는 버크셔가 했던 최대 규모 투자 중에 하나였는데…… 거래에 대해 얘기하고 조건들에 동의하는 데 걸린 시간이 겨우 15분에 불과했다."[13]

버핏은 권한 위임에 도가 텄지만, 자본배분 결정만은 절대로 권한을 넘겨본 적이 없다. 버크셔에는 사업개발부나 투자위원회가 없고,

버핏은 투자은행가, 회계사, 변호사멍거는 예외다에게 자문을 구하는 일이 전혀 없다. 그는 스스로 분석하고 모든 협상을 직접 다룬다. 그는 중개인들이 제공한 전망치를 살펴보지 않으며, 그 대신 과거 재무제표에 중점을 두고 추정치를 직접 만드는 걸 선호한다. 그는 잘 아는 산업 내 기업들만 사들여서 핵심 운영지표에 재빨리 집중할 수 있기 때문에 신속하게 움직일 수 있다. 찰리 멍거는 버크셔가 인수에 나서는 방식을 이렇게 말했다. "우리는 인수하려고 노력하지 않아요. 생각할 필요도 없을 만큼 쉬운 결정을 기다릴 뿐이죠."[14]

잭 웰치 vs 워런 버핏의 경영철학

버핏은 그 세대에서 가장 훌륭한 투자자일 뿐 아니라, 아주 다양한 사업으로 이뤄진 버크셔 포트폴리오를 대단히 효과적으로 관리하는 인물이라는 점을 입증해왔다. 지난 10년 동안, 버크셔의 주당순이익은 상당히 규모로 증가했는데, 그 규모와 다양성에도 불구하고 회사는 매우 효율적으로 운영되고 있다. 유형자산 대비 수익 부분에서 《포천》500대 기업의 상위 사분위에 꾸준히 등재돼 있다.

그렇다면 버핏은 이러한 운영성과를 어떻게 이뤄냈을까? 옆집 아저씨처럼 친근한 외모 아래에 숨겨져 있지만, 그는 상당히 비범한 CEO다. 이는 그의 방식을 잭 웰치의 방식과 비교해보면 확인할 수 있다. 잭 웰치는 중앙집권적 전략을 강조하는 시스템(식스 시그마 등),

CEO 순환배치, 정신없이 이어진 출장과 회의로 GE에서 성공한 인물이다. 버핏이 웰치의 능력에 상당한 찬사를 보냈음에도 불구하고, 둘 간의 경영방식 차이는 이보다 더 극과 극을 달릴 수는 없을 것이다.

버핏은 관련 사업을 전혀 운영해본 적도 없는 상태에서 CEO 역할을 맡았다. 그는 자기 시간을 자본배분 업무에 집중했고, 운영관리에는 가능하면 시간을 쓰지 않아도 되게끔 버크셔를 설계했다. 운영관리에는 자신이 관여할 게 별로 없다고 여겼기 때문이다. 그 결과 버크셔 시스템의 표준은 극단적인 분권화가 됐다. 텔레다인, 캐피털 시티스를 비롯해 이 책에 나오는 분권화 경영방식과 철학으로 운영되는

경영관리에 대한 웰치와 버핏 방식 비교

	웰치	버핏
수익 패턴	완만함	굴곡이 많음
직원 수	40만 명	27만 명
본사 직원 수	수천 명	23명
출장	많음	거의 없음
주요 활동	회의	독서
투자자 관련 시간	많음	없음
업무 분위기	부산함/바쁨	조용함/일정을 잡지 않음
경영자 교체	많음	거의 안함
외부 회의	잦음	없음
전략 계획수립	정기적	없음
주식 분할	실시	실시하지 않음

다른 기업들과 비교해 보더라도 버크셔는 분명히 무정부상태나 마찬가지였다.

버크셔의 전체 직원 수는 27만 명이나 되지만 오마하에 있는 본사에는 단 23명뿐이다. 자회사 대상으로 여는 정기적인 예산회의도 없다. 버크셔 자회사들을 경영하는 CEO들은 조언이나 사업용 자본을 요청하지 않는 한, 버핏에게 전혀 연락을 받지 않는다. 버핏은 이러한 관리방식을 "채용은 잘하고, 관리는 최소한"으로 요약하는데, 이렇게 극단적인 분권화가 간접비용을 낮추고 기업가 능력을 발휘시켜 조직의 전체 효율성을 높인다고 여긴다.

1986년 버크셔 연차보고서에서, 버핏은 우리가 서문에서 살펴봤듯이 놀랍도록 강력한 '제도가 가하는 압박'에 대해 설명했다. '제도가 가하는 압박'이란 경영자들이 아무 생각 없이 경쟁사를 따라하게 만드는 것을 말한다. 수시로 인용하곤 했던 윈스턴 처칠의 말"당신은 당신의 집을 만들고 그 집은 당신을 만든다."-역자을 떠올리면서, 버핏은 이러한 압박을 피할 수 있도록 회사와 생활을 의도적으로 구성했다. 버핏은 다른 《포천》 500대 기업 CEO들과는 다르게 시간을 썼다. 불필요한 일에 시간을 빼앗기지 않도록 일정을 관리했고, 일간지 다섯 개와 수없이 많은 연차보고서를 읽고 생각하는 데 방해받지 않는 시간을 확보했다. 그는 정기회의 없이 빈칸이 유지되는 달력을 자랑스러워했다. 그는 사무실에 컴퓨터가 없으며 주식시세 표시기도 둔 적이 없다.

버핏의 투자자 대상 홍보IR 방식도 특유의 방식으로 시행했다. 버핏은 CEO들이 평균적으로 자기 시간의 20퍼센트를 월스트리트와 교류하는 데 쓰는 걸로 추정했다. 이와 대조적으로 그는 애널리스트에게 시간을 쓰지 않았고, 투자 콘퍼런스에도 가지 않았으며, 분기 이익 전망치를 제공한 적도 없었다. 그는 상세한 연차보고서와 회의로 투자자들과 소통하기를 선호했는데, 두 가지 모두 남들과는 다른 방식이었다.

단색 표지와 코팅 안 된 평범한 종이로 인쇄한 버크셔의 연차보고서는 다른 연차보고서들과 달라 보인다. 이 보고서의 핵심은 버핏이 쓴 캐럴 루미스의 편집을 거친 긴 에세이로, 회사가 전년도에 했던 다양한 사업을 자세히 다루고 있다. 직설적이지만 쉬운 문체로 작성된 이 보고서들은 각 사업부에 대한 자세한 정보를 제공하는 간단명료한 틀이자, 버핏과 멍거의 남다른 운영철학을 보여주는 '주주 안내서'다.

주주총회 또한 특이하다. 관리상 소요되는 시간은 통상 15분을 넘지 않지만, 이후 버핏과 멍거가 주주들의 질문에 답하는 데는 다섯 시간까지 걸린다. 주주총회는 엄청난 군중을 끌어들였다. 2011년 주총 때는 3만 5,000명 넘게 참석했다. 버핏은 이를 "자본주의의 우드스톡 페스티벌"이라고 얘기하곤 한다. 이러한 연차보고서와 주주총회는 절약, 독립적인 사고, 장기적인 관리에 가치를 두는 강한 문화를 강화한다. 덩달아 기발함과 유머라는 가치도. 버핏은 1990년대 초반에 그답지 않게 회사 비행기를 한 대 샀을 때, 이 사실을 연차보고서에 덧붙여 놓았는데, 우스울 정도로 조그만 글씨로 "입이 두 개라도 할 말 없음"이라고 적었다.

주주 관련한 또 다른 파격적인 활동으로 주식분할이 있다. 버핏은 버크셔 A주 분할을 삼가 온 것으로 유명하다. 버크셔 A주는 2019년 2월 현재 뉴욕증시NYSE에서 주당 30만 달러약 3억3,000만 원가 훌쩍 넘는 가격으로 거래될 정도로 비싼 주식이다. 주식분할은 순전히 화장발이며, 피자 한 판을 네 조각 또는 여덟 조각으로 나누는 것과 마찬가지라는 게 버핏의 생각이다. 피자를 조각낸다 해도 칼로리가 바뀌지 않듯이, 주식을 분할해도 기업 가치에는 변화가 없다면서 말이다. 주식분할 안하기는 또 다른 거름망으로, 장기 보유자들만 주주가 되게끔 한 버크셔의 자체 선택이다. 1996년에 버핏은 내키지는 않았지만 가격이 더 낮은 B 클래스 주식을 만드는 데 동의했다. B주는 A주의 30분의 1 가격에 거래됐지만, 그래도 뉴욕증시에서 두 번째로 비싼 가격이었다. 2010년 초반 벌링턴 노던 거래와 관련해, 버핏은 소액 철도 투자자들의 편의를 돕는 차원에서 B주를 50대 1로 추가 분할했다.

• • • ◎ • • •

이 모든 것을 결합하면 사업전략이나 투자전략보다 훨씬 더 강력한 뭔가가 된다. 버핏은 뛰어난 사람과 사업들과 더불어 교체할 필요 없는 장기적인 관계를 만들자는 핵심 세계관을 개발해냈다. 사람이나 사업이 자꾸 교체되면 장기적인 가치 창출의 정수인 복리 연쇄 작용을 방해할 수 있기 때문이다.

사실상 버핏은 회전율 감소를 핵심 목표로 하는 경영자 겸 투자자, 철학자로 가장 잘 이해될 수 있다. 버크셔의 수많은 파격적인 정책들에는 공통된 목적이 있는데, 최고 인재들과 사업들을 골라내고, 재무와 인사 관리에 들이는 과도한 거래 비용을 낮추는 것이다. 경영자에게든 투자자에게든 주주에게든 말이다. 버핏과 멍거에게는 흥미롭게도 선禪불교 같은 논리가 있다. 최고와 함께 일하고 필요 없는 변화는 피한다는 것이다. 그것은 탁월한 수익을 올리는 길일 뿐 아니라, 인생을 이끌어주는 한층 균형 잡힌 길이기도 하다. 그들에게 배울 수 있는 여러 교훈 가운데 가장 중요한 것은 이러한 장기적인 관계의 힘이 아닐까.

버핏과 사베인스 - 옥슬리법

버핏의 기업 지배구조 방식도 관행과는 거리가 있는데, 이는 사베인스-옥슬리법의 여러 조항에 반하는 점이 있다. 버핏이 생각하는 최고의 이사회란 지분을 다수 보유한 경험 많은 사업가들이 소규모로 참여하는 이사회다. (버크셔에는 이사가 12명 있으며, 버핏은 모든 이사들에게 버크셔 주식에 상당 규모의 개인자금을 투자하라고 요구한다). 그는 이사진이 잘못된 결정을 한다면 그들도 그 결과에 영향을 받아야 하고 (버크셔는 이사들에게 보험을 들어주지 않는다), 이사회 보수 수입에 의존하지 말아야 한다고 생각한다. 그래서 버크셔에서 이사회 보수는 최소한으로만 지급한다.

그런데 이러한 방식은 사베인스-옥슬리법 기준으로 보면 내부자들로만 구성된 소규모 그룹만 남는 것이다. 이는 대다수 상장기업 이사회와 완전히 대조를 보인다. 대부분 상장기업 이사회 멤버들은 주주들처럼 의미 있는 수준으로 회사주식에 개인자금을 투자하는 일이 드물고, 주가 하락 위험은 보험이 방어해주며, 이사회 보수는 이사들의 전체 수입에서 차지하는 비중이 높은 경우가 많다. 주주들의 이익과 더 잘 부합하는 방식은 과연 어느 쪽일까?

chapter 9

[철저한 합리성 역발상 CEO들의 사고방식]

톰 머피를 시작으로 헨리 싱글턴, 빌 앤더스, 존 말론, 캐서린 그레이엄, 빌 스티리츠, 딕 스미스, 워런 버핏까지 탁월한 CEO들이 어떻게 회사를 성공의 반열에 올려놓았는지를 보았을 것이다. 각 장의 내용들을 정리한 이 파트를 다시 살펴보며 이제는 이 책을 읽는 당신이 최고의 리더가 될 자질이 있는지 버핏 테스트를 통해 시험해보길 바란다.

당신이 옳은 것은 남들이 당신에게 동의해서가 아니라,
당신이 실제로 한 일과 이유가 건전하기 때문이다.

—벤저민 그레이엄

그를 리더로 만든 것은 스스로 생각할 수 있는 능력이다.

—윌리엄 데레시에비츠(웨스트포인트 육군사관학교 신입생 강의, 2009년 10월)

한걸음 물러서서, 아래의 그래프를 보면 역발상 CEO들에게 투자된 1달러의 가치를 경쟁자들, 시장 전반, 그리고 잭 웰치의 성과와 비교해 볼 수 있다.

1달러의 가치

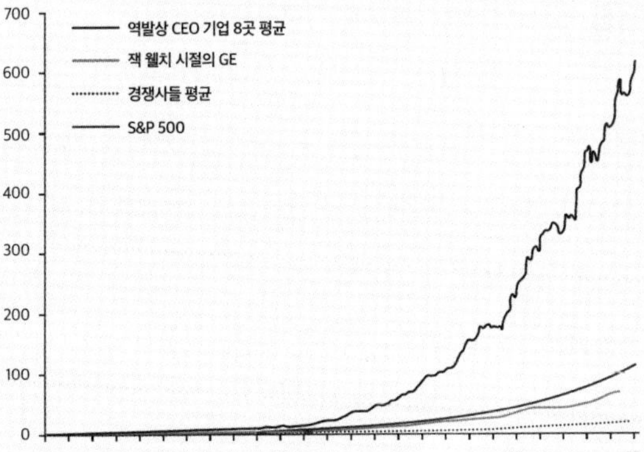

대단히 인상적이다. 이 수치들은 이 특별한 경영자들의 성과를 그대로 요약해서 보여준다. 하지만 이 놀라운 기록은 대부분 지난 세기에 이뤄졌다. 그렇다면 이 CEO들의 경험과 교훈은 오늘날 급속히 변화하는 경쟁 환경에서도 경영자들과 투자자들에게도 여전히 잘 들어맞을까? 그 답은 최근 두 기업 사례에서 확인할 수 있다. 하나는 소형 기업프리페이드 리걸이고 다른 하나는 대기업엑손 모빌이다.

얼마 전까지는 상장기업이었던 프리페이드 리걸은 개인과 기업에 법률서비스를 제공하는 회사였다. 이 서비스는 사실상 보험상품인데, 연간 수수료를 내면, 고객들은 소송, 부동산, 신탁, 유언장 등 광범위한 법률행위에 따르는 비용이 보장된다. 이 서비스는 1970년대에 첫선을 보였는데 프리페이드 리걸은 1980년대와 1990년대를 거치며 빠르게 성장했다. 흥미로운 점은 이 회사가 초창기에만 빠르게 성장하고는 최근 10년 동안에는 매출액이 사실상 제자리걸음을 했다는 것이다.

급격한 성장에 더해진 갑작스러운 장기 정체라는 패턴은 예로부터 끔찍한 주가수익률을 만들어내는 요리법이었다. 하지만 이 기간 동안 프리페이드 주가는 4배나 껑충 뛰었는데, 이는 시장과 동종업계 경쟁사들보다 압도한 성과였다. 이 회사는 어떻게 이런 성과를 낸 것일까? 1999년 후반부터, 이 회사 CEO인 할랜드 스톤사이퍼는 시장이 성숙단계여서 더 성장하기 위해 추가로 투자해도 뛰어난 수익을 낼 것 같지 않다는 것을 깨달았다. 여느 상장기업과 달리, 몇몇 대규모 투자자로만 이뤄진 이사회 권고에 따라, 그는 잉여현금흐름 최적화와 공격적인 자사주 매입으로 자본을 주주들에게 돌려주는 체계적이고도 적극적인 프로그램을 시작했다. 이후 12년 동안, 스톤사이퍼는 발행 주식의 50퍼센트 이상을 사들여 주주들과 시장으로부터 꾸준히 찬사를 받았고, 2011년 6월 상당한 프리미엄을 받고 한 사모펀드에 회사를 매각했다.

프리페이드 리걸은 규모도 작고 소유가 집중된 기업이므로, 더 규모가 큰 기업들 중에서 다른 사례를 찾아보는 것이 중요하다. 어느 대기업, 그야말로 어마어마하게 큰 대기업인 엑손모빌이 그 주인공으로, 이 회사 시가총액은 세계 최대 수준이다. 1977년부터 엑손나중에 엑손모빌이 된은 투자자들에게 연평균 수익률 15퍼센트라는 상당한 성과를 올리며 시장과 경쟁사들을 왜소하게 만들었는데, 규모 면에서도 정말 엄청난 기록이었다. 엑손모빌 경영진이 어떻게 이런 성과를 냈는지 살펴보면, 역발상 CEO들과 유사점이 떠오른다. 약간의 시사점도 눈에 띈다.

항상 계산하라

역발상 CEO들은 항상 수익이 얼마인지 묻는 것으로 시작했다. 5학년 수준의 산수만 할 줄 알아도 계산할 수 있는 수준이다. 모든 투자 프로젝트는 수익을 창출했다. 역발상 CEO들은 보수적인 가정 아래에서 지속적으로 이런 계산을 했고, 상당한 수익이 나올 만한 프로젝트만 진행했다. 그들은 핵심 가정에 집중했고, 지나치게 상세한 스프레드시트를 믿지 않았다. 부하나 외부 자문가에게 의존하지 않고 직접 분석했다. 역발상 CEO들은 재무 추정치의 가치는 페이지 수가 아니라 적용한 가정의 질이 좌우한다고 생각했다. 이들 중 다수는 간단명료한 한 페이지짜리 분석용 견본을 개발해냈다. 직원들이 핵심 변수에 집중할 수 있도록 말이다.

대니얼 카너먼이 최근 출간한 『생각에 관한 생각』이라는 훌륭한 책을 보면, 노벨상을 수상한 30년간의 연구 결과인 인간 의사결정 모형이 잘 나타난다.[1] 카너먼의 패러다임에는 뚜렷한 두 가지 시스템이 있다. 시스템1은 순수하게 직관적인 패턴 인지 방식으로, 어떤 상황에서든 경험법칙에 따라 결론에 아주 빨리 도달한다. 시스템2는 더 느리면서도 숙고하는 방식으로 한층 복잡한 분석이 필요하다. 시스템2는 시스템1을 무시할 수 있다. 문제는 시스템2를 활용하려면 시간과 노력이 더 들어간다는 것이다. 그래서 우리는 대부분 이를 충분히 활용하지 못한다.

카너먼에 의하면, 시스템2를 활용하게 되는 핵심에는 촉매나 계기가 있는데, 역발상 CEO들에게는 간단한 '한 페이지'짜리 분석이 이런 기능을 종종 제공했다. 그들은 반드시 실증적인 데이터로 초점을 확실하게 잡았으며, 눈먼 군중이 따라붙는 것을 거부했다. 이런 방식들은 통념에 대해 예방접종 역할을 했으며, 역발상 CEO 기업들에 두루 퍼져 있다. 텔레다인에서 핸리 싱글턴과 일했던 COO 조지 로버츠는 《포브스》 인터뷰에서 이렇게 말했다. "자본 절제력은 우리 경영진에게 아주 깊숙이 배어있었기 때문에, 수익성이 낮은 제안서는 우리에게 제출된 적이 거의 없어요."[2]

CEO 렉스 틸러슨과 짠돌이였던 그 전임자 리 레이먼드의 리더십 아래에서, 엑손모빌은 이와 비슷한 절제력을 나타냈다. 모든 자본 프로젝트에 최소 20퍼센트의 수익률을 요구한 것이다. 최근 금융위기 동안 에너지 가격이 하락하자 틸러슨과 그의 팀은 생산량을 낮춰 월스트리트 애널리스트들에게 비판을 받았다. 하지만 틸러슨과 그의 팀은 수익성이 떨어지는 추가 오일 생산을 거부했다. 그것이 단기수익 하락을 의미했더라도 말이다.

중요한 건 분모, 즉 주식 수

이 CEO들은 다들 주당가치기업 가치/주식 수 최대화에 집중했다. 이를 위해 그들은 단순히 분자, 즉 전체 기업 가치에만 초점을 두지 않았다. 전체 기업 가치는 인수될 때 값이 비쌌거나 경제성 없는 내부자본 프로젝트에 자금을 조달하는 등 여러 방법으로 부풀려지기 마련이었다. 그들은 분모, 즉 주식 수 관리에 의도적으로 집중했다. 이를 위해 투자 프로젝트에는 조심스럽게 자금을 조달하고, 기회가 오면 자사수를 매입했다. 그들의 자사주 매입은 주가를 부양하거나 옵션 지급을 상쇄하려는 목적이 아니었다이 두 가지는 오늘날 자사주 매입의 흔한 이유다. 그보다는 자사주 매입 자체가 투자로 매력적인 수익을 제공했기 때문이었다.

엑손모빌 또한 주요 에너지기업 가운데 자사주 매입에 적극적인 유일한 회사였다. 이 회사는 지난 5년 동안 발행 주식의 25퍼센트를 매입했다. 리먼 사태 이후 금융 붕괴 상황에도 불구하고, 사실 엑손모빌은 자사주 매입을 가속화했다.

거침없는 독립성

역발상 CEO들은 권한 위임의 대가였다. 대단히 분권화된 조직을 운영했으며 운영상 결정권을 조직의 말단, 최고 외곽 수준까지 내려보냈다. 하지만 자본배분 결정 권한만은 넘기지 않았다. 찰리 멍거가 설명했듯, 그들의 기업은 "분권화된 운영과 아주 중앙집중적인 자본배분을 묘하게 뒤섞은" 것이었는데, 이러한 느슨함과 치밀함, 위임과 위계의 혼합으로 관행이 가하는 압박에 강력하게 맞설 수 있음을 입증했다.[3]

독립적 사고에 덧붙이자면, 그들은 외부 자문가들에게는 최소한의 도움만 받고서도 편안하게 움직였다. 마치 주인공 혼자 악당 무리를 상대하는 서부극 〈하이 눈〉의 한 장면처럼 말이다. 존 말론은 혼자 AT&T의 개발부서 직원, 변호사, 회계사들을 상대했고, 빌 스티리츠는 노란색 메모장 하나만 들고 수백억 달러짜리 거래 관련 실사회의에 나타났으며, 워런 버핏은 버크셔를 방문해보지도 않고 하루 만에 인수를 결정해버렸다.

카리스마는 과대평가됐다

역발상 CEO들은 홍보에도 명백히 무심했으며 경쟁자들에 비해 투자자 대상 홍보에도 시간을 많이 쓰지 않았다. 이익추정치를 제공하지 않았고 월스트리트 콘퍼런스에 참석하지도 않았다. 그들은 모두 외향적이지도, 카리스마가 넘치지도 않았다. 이런 점에서 볼 때 짐 콜린스가 그의 책 『좋은 기업을 넘어 위대한 기업으로』에서 강조했듯 그들에게는 겸손한 자질이 있었다. 그들은 조명을 받지 않았고 대개는 조명을 받을 생각이 없었다. 하지만 그들이 올린 수익은 이러한 내향성을 보상하고도 남았다.

틸러슨은 엑손모빌에서 모든 주요 자본배분 결정에 관여했다. 그는 수익발표 행사나 콘퍼런스에 거의 참석하지 않았다. 월스트리트 애널리스트들 사이에서 틸러슨은 의사소통이 필요하면 해야 할 얘기만 하는 스타일로 알려져 있다.

인내하며 악어처럼 기회가 오기를 노린다

그들 모두는 수익 계산으로 무장한 상태에서, 적당한 기회가 나타나기를 오랫동안 기꺼이 기다렸다일정 규모가 될 때까지 케이블 회사를 계속 사들였던 존 말론은 예외다. 제너럴 시네마의 딕 스미스는 10년 내내 기다리기도 했다. 캐서린 그레이엄처럼, 그들 중 다수는 인수 열풍이 몰아치던 기간에도 한발 비켜서서 고평가된 '전략적' 인수들을 피한 것만으로도 어마어마한 주주가치를 창출했다.

엑손모빌은 최근 10년 사이에 중요한 인수를 한 적이 없다.

때로는 대담하게 움직인다

흥미롭게도, 앞서 살펴본 것처럼 경험과 분석을 선호하는 성향이 소심하다는 뜻은 아니다. 실은 오히려 정반대다. 어쩌다 수익성이 기대되는 프로젝트를 찾아내면, 그들은 대담하게 저돌적으로 움직이곤 했다. 이 CEO들은 다들 자사 가치의 25퍼센트가 넘는 인수나 투자를 최소한 한 건 이상은 했다. 톰 머피의 ABC 인수는 자사 가치보다 더 큰 규모의 거래였다. 오일 가격이 사상 최저수준이었던 1999년에 엑손은 라이벌인 모빌 코퍼레이션을 사들였는데 이는 엑손 기업가치의 50퍼센트가 넘는 어마어마한 거래였다.

꾸준하게 합리적이고 분석적인 방법 적용

이 경영자들은 자본을 다루는 외과의사들이었다. 가용 자본을 가장 효율적이면서 가장 높은 수익이 예상되는 프로젝트에 꾸준히 배정하는 방식이었다. 오랜 기간 동안, 이러한 규율을 통해 가치를 올리는 결정들은 더해가고, 똑같이 중요한 가치에 해로운 결정들은 피하며 주주가치에 엄청난 영향을 미쳤다. 이렇게 통념을 뛰어넘는 사고방식은 그 자체로 이들이 경영하는 기업들에 중요하면서도 지속가능한, 경쟁우위에 있게 하는 강점이라는 것을 입증했다. 이러한 사고방식은 빛을 한 곳으로 모으는 렌즈 같은 역할을 했는데, 경쟁자들의 행동이나 통념 때문에 눈이 부실 때 역발상 CEO들은 이 렌즈로 차단하고 핵심적인 경제현실에 초점을 맞춰 적절히 결정할 수 있었다.

이 실용적이고 분석적인 방법 덕분에 명쾌함과 효율을 얻은 사례는 이 책에 수없이 많이 나온다. 이 CEO들은 자신들이 뭘 찾는지 정확히 알았고 이는 직원들도 마찬가지였다. 그들은 도를 넘어서 분석하거나 과도한 모델을 세우지 않았고 그들의 생각을 확인받으려고 외부 컨설턴트나 은행가를 찾지 않았다. 그 대신 그들은 달려들었다. 랠스턴 퓨리나에서 빌 스티리츠의 오랜 부하였던 팻 멀케이 얘기처럼, 그들은 어디에 초점을 둬야 할지 정확히 알았다.[4]

경제잡지 《배런스》는 2009년 한 기사에서 엑손모빌 '특유의' 기업문화를 "자존심을 버리고 수익에 집요하게 몰두하는 것"[5]이라고 썼다. 이러한 검소한 문화에서 뛰어난 성과가 나온 것은 우연이 아니었다. 엑손모빌은 지난 25년 동안 석유·가스 산업에서 자기자본이익률 선두를 유지해왔다.

장기 전망

역발상 CEO들은 검소함을 타고났지만, 장기적인 가치 창출에 필요하다면 기꺼이 사업에 투자했다. 이를 위해 그들은 쳇바퀴 돌리듯 하는 분기수익 맞추기와 월스트리트 애널리스트들을 무시할 필요가 있었다. 〈스쿼크 박스〉와 〈매드 머니〉 같은 주식 전문 케이블 쇼들이 떠들어대는 불협화음도 한귀로 흘려야 했다. 그러한 것들은 끊임없이 단기적인 사고를 강조했기 때문이다. 톰 머피가 새 인쇄공장을 매

예측

오늘날 기록적인 기업 현금수준과 저금리, 저PER(주가수익배수)의 조합은 자본배분에 공격적으로 나설 기회가 왔음을 나타낸다. 이 상황은 특히 시스코, 마이크로소프트, 델 같은 규모가 가장 크고 우량한 기술주에서 볼 수 있다. 이들 중 다수는 아직도 창업 멤버 경영팀이 운영하고 있는데, 엄청난 현금을 보유하고 있으며, 전례 없는 한 자릿수 주가수익배수로 거래되고 있다. 내가 보기에 이런 기업들은 지금까지 연구·개발(R&D) 투자를 강조하던 입장에서 돌아서 자사주 매입이나 배당금을 극적으로 확대해 수익 최적화 쪽으로 움직일 가능성이 있다. 이런 일이 일어난다면 시장은 열광의 도가니가 될 것이다. 그리고 이러한 기업들 중 한 곳의 CEO인 헨리 싱글턴이 손바닥을 비비며 기회가 왔음을 기뻐하는 모습을 상상해도 좋겠다.

입하려고 엄청난 규모로 자본지출을 했을 때나, 존 말론이 1990년대 말에 값비싼 첨단 케이블 장비들을 사들였을 때, 그들은 의도적으로 단기수익 하락을 감수했다. 고객경험을 개선하고 장기적으로 경쟁력 있는 지위를 지키려고 했던 것이다.

이런 장기적인 시각은 종종 역발상적인 행동으로 나타난다. 엑손모빌은 금융위기 동안 생산량 감축 결정으로 논란을 일으켰던 것과는 대조적으로, 주요 에너지 기업 가운데 유일하게 석유 탐사지출 규모를 확고하게 유지했다. 이는 장기가치 최적화라는 관점에 따른 것이었다. 2009년 초반 에너지 가격이 떨어진 후 다른 대형 에너지 기업들이 캐나다 오일샌드 사업 투자를 줄일 때도 엑손모빌은 단기수익 희생을 감수하면서 앨버타 지역으로 대규모 탐사 사업을 확대하는 쪽으로 움직였다.

역발상 CEO들의 공통된 가치관

프리페이드 리걸의 스톤사이퍼와 엑손모빌의 틸러슨이 냈던 성과와 대조를 보이는 유명한 사례는 미국 최대 금융기업 시티그룹에서 나왔다. 시티그룹 CEO인 척 프린스는 2000년 중반 주택 담보 대출과 부채 쓰나미가 절정을 이룬 시기에 "음악이 흐르는 한, 일어나서 춤을 춰야 한다"[6]고 선언한 것으로 유명하다. 프린스는 통념의 유혹과, 제도가 가하는 압박에 사로잡혔고, 그와 주주들은 2007년 40달러 이상이던 회사 주가가 2009년 3달러 이하로 추락하자 춤추며 낭떠러지에서 떨어지고 말았다. 주식시장과 산업이 성과가 참혹했던 기간 동안 프린스는 S&P와 경쟁사들에 비해 부진했다.

이렇게 역발상 CEO들을 그리고 그들 기업의 성과를 다른 이들과 가른 것은 명백히 다른 두 가지 사고방식이었다. 스톤사이퍼와 틸러슨처럼 역발상 CEO들은 다른 모두가 관심 없을 때 무대 한 가운데에서 춤을 췄고, 음악소리가 가장 클 때는 수줍어하며 외곽 지역에 있기를 고수했다. 그들은 현명한 역발상 투자자들이었다. 수익이 별로다 싶을 때는 기꺼이 벽에 기대어 계속 서있었다.

아주 다양한 산업과 주식시장 상황에서, 역발상 CEO들은 독자적으로 움직였지만 매우 비슷한 핵심 원칙 근처에 모여 있었다. 경쟁자들이 이쪽으로 오면 스톤사이퍼와 틸러슨 등 역발상 CEO들은 저쪽으로 가면서 상대적으로 뛰어난 성과를 올렸다. 그리고 아래 표에 나타나듯이, 그들은 저쪽으로 가서 사실상 똑같은 계획대로 움직였다. 그들은 배당금 지급을 멀리했고, 인수할 때는 규정에 맞춰서 했으며 가끔은 대규모로, 차입금은 선별적으로만 썼고, 자사주는 대규모로 매입했고, 세금은 최소화했고, 조직은 분권화 중심으로 운영했고, 연차보고서상 순이익보다는 현금흐름에 중점을 뒀다.

공통된 가치관

	CEO 처음 경험	배당금 지급	자사주 매입 30% 이상	시가총액 25% 이상 인수	분권화된 조직구조	분기별 실적 예상치 발표	특유의 지표	세금 관심
헨리 싱글턴	V	없음	V	V	V	없음	텔레다인 수익	높음
워런 버핏	V	없음	-	V	V	없음	책임 준비금	중간/높음
톰 머피	V	낮음	V	V	V	없음	현금흐름 이익률	중간/높음
존 말론	V	없음	V	V	V	없음	세전이익	높음
딕 스미스	V	낮음	V	V	V	없음	현금 수익	높음
빌 앤더스	V	낮음/특별배당	V	V	V	없음	현금 투자 수익률	높음
빌 스티리츠	V	낮음	V	V	V	없음	내부 수익률	높음
캐서린 그레이엄	V	낮음	V	V	V	없음	현금 내부 수익률	중간/높음

문제는 주어진 상황에 어떻게 대처하느냐 하는 것인데, 이 경영자들은 저마다 꽤 다른 상황에 처했었다. 그들의 상황은 아주 달랐다. 베를린장벽 붕괴 후 방위 산업계의 빌 앤더슨이 마주했던 상황은 1970년대 초반 케이블TV 호황기에 TCI를 맡았던 존 말론이 직면했던 상황과 그 이상 다를 수 없었을 것이다. 핵심은 주어진 상황에 최적화하는 것이다. 이는 고등학교 미식축구 코치가 매년 달라지는 선

수 구성 변화에 따라 전략을 바꿔야 한다거나예를 들어 어느 해 쿼터백이 약한데 이 선수가 볼을 들고 뛰어야 하는지 등, 레퍼토리 극장특정한 극단이 여러 연극을 바꿔서 공연하는 극장-역자 대표가 소속 배우들의 개성에 적합한 연극을 골라야 하는 것에 비유할 수 있다.

여기에는 엄격한 공식이나 고정된 법칙은 없다. 자사주를 매입하거나, 인수를 하거나, 인수를 외면하고 버티는 게 늘 정답은 아니다. 올바른 자본배분 결정은 처한 상황마다 다르다. 헨리 싱글턴이 유연함이 정말 꼭 필요하다고 생각한 이유가 바로 이것이다. 이 CEO들은 다들 비즈니스 세계에 내재돼 있는 불확실성을 대할 때면, 참을성 있게 합리적이면서도 실용적으로 생각하면서 기회가 오면 놓치지 않으며 정면 대응했다. 상세한 전략을 세운 게 아니었다.

그들 특유의 행동은 공통된 사고방식에서 나왔는데, 이는 그야말로 CEO 성공에 필요한 새로운 모델이 됐다. 즉 기업 자원을 최적화

통념타파주의의 개요

	역발상 CEO	경쟁사 CEO
경험	이전에 경영 경험이 거의 없는 초보 CEO	글래드웰의 법칙대로 1만 시간 수련을 거친 노련한 경영자
주요 활동	자본배분	운영관리와 외부 의사소통
목적	장기적인 주당가치 최적화	성장
핵심 지표	이익률, 수익, 잉여현금흐름	매출액, 연차보고서상 순이익
개인 성격	분석적, 검소함, 독립적	카리스마적, 외향적
지향	장기	단기
닮은 동물	여우	고슴도치

하는 경영에 중점을 두는 것이다. 역발상 CEO들은 대단히 유능한 인물들이었지만, 경쟁자들과 비교해 본 상대적 장점은 지능이 아니라 기질이었다. 기본적으로 그들은 중요한 것은 통찰력 있는 결정이라고 판단했고, 시대에 뒤떨어진 덕목처럼 보이는 겸소함과 인내심, 독립심과 가끔씩 과감함, 합리성과 논리를 강조했다.

그들의 통념을 벗어난 방식은 다양한 산업과 주식시장 상황에서 경쟁우위에 있게 한 탄탄한 자원임을 입증했다. 기본적으로, 역발상 CEO들은 어떤 철저한 합리성을 실행했다. 그들에게는 장기투자자나 기업주의 관점이 있었다. 대부분의 CEO들이 고액 연봉을 받지만 직원처럼 일하는 것과는 달랐다.

질문으로 돌아가 보자. 이 CEO들의 경험과 교훈은 누구에게 필요할까? 바로, 사실상 모든 경영자나 사업가다. 좋은 소식은 당신이 뛰어난 CEO가 되기 위해 마케팅이나 기술 분야 천재나 카리스마 있는 몽상가가 될 필요는 없다는 것이다. 하지만 당신은 자본배분을 이해해야 하고, 주주 가치를 창출하기 위해서 기업 자원을 어떻게 배정하는 게 최선일지를 주의 깊게 생각해야 한다. 당신은 언제나 수익이 얼마나 될지를 기꺼이 물어야 하고, 보수적인 가정 하에서 매력적인 수익을 낼만한 사업만 추구해야 한다. 그리고 경쟁자들과 달리 가끔은 어떤 일을 할 때 확신을 지녀야 한다. 이러한 원칙을 따르는, 합리적으로 행동하고 스스로 사고하는 경영자와 기업가라면 최고의 카드로 주주들을 즐겁게 해줄 수 있을 것이다.

맺음말 : 새 술은 새 부대에 담아야 한다

만약 뭇사람들이 이성을 잃고 너를 탓할 때, 냉정을 지킬 수 있다면……

_러디어드 키플링, 「만약」

노벨상을 수상한 화학자 루이 파스퇴르는 "기회는 준비된 사람에게 나타난다"고 말했다. 준비된 사람들, 즉 여전히 활발히 경영하고 있는 역발상 CEO인 워런 버핏과 존 말론 두 사람이 2008년 9월 리먼 브라더스 붕괴 여파로 벌어진 금융위기를 어떻게 헤쳐 나갔는지 살펴보면서 마무리를 지어보자.

당신도 알다시피 버핏과 말론은 경쟁자들과는 전혀 다른 길을 걸었다. 사실상 모든 미국 기업이 한발 비켜서서 현금을 지키며 병든 대차대조표를 돌보고 있던 시절, 한겨울 속에서도 사자 두 마리는 어슬렁거리며 먹이를 찾아 돌아다녔다.

2001년 9·11 테러 이후 비교적 오랫동안 두문불출했던 버핏은 그의 긴 경력 기간 가운데 가장 활발한 시기 중 하나를 보냈다. 2008년 4분기 이후, 그는 800억 달러 이상을 (리먼이 파산한 지 25일 이내에만 150억 달러 이상을) 다양한 투자활동에 투입했다.

- 골드만삭스와 GE에서 전환우선주 매입(80억 달러)
- 컨스털레이션 에너지 등 몇몇 보통주 매입(90억 달러)
- 마스/리글리(65억 달러)와 다우 케미컬(30억 달러)에 메자닌● 방식으로 자금 제공
- 공개 주식시장에서 다양한 부실채권 매수(89억 달러)
- 달러 가치로 버크셔 최대 거래였던, 벌링턴 노던 주식 77.5% 매입(265억 달러)
- 상장된 윤활유 업계 선두업체 루브리졸 인수(87억 달러)
- IBM 주식에 대규모 신규투자 발표(109억 달러)

같은 기간 동안, 존 말론은 공격적인 자본배분 와중에 그 연장선상인 어떤 실험을 조용히 진행하고 있었다. 그 대상은 TCI의 자회사 리버티 미디어에서 분할된 프로그램 제작사들로, 제각각 특징이 이질적이었다. 깊숙한 금융위기 한복판에서 말론은 다음과 같이 움직였다.

● 메자닌은 건물 1층과 2층 사이에 있는 라운지 공간을 뜻하는 이탈리아어로, 채권과 주식의 중간 위험 단계인 전환사채(CB)와 신주인수권부사채(BW)에 투자하는 것을 말함—역자

- 거대 위성방송사업자 DIRECTV에 부채를 활용한 자기자본 성장 전략 시행. 부채를 확대하면서 공격적으로 자사주 매입(지난 24개월 간 발행주식의 40% 이상).
- 케이블 사업자 스타즈·인코어 분할 등 리버티 미디어에서 분할된 기업들 대상으로 일련의 활동 개시. 리버티 캐피털(말론이 사들였던 다양한 상장·비상장 주식을 보유한 기업)과 리버티 인터액티브(QVC 쇼핑 네트워크와 다른 온라인기업들의 모기업) 간의 출자전환.
- 위성라디오 서비스인 시리우스 브로드캐스팅을 2009년 초 주식시장이 최저점을 찍을 당시 리버티 캐피털을 내세워 저렴한 가격에 매입. 또한 2010년 2분기에 리버티 캐피털 주식의 11%를 추가 매입.
- 글로벌 케이블 자회사인 리버티 글로벌을 통해, 독일 케이블 기업 유니티 미디어를 회사 사상 최대 규모인 50억 유로 이상(현금흐름의 7배 이하)으로 매입하고, 일본 최대 케이블 기업의 상당 규모 지분을 현금흐름의 9배로 매각한다고(모든 수익은 회사의 엄청난 순영업손실로 인해 세금 면제) 발표. 또한 리버티 글로벌의 공격적인 자사주 매입 프로그램 유지(지난 5년간 전체 주식의 절반 이상을 사들임).

미국 기업들이 대개 옆으로 비켜나 숨죽이고 있는 동안에, 능수능란한 이 두 CEO는 케인스가 언급했던 '야성적 충동'●의 결과 속에서 한바탕 잔치를 벌였다. 그들은 버핏이 얘기했던 것처럼 경쟁자들이 전례 없는 공포에 사로잡혀 있을 때 대단히 탐욕스러웠다.

● 영국의 경제학자 존 메이너드 케인스는 인간의 지나친 자신감으로 경제활동 과잉이 일어나 버블이 생기거나, 자신감이 극도로 위축돼 대공황이 벌어지는 것처럼 인간의 비경제적 본성도 경제를 움직이는 요인이 될 수 있다며, 이를 '야성적 충동(Animal Spirit)'이라고 정의했다—역자

후기
사례와 체크리스트

다른 상황에서 아웃사이더 업무 방식을 보여주는 사례 하나와 함께 마무리해보자.

당신이 바게트와 신선한 페이스트리를 전문으로 하는 잘나가는 고급 빵집을 하나 갖고 있다고 하자. 이 빵집의 성공 비결은 이탈리아에서 제조된 특별한 오븐인데, 문제는 감당할 수 없을 정도로 수요가 넘친다는 점이다.

당신은 이 사업을 키울 두 가지 선택에 직면해 있다. 옆 매장으로 공간을 확장하고 오븐을 하나 더 사거나, 시내 다른 곳에 새 매장을 여는데 이 경우에도 새 오븐은 필요하다. 도시의 다른 곳에 있는 당신의 경쟁자는 최근 매장을 확장해 상당한 성과를 내고 있으며, 얼마 전 한 기사에 따르면 어느 상장된 제빵업체도 기존 매장들을 조심스럽게 확장했다고 한다. 통념으로는 당신도 가게를 확장하는 게 옳은 길이지만, 당신은 앉아서 계산을 해본다.

당신은 각 시나리오별로, 선행투자 비용, 예상 매출액, 이익 계산부터 시작한다. 보수적으로 잡혔다 싶은 가정들을 활용한 계산이다. 그 다음으로 확장한 상황부터 시작해서 각 경우별 수익을 계산한다.

당신은 개인적으로 기준수익률을 잡았다. 최소한 수익률이 20퍼센트는 되는 프로젝트만 추진하기로 한다. 먼저 확장하는 경우를 계산한다. 새 오븐 비용 5만 달러, 기존 건물에서 추가 공간 확장하는 비용 5만 달러, 인건비와 재료비, 기타 운영비용을 제한 뒤 늘어나는 연간이익은 2만 달러쯤 된다. 그러면 오븐 구입 및 기존 매장 확장에 필요한 사전 비용은 10만 달러이고 연간이익 예상치가 2만 달러니까 기대수익률은 20퍼센트다. 기준수익률에 부합한다.

이번엔 새로운 매장을 내는 경우다. 사전 비용은 오븐 5만 달러에 새 매장 얻는 비용이 15만 달러다. 새로운 매장은 시내 다른 곳에 있고 그 외 몇몇 이유들로 이 경우엔 수익률 예측하기는 더 어렵지만 연간 예상 수익은 5만~7만5,000달러를 예상할 수 있다. 그럼 사전 비용을 20만 달러를 쓸 경우 기대수익률이 25~37.5퍼센트가 된다. 이 수익률은 최저 기대수익률도 기존 매장을 확장하는 경우보다 확실히 더 높다. 하지만 어떤 길로 갈지 정하기 전에, 당신은 스스로에게 몇 가지 중요하고도 정성적인 질문을 해봐야 한다.

- 새로운 매장은 시내 다른 지역에 있고, 매출액은 예상과 달라질 수 있다는 더 큰 위험이 있다. 당신은 예상수치에 관해 얼마나 편안하게 느끼는가?
- 더 높다는 수익은 이러한 추가 불확실성을 상쇄할 정도인가?
- 새로운 매장은 기존 매장 확장 시나리오보다 투자비가 2배 더 든다. 추가 10만 달러를 조달할 수 있는가? 조달할 수 있다면, 그 자금으로 더 나은 투자를 할 곳은 없는가?
- 반대로, 새로운 매장 때문에 보지 못한 수익이 있는가? 예를 들어 매장을 늘렸는데 기존 매장에서 매출액이 감소한다면 당신

에게 대책이 있는가?

• 두 번째 매장 개설은 시간이 흐른 뒤 훨씬 더 큰 회사를 세울 수 있는 가능성을 떠올리게 하는가?

이런 것들이 경영자와 기업가가 날마다 씨름해야 하는 자본배분 질문과 결정이다. 이것은 기업 규모와는 무관하다. 비록 규모가 큰 기업들은 답을 얻는 데 도움을 받으려고 종종 컨설턴트나 투자은행가를 쓰긴 하지만 효율적인 결정을 하려면 빵집 사장이나 《포천》 500대 기업 CEO이거나 반드시 체계적이고도 분석적인 사고 과정을 거쳐야 한다.

이러한 역발상 방식은 지역 기업이든 대기업 이사회든 별로 복잡한 것 같지는 않다. 그러면 왜 더 많은 사람들이 이 방식을 따르지 않을까? 답은 보이는 것보다 어렵다는 것이다. 경쟁자 무리에서 떨어져 나오는 것이나, 제도가 가하는 압박을 무시하기란 쉽지 않다. 많은 부분에서 비즈니스 세계란 또래집단이 주는 압력으로 꽉 찬 고등학교 구내식당과 비슷하기 때문이다. 특히 위기를 맞은 시기에는, 본능적이고 직관적인 반응으로 행동주의자들이 얘기하는 사회적 검증에 얽매여서 동료들의 행동을 따라 하기 마련이다.

오늘날같이 소셜미디어, 인스턴트 메시지, 듣기 불편한 케이블 쇼들이 넘치는 상황에서는, 소음을 무시해버리거나 한걸음 뒤로 물러나 카너먼의 시스템2에 몰두하기는 점점 어렵다. 이 시스템2가 대단히 쓸모 있는 도구라고 최신 뉴스에서 보도했는데도 말이다.

역발상 CEO 체크리스트

체크리스트는 항공, 의료, 건설 같은 다양한 분야에서 매우 효과적이라고 알려진 의사결정 도구다. 너무 단순해서 그 효력이 오해 받기도 하지만, 아툴 가완디의 책 『체크! 체크리스트The Checklist Manifesto』에 힘입어 오늘날 체크리스트는 많은 사람들이 관심 있게 보는 주제가 됐다. 체크리스트는 특히 효과적인 형태로 이뤄진 '선택 구조물'로, 분석력과 합리성을 증진하고, 복잡한 결정을 종종 헷갈리게 만드는 잡생각들을 없애준다. 체크리스트는 구조를 짜는 체계적인 방법이며, CEO들에게는 통념과 제도가 가하는 압박에 맞서 면역력을 기를 수 있는 꽤 효과적인 백신이 될 것이다.

가완디는 이런 체크리스트 항목은 10개 이하가 가장 좋다고 조언한다. 역발상 CEO들의 경험에서 추출한 다음 체크리스트를 해보며 이 책을 마무리해보자. 효과적인 자원배분 결정에 도움이 되기를 그리고 모쪼록 가치를 파괴하는 결정은 피할 수 있기를 바란다.

그럼 시작한다.

1. 자원배분 과정은 CEO가 주도해야 하며 재무나 사업개발 부서 직원들에게 위임하면 안 된다.

2. 투자 프로젝트어떤 CEO든 가장 중요한 의사결정 중 하나에서 받아들일 수 있는 최소수익률, 즉 기준수익률부터 결정하고 시작하라.

   첨언 기준수익률은 회사가 활용할 수 있는 기회들을 참고해서 정해야 하는데, 일반적으로 자기자본비용과 부채비용 합계보다 커야 한다. 보통 10퍼센트 중반 이상으로 잡는다.

3. 내외부 투자대안의 수익률을 전부 계산하고, 수익률과 위험을 기준으로 순위를 매겨라. 계산이 완벽할 필요는 없지만, 가정은 보수적으로 잡아라.
첨언 기업인수 등 위험수준이 높은 프로젝트일수록 수익률이 더 높아야 한다. '전략적'이라는 형용사를 특히 조심하라. 그것은 종종 '낮은 수익률'을 의미하는 업계 암호다.

4. 자사주 매입을 할 때 수익률을 계산하라. 인수 시 수익률은 자사주 매입 수익률이라는 기준선을 의미 있는 수준으로 넘어야 한다.
첨언 자사주 매입은 역발상 CEO들에게 중요한 가치 창출의 자원이었지만, 만병통치약은 아니다. 자사주 매입은 지나치게 비싼 가격에 시행하면 가치를 파괴할 수 있다.

5. 세후 수익에 중점을 두고, 모든 거래는 세무 자문에 따라 진행하라.

6. 용인되는 정도로 현금과 부채 수준을 보수적으로 잡고, 그 선을 유지하며 회사를 운영하라.

7. 분권화된 조직 모델을 고려하라. 전체 직원 수 대비 본사 직원 수 비율이 경쟁사들과 어떻게 다른가?

8. 시간이 지나도 기준수익률 이상으로 수익을 창출할 수 있다고 확신하는 사업에만 자본을 보존하라.

9. 높은 수익을 낼만한 가능성 있는 투자 프로젝트가 없다면, 배당금 지급을 고려하라. 그러나 배당 결정은 되돌리기 어렵고, 세금 측면에서 비효율적이라는 것을 알아두라.

10. 가격이 너무 비쌀 경우에는 사업이나 주식 매각도 괜찮다. 또한 더 이상 쓸 만한 수익을 창출할 수 없는 실적이 부진한 사업이라면 폐업도 나쁘지 않다.

과거를 돌이켜보든 미래를 내다보든, 역발상 CEO의 자원배분 방식은 예측할 수 없고 어수선한 비즈니스 세계를 헤쳐 나가는 검증된 방법을 제공한다. 이 방식은 매우 다양한 산업과 주식시장 상황에서 뛰어난 성과를 창출했다. 이 체크리스트는 동네 빵집부터 다국적 대기업까지 어떤 사업이든지 도움이 되는 도구다. 이 검증된 방식을 활용해 비즈니스 세계에 내재된 불확실성을 두 팔 벌려 기회로 맞이하고 편견 없는 시각으로 바라보라.

버핏 테스트

워런 버핏은 자본배분 능력에 대한 간단한 테스트를 제시했다. 'CEO가 재임 기간 동안 유지된 수익 1달러당 최소한 1달러의 가치를 창출했는가?'를 알아보는 테스트다. 버핏의 지표는 전체 경력 기간의 지혜로움과 어리석음을 숫자 하나로 보여준다. 유감스럽게도 이것은 보기보다 더 어려운 테스트인데, 별로 놀랄 만한 얘기는 아니지만 역발상 CEO들은 이 테스트를 우수한 성적으로 통과했다. 다음 표처럼 말이다.

역발상 CEO들과 버핏 테스트

		버크셔 해서웨이	제너럴 시네마/ 하코트 제너럴•	텔레다인	캐피털 시티스/ ABC	워싱턴 포스트	TCI••	랠스턴 퓨리나	제너럴 다이내믹스
재임기간	취임 시점	1965. 6.30	1966. 1.31	1963. 5.31	1966. 9.30	1971. 6.30	1973. 5.31	1980. 1.31	1990. 12.31
	퇴임 시점	2010. 9.30	2001. 7.31	1990. 6.30	1995. 12.31	1993. 12.31	1999. 3.31	2001. 12.31	2007. 12.31
버핏 테스트 실시년도	시작 년도	1965	1962	1966	1966	1971	1973	1981	1990
	완료 년도	2007	2000	1989	1994	1993	1997	2000	2007
누적	'버핏 비율'	2.3배	3.6배	2.0배	2.7배	1.9배	측정불가	2.4배	3.5배

• 제너럴 시네마 자료는 1991년 하코트 제너럴 인수 이후 변동폭이 커서 자료가 왜곡되지 않도록 조정했다.

•• 말론은 사업보고서 순이익을 최소화하게끔 TCI를 경영했다. 따라서 이 지표는 말론에게 적합하지 않다.

『현금의 재발견』은 2003년 가족과 휴가를 보내던 중에 구상하게 됐다. 나는 사모펀드회사에 재직하고 있었으며, 격년으로 열리는 CEO 콘퍼런스에서 발표할 연설을 준비하던 차였다. 원래는 뛰어난 CEO들의 특징을 정리해서 개개인의 경력에서 도출된 교훈을 우리가 투자한 기업들의 경영자들과 공유하려고 했었다. 나는 헨리 싱글턴을 맡았는데, 운 좋게도 연구 초반에 알림 코드리를 비롯해 매우 유능한 하버드 비즈니스스쿨 2년차 학생들과 같이 작업하게 됐다. 알림은 스탠퍼드 최우등 졸업생이자 학교 테니스 선수였는데, 이 프로젝트에서 일을 잘 해줬으며, 나는 그와 협업하며 진행했던 이번 연구는 이어지는 전체 연구에 견본이 됐다. 이 프로젝트가 끝날 즈음, 알림은 내게 존 길리건이라는 또 다른 뛰어난 학생을 소개했다. 당시 하버드 비즈니스스쿨 1년차를 마친 상태였다. 존은 하버드에서 화학 전공으로 우등 졸업한 학생이었는데, 앞서 했던 연구와 비슷한 캐피털 시티스에 관한 독립 연구를 하는 데 동의해, 우리는 이 일에 돌입했다.

이 학생들과 일하면서, 나는 CEO들과 그 경쟁자들을 상세하게 분석했다. 각 프로젝트마다 마무리 짓기까지 한 학기가 걸렸는데, 그 이후로도 동일한 과정과 시간이 들었다. 첫 학기는 대상 기업들과 경쟁사들의 과거 사업보고서들전부 합하면 1,000개 이상인 기업 재무자료들을 들여다봤다과 기사, 책, 동영상 등 다른 자료들을 심도 있게 분석하며 보냈다. 두 번째 학기는 전직 기업 경영자, 투자자, 월스트리트 애널리스트, 은행가, 경쟁사 경영자들과 주인공인 CEO들과 인터뷰에 중점을 뒀다살아 있는 모든 CEO들을 인터뷰했다. 이 인터뷰를 하느라 종종 오랫동안 소식이 끊어졌던 동료들과 투자자들을 두루 수소문했으며, 다 합하면 100건 이상 인터뷰를 진행했다.

그래서 감사할 일이 많다. 먼저 훌륭한 인재들의 집합소인 하버드 비즈니스스쿨 학생들에게 감사한다. 이 학생들과 지난 8년 동안 이 프로젝트를 함께 할 수 있었던 건 엄청난 행운이었다. 이 유능한 친구들은 폴 부저랠스턴 퓨리나, 알림 코드리텔레다인, 에린 아이젠버그버크셔 해서웨이, 맷 에스텝제너럴 다이내믹스, 존 길리건캐피털 시티스, 브라이언 허스먼, 모리츠 조브케TCI, 크리스티안 밀러워싱턴 포스트 컴퍼니, 콘스탄티노스 파파콘스탄티누제너럴 시네마다.

아울러 도움 주신 하버드 비즈니스스쿨의 나빌 엘 하지 교수와 마이크 로버츠 교수, 막바지 단계에서 중요한 분석을 도와준 재학생 맷 클리터스에게도 감사 말씀을 드린다.

또한 시간을 들여서 원고를 읽고 통찰을 제시해준 빌 케어리, 아트 카펜티어, 월 가드너, 자일스 굿헤드특히 꼼꼼히 읽어줬다, 어브 그루스벡, 밥 그러스키, 마이크 잭슨, 크리스 킴볼, 샘 맥오슬랜드, 조 니하우스, 브랜든 닉슨, 데이비드 시먼스, 케빈 타월, 래니 손다이크, 톰 트라이포러스, 엘리엇 워즈워스, 램지 워커, 스티브 월먼에게 감사를 전한다. 특히 TCI와 캐피털 시티스 챕터를 쓸 때 추가적으로 도와준 데이비드 와고에게도 고맙다.

원고를 세세하게 읽고 통찰을 주신 아버지 닉 손다이크에게도 감사드린다. 또 나의 멋진 아이들 샬럿과 니컬러스는 이 프로젝트를 진행하는 동안에 인내해주고 결정적인 순간에 반가운 기분전환이 돼줬고 가끔은 나이답지 않은 지혜를 보여줘 고마웠다. 아울러 엘리자베스와 아모리 손다이크가 연구 초반기에 도와줘 힘이 됐다.

워런 버핏의 파트너인 찰리 멍거에게 특히 감사드린다. 이 프로젝트 초반부터 격려를 아끼지 않았으며, 텔레다인, 캐피털 시티스, 워싱턴 포스트, 제너럴 다이내믹스 연구에서 특히나 통찰력 있는 조언을 해줬다.

더불어 침착하고도 못하는 게 없는 나의 조교 데니스 어헌에게도 감사한다. 지난 9년 동안 내내 훌륭하게 도와주고 지원해주며 그리고 뛰어난 인내심으로 함께해줬다.

몇 년 동안 샬럿 맥도널드가 해준 놀라운 지원에도 감사한다.

나의 에이전트 데이비드 밀러는 이 프로젝트를 진행하는 동안 꾸준히 통찰과 새로운 관점을 제공해줬다.

편집자 제프 키호와 앨리슨 피터, 그리고 하버드 비즈니스리뷰 출판팀은 이 원고와 경험 없는 작가를 책 출간까지 전 과정에서 잘 이끌어준 덕분에 멋진 결과물이 나왔다.

끝으로 나의 없어서는 안 될 '인 하우스' 편집자이자 아내인 지니에게 고마움을 전한다. 원고 곳곳에 귀중하고도 현실적이고 도발적인 조언을 해줬고, 수년 동안 한결같이 지지해줘 감사한다.

어떤 실수가 있다면 당연히 그건 내 탓이다. 하지만 이 사람들이 내게 전해준 지혜와 응원은 이 책이 헤아릴 수 없을 정도로 좋아질 수 있도록 만들어줬다.

거듭 고맙다.

엄청난 데이터와 치밀한 분석이 현금을 재발견하다

고정관념을 깨뜨리고 다른 각도로 세상을 보기란 쉽지 않다. 다른 각도로 세상을 보는 것까지는 어쩌다 해내더라도 이를 바탕으로 실제 행동하고, 꾸준히 밀어붙이는 일은 그만큼 자신의 판단에 엄청난 자신감과 배짱까지 필요하다. 특히 모두가 '예'를 외칠 때 홀로 '아니오'를 외치기란 한층 어려운 일일 것이다. 여기에다가 주변에서 배 놔라 감 놔라 하며 간섭하는 존재까지 수두룩하다면? 신념을 끝까지 밀고 가는 일은 그래서 누구나 할 수 없다.

『현금의 재발견』은 주주이익 측면에서 놀라운 성과를 올린 역발상 CEO 8명의 경영 비결을 치밀하게 분석한 책이다. 이들이 '자본배분'이라는 CEO 본연의 업무에 충실하면서도, 현금흐름이라는 렌즈로 자신이 맡은 기업을 남들과 전혀 다른 각도에서 들여다보고, 주식시장이나 동종업계, 언론의 비판에도 흔들림 없이 신념을 뚝심 있게 밀고 가는 과정은 한 편의 드라마 못지않게 흥미진진하다.

분기 실적이 나올 때마다 주식시장 안팎에서는 애널리스트와 언론들이 각 기업의 매출액, 영업이익, 순이익을 도마 위에 올려놓고 난 도질하며 온갖 비판을 쏟아내기 일쑤였지만 우리의 역발상 CEO들은 자신만의 전략을 흔들림 없이 밀고 나간다. 이들은 각자가 속한 산업에서 남다른 통찰력을 바탕으로 최대한 현금흐름을 창출할 수 있는 최적의 경영 전략을 찾아내고, 그 결과 이익이 들쭉날쭉하게 나타나더라도 개의치 않는 강철 멘탈마저 자랑한다. 이에 힘입어 이들이 맡은 기업들은 결국 S&P 500으로 대표되는 주식시장과 경쟁사들의 주가 수익률을 압도하며 주주들에게 엄청난 이익을 안겨주는 멋진 드라마를 쓴다.

하나 같이 자신을 경영자이자 투자자로 인식했던 이 역발상 CEO들은 현금흐름 최대화와 더불어, 경영 측면에서는 빈틈없는 군살 제거로 낭비 요소를 원천 차단하고, 최대한 절세하는 노력을 기울인다. M&A를 할 때면 '싸게 사서 비싸게 판다'는 가치투자의 기본도 충실히 적용하는 반듯함도 잊지 않는다.

이들의 활약상을 따라가노라면, 기업 CEO에게 필요한 정말 중요한 기본자질이란 무엇인지 다시금 생각하게 된다. 카리스마와 화려한 경영 활동으로 부각된 자타공인 'CEO 대표 브랜드' 잭 웰치 전 제너럴 일렉트릭GE CEO가 정작 GE 주주들에게는 최고의 수익을 안기지 못했다는 저자의 지적은 그래서 날카롭다. 엄연히 주주 자본주의가 작동하는 현 시대에, '헨리 싱글턴'이 아닌 '잭 웰치'가 CEO 대표 브랜드로 인식된 것은 정말이지 기이한 일이다.

대개 CEO들의 경영비결을 다룬 책들은 CEO 인터뷰 내용이나 언론 기사 등을 토대로 한 스토리 위주로 흘러가는 경우가 많다. 하지만 『현금의 재발견』은 이와 비교할 수 없는 놀라운 미덕을 갖추고 있다. 바로 1,000개 이상의 기업 재무자료로 대표되는 엄청난 데이터와, 100건 이상의 풍부한 인터뷰(생존해 있는 CEO들과 이들의 동료들, 투자자 등)로 보완해낸 성실하고도 치밀한 분석력을 근간으로 서술된 책이기 때문이다.

투자전문가인 저자는 무려 8년이라는 장기 프로젝트로 하버드 비즈니스스쿨 학생들과 함께 이 방대한 데이터를 분석하고 인터뷰한 내용을 정리해 이 놀라운 책 한 권으로 요약해냈다. 그들의 수고로운 결과물을 편안하게 책 한 권으로 접하게 된 번역가는 이번 번역을 하는 내내 그들의 수고에 끊임없이 박수를 보냈다.

끝으로, 다른 각도로 기업을 들여다보고자 하는 경영자들이라면 이 책을 꼭 읽어보시고 곁에 가까이 두시면 좋을 것 같다. 아울러 이런 CEO가 경영하는 종목을 발굴하고 싶은 투자자들에게도 일독을 권한다.

이혜경

서문. 탁월한 경영자는 무엇이 다른가

1. 버크셔 해서웨이 1987년 연차보고서. / 20
2. 앞의 보고서. / 20
3. 워런 버핏, "그레이엄과 도드 마을의 투자고수들", 헤르메스 매거진, 1984년 4월호. / 23

chapter 0. 그들은 왜 현금흐름에 집중했을까

1. 아툴 가완디, "U자형 곡선(The Bell Curve)", 뉴요커, 2004년 12월 6일. 리처드 파스칼, 제리 스터닌, 모니크 스터닌, 『긍정적 이탈: 혁신가들이 고난이도 문제를 해결하는 놀라운 방법(The Power of Positive Deviance: How Unlikely Innovators Solve the World's Toughest Problems)』(하버드 비즈니스 출판, 2003)도 참고. / 31
2. 마이클 루이스, 『머니볼 : 불평등한 경기에서 승리하는 기술(Moneyball: The Art of Winning an Unifair Game)』(W.W. 노턴 앤 컴퍼니, 2003) / 34
3. 말콤 글래드웰, 『아웃라이어 : 성공의 배경(Outliers: The Story of Success)』(리틀, 브라운 앤 코, 2008) / 39
4. 로버트 플래허티, "특이한 헨리 싱글턴(The Singular Henry Singleton)", 포브스, 1979년 7월 9일. / 41

chapter 1. 돈을 벌어들이는 영구기관 톰 머피와 캐피털 시티스 방송사

1. 찰리 멍거의 메모, 1983년 1월 1일. / 46
2. 별다른 언급이 없는 경우, 톰 머피의 모든 발언은 2005년 3월 23일 전화 인터뷰와 7월 25일 대면 인터뷰 내용. / 46
3. "톰 머피의 즐거운 현금 과제(Tom Murphy's Pleasant Cash Problem)", 포브스,

1976년 10월 1일 / 47
4. 댄 버크와 저자 인터뷰, 2005년 4월 1일. / 46
5. 고든 크로포드와 저자의 인터뷰, 2005년 4월 20일. / 46
6. 밥 젤닉과 저자의 인터뷰, 2005년 3월 23일. / 46
7. 댄 버크와 저자의 인터뷰, 2005년 4월 1일. / 46
8. 필 부스와 저자의 인터뷰, 2005년 4월 28일. / 46
9. 댄 버크와 저자의 인터뷰, 2005년 4월 1일. / 46
10. "톰 머피의 즐거운 현금 과제", 포브스, 1976년 10월 1일. / 46
11. 데이비드 와고와 저자의 인터뷰, 2005년 4월 28일. / 46
12. 고든 크로포드와 저자의 인터뷰, 2005년 4월 20일. / 46
13. 필 미크와 저자의 인터뷰, 2005년 4월 1일. / 67

chapter 2. 상식을 뒤엎는 경영자 헨리 싱글턴과 텔레다인

1. 잭 해밀턴과 저자의 인터뷰, 2004년 4월 20일. / 77
2. 로버트 플래허티, "스핑크스 입 열다", 포브스, 1978년 2월 20일. / 81
3. 찰리 멍거와 저자의 인터뷰, 2004년 2월 10일. / 81
4. 아서 록과 저자의 인터뷰, 2004년 4월 15일. / 81
5. 찰리 멍거와 저자의 인터뷰, 2004년 9월 10일. / 82
6. 앞의 인터뷰. / 86
7. 파예즈 사로핌과 저자의 인터뷰, 2004년 3월 2일. / 87
8. 빌 러틀리지와 저자의 인터뷰, 2004년 2월 23일. / 88
9. 제임스 로스코, "텔레다인의 수많은 기회", 파이낸셜월드, 1978년 11월 1일. / 90
10. 로버트 플래허티, "특이한 헨리 싱글턴", 포브스, 1979년 7월 9일. / 90
11. 로버트 플래허티, "스핑크스 입 열다", 포브스, 1978년 2월 20일. / 91
12. 리언 쿠퍼먼과 지자의 인터뷰, 2003년 11월 20일. / 93

chapter 3. 기업회생 경영비법 빌 앤더스와 제너럴 다이내믹스

1. 빌 앤더스와 저자의 인터뷰, 2008년 4월 5일. / **100**
2. 별다른 언급이 없는 경우, 빌 앤더스의 모든 발언은 2008년 4월 15일·24일 진행한 전화 인터뷰 내용. / **102**
3. 레이 루이스와 저자의 인터뷰, 2008년 3월 20일. / **107**
4. 피터 아세리티스와 저자의 인터뷰, 2008년 3월 7일. / **107**
5. 짐 멜러와 저자의 인터뷰, 2008년 3월 12일. / **107**
6. 피터 아세리티스와 저자의 인터뷰, 2008년 3월 7일. / **110**
7. 짐 멜러와 저자의 인터뷰, 2008년 3월 12일. / **113**
8. 닉 차브라아와 저자의 인터뷰, 2008년 4월 2일. / **114**
9. 레이 루이스와 저자의 인터뷰, 2008년 3월 20일. / **114**
10. 닉 차브라아와 저자의 인터뷰, 2008년 4월 2일. / **119**
11. 앞의 인터뷰. / **121**
12. 레이 루이스와 저자의 인터뷰, 2008년 3월 20일. / **122**
13. 앞의 인터뷰. / **123**

chapter 4. 격변하는 산업에서 가치 창출 존 말론과 케이블 사업자 TCI

1. 별다른 언급이 없는 경우, 존 말론의 모든 발언은 2007년 4월 30일 진행한 대면 인터뷰 내용. / **133**
2. J.C. 스파크먼과 저자의 인터뷰, 2007년 4월 30일. / **134**
3. 데이비드 와고, TCI 분석 보고서, 1981년. / **136**
4. 데니스 레이보위츠와 저자의 인터뷰, 2007년 4월 17일. / **138**
5. 릭 라이스와 저자의 인터뷰, 2007년 4월 26일. / **140**
6. 데이비드 와고와 저자의 인터뷰, 2007년 4월 16일. / **146**
7. 릭 라이스와 저자의 인터뷰, 2007년 4월 26일. / **146**
8. 데이비드 와고, TCI 분석 보고서, 1980년. / **150**
9. 데이비드 와고, 인터뷰 내용과 분석 보고서. / **150**
10. 데니스 레이보위츠와 저자의 인터뷰, 2007년 4월 17일. / **151**

11. 데이비드 와고, TCI 인터뷰 및 분석 보고서, 1982년. / 152
12. 데니스 레이보위츠와 저자의 인터뷰, 2007년 4월 17일. / 155
13. 데이비드 와고, TCI 분석 보고서, 1981년 및 1982년. / 155
14. 데이비드 와고와 저자의 인터뷰, 2007년 4월 17일. / 156

chapter 5. 파괴적 혁신과 전략의 수립 캐서린 그레이엄과 워싱턴 포스트 컴퍼니

1. 앨런 스푼과 저자의 인터뷰, 2009년 4월 2일. / 172
2. 톰 마이트와 저자의 인터뷰, 2009년 4월 30일. / 173
3. 별다른 언급이 없는 경우, 도널드 그레이엄의 모든 발언은 2009년 4월 3일 진행한 대면 인터뷰 내용. / 173
4. 조지 길레스피와 저자의 인터뷰, 2009년 4월 8일. / 174
5. 로스 글로츠바흐와 저자의 인터뷰, 2009년 3월 30일. / 176
6. 조지 길레스피와 저자의 인터뷰, 2009년 4월 8일. / 172
7. 앨런 스푼과 저자의 인터뷰, 2009년 4월 2일. / 177
8. 딕 시먼스와 저자의 인터뷰, 2009년 4월 22일. / 179
9. 벤 브래들리와 저자의 인터뷰, 2009년 4월 3일. / 182

chapter 6. 공개적 차입매수 빌 스티리츠와 랠스턴퓨리나

1. 마이클 모부신과 저자의 인터뷰, 2009년 2월 25일. / 197
2. 앞의 인터뷰. / 199
3. 팻 멀케이와 저자의 인터뷰, 2009년 4월 23일. / 202
4. 앞의 인터뷰. / 203
5. 앞의 인터뷰. / 204
6. 마이클 모부신과 저자의 인터뷰, 2009년 2월 24일. / 205
7. 존 맥밀린과 저자의 인터뷰, 2009년 4월 2일. / 206
8. 존 비어부스와 저자의 인터뷰, 2009년 2월 24일. / 207

chapter 7. 최적화를 위한 다각화
딕 스미스와 제너럴 시네마

1. 밥 벡과 저자의 인터뷰, 2008년 2월 26일. / 216
2. 우디 아이브스와 저자의 인터뷰, 2007년 12월 15일. / 219
3. 시저 스웨이처와 저자의 인터뷰, 2008년 4월 22일. / 221
4. 앞의 인터뷰. / 224
5. 우디 아이브스와 저자의 인터뷰, 2007년 12월 15일. / 224
6. 밥 벡과 저자의 인터뷰, 2008년 3월 26일. / 225
7. 데이비드 와고와 저자의 인터뷰, 2008년 4월 22일. / 225
8. 별다른 언급이 없는 경우, 딕 스미스의 모든 발언은 2009년 4월 23일 진행한 대면 인터뷰 내용. / 225
9. 우디 아이브스와 저자의 인터뷰, 2007년 12월 15일. / 226
10. 앞의 인터뷰. / 227
11. 우디 아이브스와 저자의 인터뷰, 2007년 12월 15일. / 231

chapter 8. 탁월한 CEO 투자자
워런 버핏과 버크셔 해서웨이

1. 찰리 멍거와 저자의 인터뷰, 2006년 2월 24일. / 247
2. 버크셔 해서웨이 연차보고서, 1977~2011년. / 248
3. 앞의 보고서. / 250
4. 별다른 언급이 없는 경우, 워런 버핏의 모든 발언은 2006년 7월 24일 진행한 인터뷰 내용. / 250
5. 찰리 멍거와 저자의 인터뷰, 2006년 2월 24일. / 251
6. 버크셔 해서웨이 연차보고서, 1977~2011년. / 252
7. "세계 최고의 투자 고수들(The World's Top Investing Stars)", 머니위크, 2006년 7월 6일. / 254
8. 버크셔 해서웨이 연차보고서, 1977~2011년. / 254
9. 버크셔 해서웨이 연차보고서, 1977~2011년. / 254
10. 버크셔 해서웨이 연차보고서, 1989년. / 255
11. 데이비드 소콜과 저자의 인터뷰, 2006년 4월 15일. / 258

12. 버크셔 해서웨이 연차보고서, '소유자 업무지침(Owner's Manual)' / 258
13. 톰 머피와 저자의 인터뷰, 2006년 3월 9일. / 258
14. 찰리 멍거와 저자의 인터뷰, 2006년 2월 24일. / 259

chapter 9. 철저한 합리성 역발상 CEO들의 사고방식

1. 대니얼 카너먼, 『생각에 관한 생각(Thinking, Fast and slow)』(파라, 스트라우스 & 지루, 2011) / 272
2. 조지 로버츠와 저자의 인터뷰, 2004년 4월 8일. / 273
3. 찰리 멍거와 저자의 인터뷰, 2004년 2월 10일. / 274
4. 팻 멀케이와 저자의 인터뷰, 2009년 4월 23일. / 277
5. 앤드류 배리, "끝내주는 유정(油井. What a Gusher)", 배런스, 2009년 11월 16일.
6. 나카모토 미치요 & 데이비드 와이턴, "씨티그룹 CEO '강세장 더 간다'(Citigroup Chief Stays Bullish on Buy-outs)", 파이낸셜 타임스, 2007년 7월 9일. / 279

10년 동안 그가 내게 준 '독한 선물' 같은 책

"10년 후에는 사장이 되고 싶습니다."

2006년 8월 3일, 오후 4시. 그가 내게 무엇을 하고 싶은지 물었다. 8년 째 다니던 제약회사는 매년 20% 성장해 2,800억 원의 매출을 올렸고, 옮기고 싶은 출판기업의 매출은 240억 원이었다. 옮기고 싶은 회사를 6개월 사이 세 번째 면접을 보고 있었다. 두 번은 임원진 면접에서 탈락했다. 무더운 여름이 절정인 그 날, 서교호텔에서 미팅이 잡혔다. 만나기로 약속한 호텔에 도착하니 공사 중이었다. 길 건너 카페에서 그를 겨우 만났다. 그의 첫인상은 친절하면서도 단단해 보였다. 큰 산위에 놓인 단단한 바위가 떠올랐다.
그해 9월 입사를 했고, 그 후 10년 동안 세 번 같은 회사를 입사와 퇴사를 반복했다. 그의 배려로 어린 나는 성장했다. 그 날, 그는 특유의 장난꾸러기 같은 미소를 지으며 말했다.

"많이 배워야겠어요."

회사 내부에서 다양한 업무를 했다. 관리, 영업, 마케팅, 제휴, 디지털, 신사업을 담당했다. 생각해 보면 그가 준 선물은 참 셀 수 없이 많았다. 나는 그 선물을 '독한 선물'이라고 말한다.
10년의 세월이 흘렀고 '반복적인 일상을 특별하게 만드는 방법'을 연구하는 출판기업을 아주 작게 시작했다. 그와의 10년 간 배움과 가르침의 교감이 가득 담긴 내용을 정리하고 싶었지만 아직 못했다. 그러던 중에 이 책 『현금의 재발견』을 만나게 되었다.
'현금의 재발견'으로 비즈니스 세상을 헤쳐 나갈 기준을 정리했다. 5학년 수준의 산수 실력만 있어도 우리는 유능한, 역발상의 위대한 리더가 될 수 있다고 믿는다. 효율적인 결정을 하려면 빵집 사장이나 《포천》 500대 기업의 CEO이거나 반드시 체계적이고도 분석적인 사고 과정을 거쳐야 한다. 작은 기업이든 대기업이든 별반 다르지 않다. 그런데도 왜 이 방식을 따르지 않을까? 답은 보이는 것보다 어렵다. 그 깊은 본질이 『현금의 재발견』에 담겨 있다.

우리는 가끔은 어떤 일을 할 때 확신을 지녀야 한다. 그 확신을 정리한 책이다. 오늘날과 같이 인스턴트 메시지와 소음 가득한 세상에서 발견한 '단단한 돌 같은 책'이다.

마인드빌딩 경영책임자 서재필

현금의 재발견
THE OUTSIDERS

초판 1쇄 발행 2019년 3월 3일
초판 12쇄 발행 2024년 9월 20일

지은이 윌리엄 손다이크
옮긴이 이혜경
발행인 서재필

발행처 마인드빌딩
출판신고 2018년 1월 11일 제395-2018-000009호

전화 02)3153-1330
이메일 mindbuilders@naver.com

ISBN 979-11-963390-9-8 (03320)

이 도서의 국립중앙도서관 출판예정도서목록(CIP)은 서지정보유통지원시스템 홈페이지(http://seoji.nl.go.kr)와 국가자료공동목록시스템(http://www.nl.go.kr/kolisnet)에서 이용하실 수 있습니다.(cip제어번호:CIP2019007721)

책값은 뒤표지에 있습니다.
잘못된 책은 구입하신 곳에서 바꿔드립니다.

마인드빌딩에서는 여러분의 투고원고를 기다리고 있습니다. 출판하고 싶은 원고가 있는 분은 mindbuilders@naver.com으로 기획 의도와 간단한 개요를 연락처와 함께 보내주시기 바랍니다.